Kirsten Heisig

Das Ende der Geduld

Das Buch

Ihre Aggressivität explodiert wie aus dem Nichts und kennt keine Grenzen. Die Angst vor jugendlichen Gewalttätern und ihren brutalen Attacken belasten das öffentliche Leben. Viele von uns meiden inzwischen bestimmte Straßen oder Viertel, Eltern und Lehrer beklagen die Gewalt in ihren Schulen, Polizei und Sozialarbeiter kommen an ihre Grenzen. Die Berliner Jugendrichterin Kirsten Heisig war nicht bereit, dies hinzunehmen und fordert konsequentes Handeln.

Die Autorin

Kirsten Heisig war bis zu ihrem Tode im Sommer 2010 Jugendrichterin an Deutschlands größtem Amtsgericht, dem Amtsgericht Berlin-Tiergarten. Das im wesentlichen von ihr entwickelte sogenannte „Neuköllner Modell" zur effektiveren Verfolgung jugendlicher Straftäter zeichnet sich aus durch Prävention, Abschreckung, Konsequenz und Schnelligkeit.

Kirsten Heisig

Das Ende der Geduld

Konsequent gegen jugendliche Gewalttäter

HERDER

FREIBURG · BASEL · WIEN

HERDER spektrum – Band 6466

MIX
Papier aus verantwor-
tungsvollen Quellen
FSC® C106847

Titel der Originalausgabe: Das Ende der Geduld.
Konsequent gegen jugendliche Gewalttäter
© Verlag Herder GmbH, Freiburg im Breisgau 2010
ISBN 978-3-451-30204-6

© Verlag Herder GmbH, Freiburg im Breisgau 2012
www.herder.de

Umschlagkonzeption: Agentur RME Roland Eschlbeck
Umschlaggestaltung: Verlag Herder
Umschlagmotiv: © David Glick / Getty Images

Satz: Layoutsatz Kendlinger, Mediendesign, Freiburg
Herstellung: fgb · freiburger graphische betriebe
www.fgb.de

Printed in Germany

ISBN 978-3-451-06466-1

Inhalt

Vorwort

Seit zwanzig Jahren arbeite ich in der Berliner Strafjustiz. Die längste Zeit war und bin ich als Jugendrichterin tätig. Meine Aufgabe besteht darin, Strafverfahren gegen junge Menschen zu bearbeiten. Ich übe meinen Beruf nach wie vor mit Überzeugung aus und möchte sinnvolle Entscheidungen treffen, die einerseits zur Reduzierung der Jugendkriminalität beitragen und andererseits dem Menschen, der sich vor Gericht zu verantworten hat, die Chance eröffnen, ein Leben ohne Straftaten zu führen.

Seit längerer Zeit habe ich nicht mehr den Eindruck, beiden Zielen gerecht werden zu können.

Etliche Taten lassen zunehmend erkennen, dass eine schleichende Brutalisierung in den Köpfen vieler Kinder und Jugendlicher stattgefunden hat, die sich nicht nur in besonders schrecklichen Fällen wie dem tödlichen S-Bahn-Überfall in München-Solln entladen kann, sondern mit graduellen Unterschieden eine Art Standardisierung erfahren hat. Deshalb möchte ich den Blick auch darauf lenken, dass die Gewaltkriminalität allein mit den Mitteln der Strafjustiz nicht bewältigt werden kann. Es ist nötig, auf mehreren Ebenen andere als die bisher angewandten Mechanismen zu entwickeln.

Für die Erarbeitung dieses Buches war es erforderlich, einzelne Lebensläufe und die sich daraus ergebenden Straftaten darzustellen, da beides nicht voneinander getrennt betrachtet werden kann. Man soll nachvollziehen können, welche Taten begangen werden, wie es dazu kommen kann und ob es Erfolg versprechende Gegenstrategien gibt. Die in den Fallbeispielen erwähnten Personen habe ich zur Wahrung ihrer Persönlichkeitsrechte anonymisiert bzw. ihr Einverständ-

nis eingeholt, ihre Geschichte erzählen zu dürfen. Die Ta-
thergänge wurden ebenfalls abgewandelt, ohne dass Art und
Intensität der dargestellten Vorfälle verändert wurden. Die
dargestellten Strafverfahren sind abgeschlossen.

Dieses Buch nimmt überwiegend eine „Berliner Perspektive" ein. Es beinhaltet meine Sicht der Dinge. Ich vermute
aber, dass sich einige meiner Beobachtungen und Schlussfol-
gerungen auch auf andere Großstädte übertragen lassen.

Wir müssen uns gemeinsam Gedanken darüber machen,
wie es in dieser Gesellschaft weitergehen soll. Und wir müssen handeln. Jetzt.

Hierzu möchte ich einen Beitrag leisten. Als Richterin,
aber auch als Bürgerin dieses Landes.

Berlin, im Sommer 2010

Jugendkriminalität – Fallbeispiele und Statistiken aus zwei Jahrzehnten

Die Lehmanns – eine deutsche Großfamilie heute

Familie Lehmann wohnt in Neukölln. Zunächst sind noch alle beisammen. Die Eltern, das sind eine Mutter ohne erlernten Beruf und ein Vater, der als Handwerker tätig ist. Sie bekommen fünf Söhne und zwei Töchter. Das älteste und das jüngste Kind trennen vierzehn Jahre. Keine leichte Aufgabe für die Eltern! Bald trennen sie sich. Zu häufig hat der Vater geschlagen, und zwar alle und heftig. Die Mutter fängt das Trinken an, weshalb sie mit den Kindern nicht zurechtkommt. Die drei kleineren Jungen ziehen zum Vater, die Töchter kommen bei den Großeltern unter, zwei große Brüder sind bald weg, begehen Straftaten und kommen in Haft. Beim Vater haben es Paul, Ingo und Felix nicht gut. Das Prügeln hört nicht auf. Einige Jahre geht das so, dann ziehen die Jungen zur Mutter. Dort kennen sie den Alkohol schon von früher. Kein Wunder, dass Paul, der älteste der verbliebenen Jungen, mit acht Jahren erstmals Alkohol konsumiert, mit dreizehn regelmäßig trinkt und zusätzlich Cannabis raucht. Als er mit neunzehn gemeinsam mit seinen achtzehn und fünfzehn Jahre alten Geschwistern wegen schweren Raubes und gefährlicher Körperverletzung vor Gericht steht, gibt er an, täglich Bier zu trinken, mehrere Gramm Cannabis zu rauchen und am Wochenende einige Flaschen Schnaps zu sich zu nehmen.

Erstaunlicherweise ist es ihm dennoch gelungen, im Rahmen einer berufsfördernden Maßnahme einen Hauptschulabschluss zu erreichen, denn in der Regelschule war er bereits im Grundschulalter verhaltensauffällig und aggressiv, was eine Wiederholung der zweiten Klasse und einen Schulwechsel nach sich zog. Die siebte Klasse einer Hauptschule durchlief er dreimal. Ein BB-10-Lehrgang (Berufsbefähigender Lehrgang im 10. Schuljahr) im Bereich „Kfz-Mechatroniker" verlief erfolglos, weshalb das Jugendamt ihn mit siebzehn Jahren in einem Jugendheim unterbrachte. Dort kam er nicht klar, wechselte das Heim, beging Straftaten, hielt sich vorübergehend bei Bekannten auf, um dann schließlich in eine Pflegefamilie zu ziehen. Hier lebte er knapp zwei Jahre und stabilisierte sich deutlich. In der Geborgenheit und mit der Zuwendung des Familienverbandes konnte er dann den besagten Hauptschulabschluss erwerben und sich mit seiner offensichtlichen Alkoholproblematik auseinandersetzen. Aus mir nicht bekannten Gründen endete die Unterbringung in der Pflegefamilie, was tragische Folgen haben sollte. Wahrscheinlich war er inzwischen schlicht zu alt für die Jugendhilfemaßnahme. Paul stürzt jedenfalls wieder ab, trinkt, haust bei „Freunden" bzw. bei der späteren Mitangeklagten Sandy. Es kommt zu der Tat, die ihm insgesamt sechs Jahre und drei Monate Jugendstrafe einbringen soll.

Es wird niemanden überraschen, dass Paul viele strafrechtliche Vorbelastungen aufweist. Allerdings müssen sich die Jugendrichter in diesem Zusammenhang einmal nicht vorhalten lassen, zu lasch reagiert zu haben. Allenfalls zu stereotyp, denn unter den ersten sechs Eintragungen im Bundeszentralregister finden sich drei Arreste. Diese wurden immer länger, ohne dass man eine andere Maßnahme damit kombiniert hätte. Dabei kommt in einigen Körperverletzungen, Sachbeschädigungen und anderen Delikten ab dem 15. und 16. Lebensjahr ein massives Aggressionspotenzial zum Ausdruck: So steht Paul unter anderem wegen eines Verstoßes gegen das Tierschutzgesetz vor Gericht. Seine Tat findet während einer Heimunterbringung statt. Paul amüsiert es, einen

Hund, der der Familie des Hausmeisters gehört, an einen Baum zu binden und gemeinsam mit anderen Bewohnern mit einem Fußball zu beschießen. Wer das Tier trifft, erhält einen Punkt. Das Tier überlebt die Misshandlungen nicht. Das Gericht verhängt einen vierwöchigen Dauerarrest. Dies geschieht allerdings erst Monate nach der Tat. Bis zur Verbüßung des Arrestes vergehen weitere Wochen. Möglicherweise wäre ein zusätzliches Anti-Gewalt-Training hilfreich gewesen. Aber welches kommt bei dieser speziellen Gewaltproblematik in Betracht? Es gibt eine Fülle verschiedener Angebote.

Einige Monate später wird Paul erneut verurteilt. Wieder liegen die Taten zum Teil ein Jahr zurück. Unter anderem wird Paul Brandstiftung vorgeworfen. Eigentlich fängt alles relativ harmlos an: Paul, Ingo und ein anderer Jugendlicher langweilen sich und inspizieren eine Kleingartenkolonie. Als es Nacht wird, beschließen die drei, ein Gartenhaus aufzubrechen, was ihnen ohne Probleme gelingt. Einer der Beteiligten findet eine Flasche Brennspiritus. „Nur so" schüttet Paul die Flüssigkeit auf einen Laubhaufen mit trockenem Geäst neben dem Haus. Er lässt sich Feuer für eine Zigarette geben, die er auch zunächst anzündet. Aus Neugierde, „was passieren kann", hält er dann die offene Flamme an den Spiritus. So schnell, wie das Feuer aufflammt und sofort auf das Holzhaus übergreift, das komplett niederbrennt, können Paul und seine Kumpane gar nicht gucken. Der Sachschaden ist erheblich, der ideelle Schaden für das Rentnerehepaar, das das Häuschen in Eigenarbeit über Jahre aufgebaut und liebevoll gestaltet hat, ist nicht zu bemessen. Paul wird wegen dieser und anderer, weniger schwerwiegender Taten zu einer Jugendstrafe von einem Jahr und zwei Monaten verurteilt. Die Vollstreckung wird für die Dauer von zwei Jahren zur Bewährung ausgesetzt und Paul wird für diesen Zeitraum der Leitung und Aufsicht eines hauptamtlichen Bewährungshelfers unterstellt. Da Paul kurze Zeit später genau wie sein ein Jahr jüngerer Bruder Ingo in Untersuchungshaft kommt, bleibt für die Arbeit des Bewährungshelfers nicht viel Zeit. Paul hat die meisten Termine bei ihm ohnehin versäumt.

Ingo hat im Wesentlichen dieselbe Entwicklung genommen wie Paul – wen wundert's? Auch er lebt nach der Trennung der Eltern zunächst beim Vater, dann bei der Mutter. Schrecklich ist beides. Die Mutter trinkt, der Vater schlägt. Gemeinsam mit seinem Bruder Felix verschlägt es Ingo zunächst in eine Kriseneinrichtung und dann gemeinsam mit Paul in ein bzw. mehrere verschiedene Kinderheime, danach in eine Wohngemeinschaft und schließlich mit dem kleinen Bruder wieder zur Mutter. Das ewige Hin und Her tut keinem der Kinder gut. Die schulische Entwicklung verläuft entsprechend. Die fünfte Klasse der Grundschule muss wiederholt werden. Die Hauptschule verlässt Ingo mit einem Abgangszeugnis der achten Klasse; einen anschließenden vom Jobcenter geförderten Berufsfindungslehrgang als Bäcker bricht er ab. Die strafrechtliche „Karriere" verläuft gegenüber Paul etwas dezenter, insbesondere wird er nicht wegen der verheerenden Brandstiftung verurteilt. Er hat lediglich einige kleinere Diebstähle auf dem „Kerbholz".

Der Jüngste der Lehmann-Familie, Felix, hat trotz der widrigen familiären Umstände die Grundschulzeit relativ unauffällig hinter sich gebracht. Gute Leistungen konnte er allerdings zu keinem Zeitpunkt erzielen, weshalb er die Schule weiterführend an einem pädagogischen Förderzentrum besucht, ohne einen Abschluss zu erreichen.

Sandy hatte ich bereits als Pauls vorübergehende „Vermieterin" eingangs erwähnt. Dieser lebte zeitweilig bei ihr, auch seine Brüder Ingo und Felix hielten sich häufig dort auf. Sandy stammt eigentlich aus München. Sie hatte ein gutbürgerliches Elternhaus. Irgendwann ist sie dennoch ausgebrochen und mit sechzehn Jahren nach Berlin abgehauen. Sie hat dann ebenfalls die große Runde durch allerlei Jugendheime gedreht, verfügt über keinen Schulabschluss, aber inzwischen über eine eigene Wohnung, nachdem sie zeitweise auch in einer Obdachlosenunterkunft gelebt hat. Aus dieser Zeit stammt ihre Bekanntschaft mit Chris, der wesentlich älter ist als die Geschwister Lehmann und Sandy. Er ist auch erheblich krimineller. Seine Kindheit und Jugend in Polen sind desaströs verlaufen. Beide Eltern waren Alkoholiker, die sich nicht darauf beschränkten, Chris zu verprügeln, sondern ihn zusätzlich an Heizkörper und an sein Bett fesselten. Bereits kurze Zeit nach der Einschulung nimmt ihn das Jugendamt aus der „Familie". Es schließt sich eine nicht enden wollende Kette von Unterbringungen an. Alle scheitern letztendlich daran, dass Chris nicht in der Lage ist, sich an Regeln zu halten oder ein irgendwie geartetes sozialverträgliches Verhalten an den Tag zu legen. Auch er konsumiert bereits vor dem zehnten Lebensjahr Bier, mit zwölf kommen noch LSD, kurze Zeit später Kokain, Heroin, Speed und Amphetamine hinzu: ein kindlicher Polytoxiker. Zur schulischen Entwicklung erübrigen sich sämtliche Ausführungen, zumal Chris wegen der Schwierigkeiten in den Heimen immer wieder wegläuft, pausenlos stiehlt, um seinen Drogenkonsum zu finanzieren, und die restliche Zeit mit Inhaftierungen und erfolglosen Therapieversuchen verbringt. Gewaltstraftaten gehörten allerdings nicht zu seinem Repertoire.

Dennoch sollte sich das Treffen der Lehmann-Brüder mit Chris in Sandys staatlicherseits finanzierter Wohnung im Sommer als fatal erweisen. Alle fünf verstehen sich auf Anhieb prima, man trifft sich regelmäßig. Natürlich wird ständig und kräftig getrunken, aber immerhin hat man ein Dach über dem Kopf. Die jungen Leute kennen die Obdachlosigkeit. Chris braucht aufgrund seiner Drogenproblematik das meiste Geld.

Er bricht immer wieder in kleine Geschäfte ein, hebelt Autos auf und entwendet allerlei Dinge, die er „verticken" will. Er wird mehrmals von der Polizei erwischt, aber nicht inhaftiert. Irgendwann reicht es Polizei und Justiz und er kommt vor den Richter, der einen Haftbefehl erlässt, Chris aber vom Vollzug der Untersuchungshaft verschont. Chris soll sich stattdessen zweimal wöchentlich beim zuständigen Polizeiabschnitt melden. In der Rückschau war das keine gute Idee.

Noch bevor es wegen der Einbruchserie zu einer Gerichtsverhandlung kommt, beschließen Paul, Ingo und Chris, einen Trödelladen in Neukölln auszurauben. Der Betreiber des Ladens kennt die späteren Täter teilweise und hat Verständnis für ihre Lebenslage. Die Geschwister Lehmann und Sandy kommen öfter vorbei, Paul und Ingo haben dort bereits kleinere Aushilfstätigkeiten geleistet. Die jungen Männer hören gerüchteweise, dass der Inhaber des Geschäftes manchmal einige Hundert Euro bei sich führe, wenn er seinen Laden öffne. Sandy und Felix werden in den Plan eingeweiht, der zunächst vorsieht, maskiert in die Räumlichkeiten einzudringen und den Betreiber unter Vorhalten eines Knüppels zur Herausgabe des Geldes zu bringen. Später wird das Vorhaben dahin gehend geändert, den Mann nach Ladenschluss außerhalb des Geschäftes zu überfallen, damit die eigenen Fluchtmöglichkeiten variabler sind. Der erste Überfallversuch scheitert, weil sich keine günstige Gelegenheit ergibt. Am nächsten Tag unternimmt man den zweiten Anlauf. Nunmehr führen Ingo und Chris jeweils ein Messer bei sich, wovon auch Paul weiß. Das von Ingo ist ein Küchenmesser mit 17 cm Klingenlänge, das von Chris ein Taschenmesser mit 5 cm Klingenlänge. Zwischen den drei Tatbeteiligten wird auch darüber diskutiert, dass der Ladenbesitzer notfalls abgestochen werden könne, falls er sein Geld nicht herausgebe. In den frühen Morgenstunden eines Septembertages legen sich Paul, Ingo und Chris in der Nähe des Tatobjektes auf die Lauer. Als der Arglose mit insgesamt 1400 Euro dort eintrifft und im Begriff ist, sein Geschäft aufzuschließen, ziehen die Täter ihre Sturmhauben über das Gesicht und nähern sich dem Opfer von hinten. Ohne ein Wort zu sagen, rammt entweder Paul oder Ingo dem wehrlosen Mann das Küchenmesser kurz über dem Becken in die rechte Flanke. Anschließend wird dem Opfer, das sich umdreht, als es bemerkt, dass ihm das Blut am Gesäß hinunterläuft, mit einer ausholenden Bewegung an der linken Stirnpartie entlanggeschnitten. Beide Verletzungen bluten stark und der Verletzte beginnt, heftig um sich zu schlagen. Dennoch sticht ihm Paul oder Ingo mit dem Messer in die rechte Nierengegend. Als das Opfer nunmehr am Boden liegt, sticht auch Chris mit seinem Messer zu und trifft das linke Schulterblatt. Das Opfer schreit, schlägt weiter verzweifelt um sich und klammert sich vehement an seine Tasche mit dem Bargeld. Erst als Chris ihm gegen den Arm tritt, gelingt es ihm, dem Opfer die Tasche zu entreißen. Alle drei Täter flüchten sodann. Unterwegs unterschlägt Chris von den 1400 Euro zunächst einmal 1000 Euro, der Rest wird später in der Wohnung von Sandy, die wie Felix dort in Kenntnis der geplanten Tat wartete, aufgeteilt. Sandy erhält nichts aus der Beute, Felix bekommt für sein Schweigen 50 Euro. Was die Täter nicht wussten: Sandy hatte den Tatplan zuvor einer Bekannten verraten. Diese erfuhr kurze Zeit später von dem Überfall und ging zur Polizei. Sandy hatte dann die gesamte Geschichte zügig ausgeplaudert, woraufhin sich auch die Übrigen im Großen und Ganzen rasch geständig zeigten.

Die körperlichen Verletzungen des Opfers waren erheblich, jedoch zu keinem Zeitpunkt lebensbedrohlich. Über seine psychische Beeinträchtigung ist, wie in den meisten Fällen, nichts bekannt.

Paul, Ingo und Chris kamen in Untersuchungshaft. Dort verblieben sie bis zur Hauptverhandlung. Paul wurde im Jahr 2008 zu einer Jugendstrafe von sechs Jahren und drei Monaten verurteilt, wobei die bereits bestehende Strafe von einem Jahr und zwei Monaten einbezogen wurde. Ingo erhielt eine Jugendstrafe von vier Jahren und zwei Monaten, Chris – als einziger Erwachsener – eine Gesamtfreiheitsstrafe von acht Jahren und sechs Monaten, Sandy wegen Beihilfe zum schweren Raub eine Jugendstrafe von sechs Monaten auf Bewährung und Felix wegen Hehlerei eine Arbeitsweisung von 40 Stunden. Darüber hinaus wurde er für die Dauer eines Jahres der Leitung und Aufsicht eines hauptamtlichen Betreuungshelfers unterstellt.

Straftaten junger Menschen sind in den letzten Jahren in der Öffentlichkeit zu einem Dauerthema geworden. Spektakuläre Fälle wie in München kurz vor Weihnachten 2008, als Jugendliche einen Rentner aus banalem Anlass halb zu Tode prügelten, und im Jahr 2009 der unfassbare Tod eines Mannes auf der S-Bahn-Station München-Solln, der von mehreren jungen Männern unter den Augen der Umstehenden ermordet wurde, weil er Kinder vor den Übergriffen der Täter schützen wollte, geben immer wieder Anlass zu Diskussionen, die allerdings ebenso schnell versanden, wie sie aufkommen.

Läuft etwas schief in der Gesellschaft? Sind die Jugendrichter mit ihren Urteilen zu lasch? Müssen die Gesetze verschärft werden? Oder bauschen die Medien lediglich Einzelfälle auf und sind deshalb verantwortlich für eine verunsicherte Bevölkerung?

Ich denke, dass neben wissenschaftlichen Abhandlungen und Medienberichten die Sichtweise einer Praktikerin hilfreich sein kann, diese Fragen einer Antwort näherzubringen.

Der dargestellte Fall ist gar nicht bis in die Medien gelangt. Aber er zeigt eine Reihe von Faktoren, die schon lange als „kriminogen" gelten. Damit sind Lebensumstände gemeint, die geeignet sind, Menschen zur Begehung von Straftaten zu veranlassen. Hierbei ist vor allem bei deutschen Jugendlichen der Alkoholmissbrauch im Elternhaus hervorzuheben. Wenn die Eltern trinken, sind sie mit sich selbst beschäftigt, haben keine Kontrolle über das eigene Leben und sind nicht in der Lage, auf die Bedürfnisse ihrer Kinder einzugehen. Die damit meist einhergehende Arbeitslosigkeit kommt hinzu. Häufig entlädt sich der eigene Frust, indem die Kinder misshandelt werden. Dem kann auch durch wechselnde Heimunterbringungen und schulische Veränderungen nicht entgegengewirkt werden. Ich bin der Auffassung, dass die ohnehin instabilen Persönlichkeiten hierdurch nur zusätzlich verunsichert werden, was die Bereitschaft, sich allen Einwirkungen von außen zu entziehen, erhöht. Das Abgleiten in ein kriminelles Umfeld ist dann nahezu zwangsläufig.

Dennoch: Bei allen Erklärungsversuchen springt mir die große Brutalität der Tat ins Auge. Die Täter haben meiner Ansicht nach den Tod ihres Opfers vor Augen gehabt, und er war ihnen gleichgültig. In einem gruppendynamischen Prozess haben sie sich gegenseitig immer heftiger aufgestachelt. Es gab letztendlich kein Halten mehr.

Aber auch andere junge Menschen lassen sich zu Taten hinreißen, obwohl sie keine auffälligen Lebensläufe aufweisen.

Maik – oder „Justiz light"

Maik ist mit Kumpels unterwegs. Er ist neunzehn Jahre alt und wohnt gemeinsam mit einer jüngeren Schwester noch im Haushalt seiner Eltern. Er hat trotz einiger schulischer Probleme einen erweiterten Hauptschulabschluss geschafft. Zwei

Anläufe, eine Lehre zu absolvieren, scheitern, bis er schließlich einen Ausbildungsplatz bekommt, um Einzelhandelskaufmann zu werden. Er befindet sich nun im zweiten Lehrjahr. So weit, so gut, könnte man denken. Strafrechtlich vorbelastet ist er allerdings nicht gerade unerheblich: Mit fünfzehn Jahren Sachbeschädigung, Körperverletzung und Fahren ohne Fahrerlaubnis, mit sechzehn Jahren versuchter Diebstahl, mit siebzehn versuchter Einbruchdiebstahl. Staatsanwaltschaft und Gericht halten bis dahin den Ball flach. Vielleicht zu flach. Alle Verfahren werden mit oder ohne Weisungen eingestellt. Das liegt wohl unter anderem daran, dass zwischen den Taten und der Hauptverhandlung jeweils viele Monate vergangen sind und angesichts der ansonsten scheinbar gelungenen Sozialisation aus Sicht der Gerichte keine einschneidenden Maßnahmen angebracht erscheinen.

Das ändert sich, als Maik mit achtzehn – gerade im Besitz eines Führerscheins – betrunken Auto fährt, einen Unfall verursacht und dann flüchtet. Er wird zu einem dreiwöchigen Dauerarrest verurteilt. Der Führerschein ist auch weg. Ein Jahr später ergeht ein weiteres Urteil wegen vorsätzlicher Körperverletzung. Jetzt wird eine Jugendstrafe von sechs Monaten verhängt. Was war passiert? Maik kann es nicht leiden, wenn einer seine Schwester anschaut. Das wagte aber nun ein anderer junger Mann. Ohne Umschweife geht Maik mal kurz zu ihm rüber und schlägt dem Gaffer mindestens viermal kräftig mit der Faust gegen den Kopf. Der hat recht ordentliche Verletzungen, die im Krankenhaus ambulant versorgt werden müssen. Maiks Blutalkoholkonzentration zur Tatzeit liegt bei knapp 2,00 Promille. Maik muss nun mit einem Betreuungshelfer zusammenarbeiten, zudem an einem Anti-Gewalt-Seminar teilnehmen und 400 Euro an den Geschädigten zahlen. Den Weisungen kommt Maik nach. Das Gericht weiß zu diesem Zeitpunkt nicht, dass Maik nur wenige Tage vor der Gerichtsverhandlung über die dargestellte Tat gemeinsam mit Freunden des Nachts unterwegs war und sich irgendeinen harmlosen Passanten vornahm, der einfach nur das Pech hatte, zur falschen Zeit am falschen Ort zu sein. Ohne erkennbaren Anlass wird der Mann zum Opfer auserkoren, gemeinsam getreten und geprügelt, wobei man auch nicht davor zurückschreckt, ihm mit Gürtelschnallen ins Gesicht zu schlagen: eine überaus verbreitete und äußerst schmerzhafte Methode körperlicher Misshandlung. Auch als das Opfer bereits am Boden liegt, werden ihm weitere Tritte versetzt. Der Geschädigte hat eine Weile an seinen Verletzungen zu laborieren. Sie heilen binnen knapp zwei Wochen ab.

Wenige Monate nach Maiks Verurteilung – wegen der gerade geschilderten Tat wird noch ermittelt – kommt es zu einer Auseinandersetzung im Straßenverkehr. Maik, der seine Fahrerlaubnis inzwischen wiedererlangt hat, ist offenbar nicht schlauer geworden. Er befährt eine große Straße im Ostteil der Stadt und setzt sich mit seinem kleinen PKW nach einem Überholvorgang so dicht vor einen Mercedes, dass dessen Fahrer nur durch starkes Abbremsen einen Unfall vermeiden kann. Der Vorgang wiederholt sich mehrmals, wobei Maik auch an einer grünen Ampel einfach stehen bleibt und den anderen Fahrer zu einer Gefahrenbremsung veranlasst. Dem reicht es und er fragt Maik an der nächsten Ampel, ob er bekifft sei. Dies trägt ihm erst einmal den „Stinkefinger" ein. Nun steigt der Fahrer des Mercedes aus, um das Kennzeichen von Maiks Auto zu notieren. Der springt ebenfalls aus seinem Fahrzeug und geht mit einem Teleskopschlagstock auf seinen Gegner los. Er schlägt dem Opfer mehrfach heftig gegen die Kniescheiben. Obwohl dieser zur Seite springt, wird er immer wieder getroffen und kann mehrere Tage vor Schmerzen nicht auftreten.

Ein weiteres Dreivierteljahr nach diesem Vorfall lauert Maik, der seine Fahrerlaubnis aufgrund seiner Handlungsweise wieder einmal verloren hat, an einem S-Bahnhof einem jungen Mann auf. Der Grund ist Eifersucht. Maiks Freundin hat einen anderen. Um den Nebenbuhler, der mit Maiks Ex vorbeikommt, ernsthaft in die Mangel nehmen zu können, hat Maik einen Baseballschläger dabei. Den versucht er seinem Opfer auf den Kopf zu trümmern. Der junge Mann kann den Schlag abwenden, indem er sich wegdreht. Der seitliche Brustkorb wird dennoch getroffen, eine Rippe bricht. Die Ex-Freundin schreit Maik entgeistert an und erhält dafür wuchtige Schläge mit der flachen Hand in das Gesicht. Sie erleidet eine blutende Risswunde an der Innenseite der Wange.

Schließlich kann es Maik nicht lassen, trotz des entzogenen Führerscheins kurze Zeit später mit seinem PKW herumzufahren, obwohl er weiß, dass ihm dies untersagt ist.

Das Gericht verurteilt Maik nunmehr wegen sämtlicher Taten eher milde zu einer einheitlichen Jugendstrafe von einem Jahr und sechs Monaten und entzieht ihm die Fahrerlaubnis für drei Jahre. Wieder waren wir spät dran, was sich bei der Bemessung der Strafe nach geltender Rechtsprechung häufig zugunsten der Täter auswirkt, da man ihnen zugutehält, dass sie durch das Warten auf eine Hauptverhandlung belastet werden.

Maik hatte keine schwierigen Sozialisationsbedingungen. Er hatte Eltern, bei denen er, soweit erkennbar, ohne Schwierigkeiten aufwuchs. Er verfügt über einen Schulabschluss und ist mit der Lehre bereits weit fortgeschritten. Hemmschwellen ließ er dennoch nicht erkennen – wie es zunehmend zu beobachten ist.

Ich erinnere mich an eine Situation, in der ich als Bereitschaftsrichterin am Wochenende über den Erlass eines Haftbefehls gegen mehrere junge Männer sowohl mit als auch ohne Migrationshintergrund zu entscheiden hatte. Den Beschuldigten wurde vorgeworfen, an einer Bushaltestelle einen Menschen grundlos zusammengeschlagen zu haben. Dem völlig Wehrlosen, der einfach nur zur Arbeit fahren wollte, wurde im Anschluss an andere Misshandlungen eine Eisenkette auf den Kopf geschlagen, bis der Schädel brach. Er überlebte dies zwar, wird jedoch nicht wieder in den Vollbesitz seiner körperlichen und geistigen Kräfte kommen. Für mich stand die Anordnung der Untersuchungshaft angesichts der Schwere dieser Tat, die von den Beschuldigten gar nicht bestritten wurde, nicht zur Diskussion, obwohl alle über einen festen Wohnsitz verfügten und regelmäßig die Schule besuchten. Die Tatverdächtigen wurden mir einzeln zur Vernehmung vorgeführt. Einer weinte – anscheinend nicht um sich selbst, sondern weil er sich des Ausmaßes der katastrophalen Folgen der Tat bewusst wurde. Andere waren reglos, vielleicht geschockt. Und der Letzte starrte mich aus kalten Augen an und meinte, es könne ja wohl nicht mein Ernst sein, ihn zu inhaftieren, schließlich habe er demnächst schriftliche Prüfungen, und im Übrigen helfe es dem Opfer ja nun auch nicht mehr, wenn er „in den Knast ginge". Haftbefehle habe ich gegen alle Verdächtigen erlassen. Sie wurden Monate später vom Landgericht zu hohen Jugendstrafen verurteilt.

„Klatschen gehen"?

Im Fall von David, Leon und Sven beschleicht mich ebenfalls das Gefühl, nicht hinter die Kulissen blicken zu können. David hat es zu Hause gut angetroffen, verfügt über einen Schulabschluss und befindet sich in einer Ausbildung zum Druck- und Medientechniker. Er wohnt mit seiner Schwester zusammen und ist zum Zeitpunkt der Hauptverhandlung, die gegen ihn wegen gemeinschaftlicher gefährlicher Körperverletzung geführt wird, fast zwanzig Jahre alt. Seine strafrechtliche Vorgeschichte beschränkt sich auf einige Graffiti-Schmierereien. Die Entwicklungsgänge des 18-jährigen Leon und des 19-jährigen Sven stellen sich nahezu deckungsgleich dar.

Im Sommer 2009 kommt es in den frühen Morgenstunden zu einer Begegnung zweier jeweils leicht unter Drogen stehender Gruppen. Zur einen Gruppe gehören David, Sven und Leon. Es werden im Vorbeigehen wechselseitige Beleidigungen ausgetauscht. Eigentlich ist die Sache schon beendet, als David auf die Idee kommt, die andere Gruppe zu verfolgen und zu attackieren. Zu diesem Zweck geht er extra in seine Wohnung, um seinen Schlagring zu holen, dann sucht man gemeinsam die andere Gruppe. An einem U-Bahn-Eingang findet sich ein junger Mann, der zwar zuvor tatsächlich Teil der „gegnerischen" Gruppierung war – sicher sind sich David, Leon und Sven dessen allerdings nicht. Irgendwie kommt es darauf jetzt aber auch nicht mehr an: Einer muss „bestraft" werden. Leon und Sven maskieren sich vorsichtshalber, indem sie sich Tücher vor Mund und Nase binden. Sodann schlägt David ohne Vorankündigung dem Opfer mit der Faust in das Gesicht, nachdem er den Schlagring über die Finger gestreift hat, während Leon und Sven die Tat durch ihre körperliche Präsenz unterstützen. Dem Misshandelten gelingt es, sich in einen Asia-Imbiss zu flüchten. Dortige Mitarbeiter verhindern, dass die Täter ihr Opfer in den Imbiss verfolgen. Aus Ärger hierüber erhält eine weitere männliche Person vor dem Imbiss einen Schlag mit einer leeren Bierflasche, die Leon oder Chris vom Boden aufgehoben hatten, ohne dass damit eine erhebliche Verletzung hervorgerufen wird. Dann ziehen die Beteiligten ab. Das Gericht verurteilt David als Hauptakteur zu einem vierwöchigen, Leon und Sven jeweils zu einem zweiwöchigen Dauerarrest. Außerdem soll eine finanzielle Wiedergutmachung an die beiden Geschädigten erfolgen. Ihre Höhe hat eher symbolhaften Charakter.

Die Verurteilten waren zum Zeitpunkt ihrer Festnahme nicht stark verhaltensauffällig, sodass sie nicht auf einen eventuell vorangegangenen Drogenkonsum untersucht wurden.

Drogen stellen dennoch ein Hauptproblem dar, denn speziell die jungen Männer, mit denen ich mich außerhalb des Gerichts und im Übrigen auch außerhalb Berlins über die zunehmende Brutalisierung unterhalte, bestätigen dies. Sie erklären das Phänomen damit, dass die meisten ihrer Altersgenossen dauerhaft Drogen zu sich nehmen, und zwar nicht nur Cannabis: „Bekifft sind alle", heißt es. Was die Enthemmung anbelangt, so wird mir erklärt, liege das am Kokain. Im Gegensatz zu meiner bisherigen Annahme handelt es sich nach Aussage der jungen Männer schon längst nicht mehr ausschließlich um eine Droge für die Reichen und Schönen, sondern um eine chemisch variantenreiche Substanz, die unterschiedlich gepanscht für kleines Geld zu haben ist, auch wenn sie immer noch deutlich teurer ist als „Gras". Deshalb müssen etliche Konsumenten dealen, um den Eigenkonsum finanzieren zu können. Viele Jugendliche kombinieren andere Drogen beispielsweise mit Ecstasy, bevor sie abends ausgehen. Der Abend beginnt, indem man erst einmal kokst. Man snieft eine Line. Davon wird zwar die Nase taub, aber das sich anschließende Gefühl, unschlagbar, großartig, hellwach und unendlich aktiv zu sein, eignet sich hervorragend als Vorbereitung, wenn man „klatschen" gehen will. Es entstehen Allmachtsfantasien, das Bewusstsein signalisiert eigene Unantastbarkeit. Um nicht die nach weniger als einer Stunde einsetzenden „abturnenden" Folgen des Kokainkonsums ertragen zu müssen, sollte bald die nächste Line gezogen oder eine „Mitsubishi" (qualitativ gutes Ecstasy) „eingeworfen" werden. So bleibt man eine ganze Nacht „gut drauf". Zum Schluss wird zum Runterkommen wieder eine Bong oder ein Joint konsumiert, dann merkt man den Kater vom Koks nicht so deutlich.

Zu alldem kommen noch Musikvideos hinzu. Ein junger Mann sagte mir einmal: „Wenn Sie die Jugend verstehen wollen, hören Sie ihre Musik." Gemeint waren in diesem Fall Rap-Videos. Bushido wird mir gar nicht erst empfohlen. Der sei „weichgespült", nachdem er es zu Geld gebracht habe, und die spannenden Titel stünden auf dem „Index", so die verbreitete Meinung.

Ich schaue mir also etwas von „La Honda", „Automatikk" und „Deso Dogg" an, weil die Jungs sagen, das sei realistisch, ohne extrem zu sein. Die Botschaft ist eigentlich immer ähnlich. Muskelbepackte Männer mit protzigen Ketten um den Hals behaupten in bedrohlichen Posen, das harte Leben im Getto verinnerlicht zu haben. Sie kennen sich aus mit den Gesetzen der Straße und des Drogenmarktes.

„Automatikk" beschreiben in dem Machwerk „Klick-Klack", wie ein „Spast" namens Martin abgezogen werden soll, nachdem man dessen Anschrift herausgefunden, eine „Wumme" und Sturmhauben besorgt und bei einer Line besprochen hat, wie der Überfall durchgeführt werden soll. Man schildert, wie das Opfer den Tätern seine Wohnungstür öffnet und zunächst mit der Faust und dann mit der „Knarre" geschlagen wird, damit es verrät, wo Drogen, Geld und Ketten versteckt sind. „Haste gesehn, der hat geheult wie 'ne Fotze", heißt es dann weiter.

„La Honda" schildern in dem Lied „Wenn es Nacht wird" eine noch effektivere Methode der Durchsetzung eigener Interessen. Es geht in diesem Fall wohl um Rache. Allerdings bleibt die Ursache im Dunkeln. Jedenfalls bewaffnen sich dem Text zufolge fünf Männer bis an die Zähne und nehmen noch einen Pitbull mit. Es folgt eine rasante Autofahrt mit einem Jeep. An der Wohnung desjenigen angekommen, der die Kiezgangster verärgert hat, werden eine Fensterscheibe eingeschlagen, Familienmitglieder brutal attackiert, die Einrichtung unter Verwendung eines Baseballschlägers zerlegt, bevor man dem eigentlichen Opfer die Arme bricht und es bespuckt. Das alles geschieht unter Beteiligung des Kampfhundes: „Ich hol' den Pitbull, endlich ist sein Auftritt, gib ihm 'ne Ohrfeige, dass er richtig ausflippt, wie ein Bodybuilder kann er einfach gut reißen."

Auch der Rapper „Deso Dogg" gibt sich in seinem Beitrag „Haltet die Fresse" nicht zimperlich. Ohne die Beweggründe im Detail zu schildern, ist die Rede von zerbissenen Kehlen und auf der ganzen Straße verspritztem Blut. Außerdem: „Ich werde eure Köpfe spalten", „Bringt die Leichensäcke mit" und „Deso Dogg kommt vorbei und durchbohrt euch mit seinem Schwert".

Zusätzlich stehen Killerspiele, die ursprünglich vom amerikanischen Militär entwickelt wurden, um den Soldaten durch die ständige visuelle Konfrontation mit dem Töten die natürlichen Hemmschwellen abzutrainieren, den Jugendlichen ohne nennenswerte Kontrollmechanismen zur Verfügung. Der Effekt ist nicht anders als bei den Militärangehörigen: Das Gehirn akzeptiert irgendwann die Gewalt. Kann man den Vertrieb dieser Machwerke nicht so hoch besteuern, dass mit ihnen kein wirtschaftlicher Erfolg mehr erzielt wird?

Wer stundenlang gewalttätige Rap-Videos sieht, sich Killerspielen aussetzt, um dann bekokst mit seiner Gruppe loszuziehen, wird jedenfalls schwerlich einen friedlichen Abend verbringen.

Überprüft wird der Drogenkonsum nach der Begehung einer Straftat allerdings nur dann, wenn es dafür einen äußeren Anlass gibt. Dies ist bei Alkohol natürlich häufig der Fall, bei Cannabis schon seltener, bei Kokain hatte ich selbst noch kein Verfahren, in dem dies aufgrund der auffallend brutalen Tatbegehung überprüft worden ist. In Anbetracht der Bedeutung, die der Konsum enthemmender Mittel offenbar spielt, muss hier allerdings nachgedacht werden. In Verfahren, die den Anschein einer grundlosen Gewaltorgie erwecken, spreche ich mich für einen Drogentest aller Tatverdächtigen aus. Das Ergebnis soll sie nicht entschuldigen, aber es ist im Falle eines positiven Tests ein Anhaltspunkt vorhanden, an dem das Gericht mithilfe entsprechender Sachverständiger ansetzen kann, um zu einer Erfolg versprechenden Maßnahme zu gelangen. Ich bin als Richterin dichter am Problem, wenn ich weiß, dass der Angeklagte unter Drogeneinfluss zur Beteiligung an Gewaltdelikten neigt, als wenn er keinerlei Drogenerfahrung hat, dafür aber häuslichen Gewalterlebnissen ausgesetzt ist.

Das erscheint mir allemal sinnvoller, als wieder einmal ein Anti-Gewalt-Training zu verhängen, von dem viele Richter gar nicht wissen, wie es aufgebaut ist, für welche Klientel es sich eignet und vor allem ob es etwas „bringt". Wir erhalten lediglich irgendwann die Rückmeldung, dass die Maßnahme durchgeführt wurde. Dann schreiben wir in die Akten: „Vollstreckung erledigt". Ich wüsste hingegen gern, wie sich der Verurteilte im Training verhalten hat, wie die Pädagogen und Sozialarbeiter die Wirkung einschätzen und ob sie diesen Kurs für diesen Täter für den richtigen halten. Bei der bisherigen Praxis erfährt der Richter auch nichts über den Umgang mit den besagten Medien. Es wäre von Bedeutung, wenn die Anti-Gewalt-Maßnahmen auch hier ansetzten. Dann kann man daraus für weitere Fälle Erfahrungswissen schöpfen und zu einer fundierten eigenen Einschätzung der im jeweiligen Fall angebrachten Vorgehensweise gelangen.

Es ist allerdings nicht leicht, einen Überblick hinsichtlich der bestehenden Angebote im Bereich der Anti-Gewalt-Maßnahmen zu erhalten. Diesen muss sich der Jugendrichter recht mühselig eigenständig erarbeiten. Das darf von uns erwartet werden. Jedoch stellt man dabei schnell fest, dass es viel zu viele Trainings, Kurse und Seminare für die Gewalttäter gibt, die größtenteils nicht evaluiert sind und bei denen sich mir der Eindruck aufdrängt, dass nach dem Motto „Viel hilft viel" verfahren wird. Ich werde mich später noch mit Projekten dieser Art beschäftigen.

Kaum nachvollziehbare Gewalttaten haben nach meiner Wahrnehmung in erschreckendem Ausmaß zugenommen. Ich gebe zu bedenken, dass die Jugendgerichte für Mord und Totschlag gar nicht zuständig sind. Der Fall von München-Solln wird vor der Jugendkammer des Landgerichts zur Verhandlung kommen.

Die Suche nach dem Tatmotiv fällt gleichwohl auch unterhalb der Grenze zu den Tötungsdelikten schwer. Der Anlass der Taten steht häufig in keinerlei Verhältnis zu den angewendeten brutalen Methoden. Der Antrieb des Täters zur Verwendung von Waffen, das Sinken oder nahezu Abhandenkommen jedweder Hemmschwelle machen es dem Richter manchmal unmöglich, Maßnahmen unterhalb von Jugendstrafen festzusetzen, um erzieherisch sinnvoll auf die Angeklagten einzuwirken. Um dem Erziehungsgedanken des Jugendgerichtsgesetzes (JGG), das unser „Handwerkszeug" ist, gerecht zu werden, wäre es nützlich zu wissen, weshalb eine Tat ohne jede Rücksicht auf das Opfer begangen wird.

Aber lässt sich meine bisherige Einschätzung vom Anstieg der Jugendgewaltkriminalität anhand kriminalstatistischer Daten bestätigen oder widerlegen?

Zahlen und Fakten

31.861 Tatverdächtige unter 21 Jahren wurden laut Polizeilicher Kriminalstatistik (PKS) 2009 im Jahr 2008 in Berlin ermittelt. Dies stellt in absoluten Zahlen die niedrigste Anzahl seit Einführung der Gesamtberliner Polizeistatistik dar. Insbesondere im Bereich der sogenannten Jugendgruppengewalt, wozu Raub, Erpressung, Körperverletzung, Bedrohung und Sachbeschädigung zählen, wird ein Rückgang um ca. 20 Prozent festgestellt. Rohheitsdelikte wie gefährliche Körperverletzung und Raub ohne Gruppenbezug sind rückläufig, stagnieren jedoch auf relativ hohem Niveau bei 24,5 Prozent gegenüber 25,2 Prozent in 2007 der zur Tatzeit 14- bis noch nicht 21-Jährigen gegenüber den Erwachsenen.

Dies sind die Kernaussagen, die der Berliner Polizeipräsident und der Innensenator im Frühjahr 2009 zu verkünden hatten. Dieser an sich positive statistische Trend scheint jedoch nicht der Wahrnehmung von Teilen der Bevölkerung zu entsprechen, weshalb sich die Frage erhebt, inwieweit den Zahlen auch eine valide Aussagekraft innewohnt bzw. ob nicht bereits die PKS selbst andere Deutungen zulässt.

Kriminalität ist nach wie vor überwiegend männlich, obwohl die junger Frauen in den letzten Jahren zunimmt. Begingen sie früher überwiegend Diebstähle, sind sie mittlerweile insbesondere im Bereich der Körperverletzung stärker vertreten. „Zickenalarm" endet nicht selten mit schweren Misshandlungen, speziell das Herausreißen der riesigen Kreolen aus den Ohrlöchern ist eine blutige und häufig angewandte Methode. Meistens geht es um vorangegangenes Mobbing in der Schule oder im Wohnumfeld, die die Körperverletzung begleitende Wortwahl ist unschön, Begriffe wie „Hure", „Schlampe", „Nutte" haben Standardcharakter erlangt. Mir fällt auf, dass auch die weiblichen Angeklagten bei der Tatbegehung häufig alkoholisiert sind, und man wundert sich manchmal, zu welcher Brutalität solch zarte Gestalten unter Schnaps oder anderen Drogen stehend fähig sind. Insgesamt kann aus meiner Sicht aber behauptet werden, dass kriminelles Verhalten junger Frauen noch deutlich episodenhafter ist als das der Männer; insbesondere im Bereich der Intensivtäter gibt es nahezu keine Frauen. Sie sind nach wie vor im Schnitt durch Interventionen besser zu erreichen, hören bei der Gerichtsverhandlung eher zu, zeigen Einsicht in ihr Fehlverhalten, erfüllen ihre Auflagen zuverlässiger und schneller.

Laut PKS Berlin betrug der Anteil der weiblichen Tatverdächtigen in 2008 immerhin 27,9 Prozent. Statistisch gesehen stehen hier Diebstahl und Schwarzfahren im Vordergrund, unterdurchschnittlich fällt der Anteil der jungen Frauen bei Sachbeschädigung, Rauschgiftdelikten (zumindest auf der Dealer-Seite), Raubtaten und Widerstand gegen Vollstreckungsbeamte aus. Interessant finde ich, dass es so gut wie keine Sachbeschädigung in Form von Graffiti gibt, die durch Mädchen begangen wird, genauso wie im Übrigen junge Männer mit Migrationshintergrund zwar allerlei Straftaten begehen, in diesem Deliktsfeld aber ebenso stark unterrepräsentiert sind. Bei den weiblichen Tatverdächtigen unter 21 Jahren weist die PKS 2009 einen Anteil von 4,3 Prozent bei Graffiti-Vergehen auf, was extrem wenig ist. Bezogen auf den Anteil der nichtdeutschen Jugendlichen begehen hingegen die deutschen Jugendlichen 1,7-mal häufiger Sachbeschädigung durch Schmierereien in der Öffentlichkeit. Im Vergleich dazu tauchen jugendliche männliche Personen mit Migrationshintergrund in der PKS überproportional häufig im Bereich der Gewaltdelikte auf. Im Verhältnis zu ihrem Bevölkerungsanteil wurden Jugendliche nichtdeutscher Herkunft 2,2-mal häufiger wegen Sexualdelikten, 1,7-mal häufiger we-

31

gen Straßenkriminalität, 2,3-mal häufiger wegen Gewaltkriminalität, 2,3-mal häufiger wegen gefährlicher und schwerer Körperverletzung, 2,4-mal häufiger wegen Straßenraubes und dreimal häufiger wegen Schwarzfahrens belangt als männliche deutsche Jugendliche.

Insgesamt lag im Jahr 2008 der Anteil der jugendlichen Tatverdächtigen bezogen auf alle Straftaten bei 9,9 Prozent. Der entsprechende Bevölkerungsanteil bewegt sich hingegen lediglich bei 3,2 Prozent. Ähnlich verhält es sich bei den Heranwachsenden mit einem Anteil von 9,6 Prozent der Tatverdächtigen bei einem Bevölkerungsanteil von 3,3 Prozent. Über den Zeitraum von zehn Jahren betrachtet ist zu erkennen, dass der Anteil der unter 21-Jährigen an der Berliner Gesamtbevölkerung von 20,5 Prozent auf 17,8 Prozent gesunken ist. 4,1 Prozent aller ermittelten Tatverdächtigen waren Kinder, deren Bevölkerungsanteil bei 11,3 Prozent liegt. Vor diesem Hintergrund ist der der PKS 2008 zu entnehmenden Abnahme der Jugendkriminalität von 26,5 Prozent in 1999 auf 23,6 Prozent in 2008 bezogen auf alle Tatverdächtigen mit großer Vorsicht zu begegnen. Dies umso mehr, als zwar ausweislich der Statistik die Raubdelikte stark rückläufig sein sollen, bei den schwersten Erscheinungsformen dieser Deliktsgruppe hingegen ein auffallend hoher Anteil von Tatverdächtigen unter 21 Jahren zu verzeichnen ist. So waren bei Mord im Zusammenhang mit Raubdelikten acht Tatverdächtige von 13, bei Raubüberfällen auf Spielhallen 13 von 17, bei Raubüberfällen auf Tankstellen zehn von 14, bei Handtaschenraub 61 von 101 und bei schwerem Raub aus Wohnungen 56 von 96 unter 21 Jahre alt. Beim Wohnungseinbruchdiebstahl lag der Anteil der unter 21-Jährigen bei 38,2 Prozent.

Bereits aus dem Zahlenwerk der PKS ergibt sich demzufolge, dass die Jugendlichen und Heranwachsenden, gemessen an ihrem Bevölkerungsanteil, überproportional häufig straffällig werden und – was besonders bedenklich erscheint – an den erheblichen Straftaten deutlich vermehrt beteiligt sind. Es wird dieser Erkenntnis häufig entgegengehalten, Jugendliche und Heranwachsende seien in ihrer „Sturm- und Drangphase" schon immer anfällig für kriminelle Handlungen gewesen, das „wachse sich dann schon irgendwann aus". Dies ist meistens zutreffend. Jedoch kommen auch rein statistisch gesehen inzwischen so erhebliche und auch zahlreiche Straftaten vor, dass es weder dem Jugendlichen nützlich noch den Opfern zumutbar ist, abzuwarten, bis die „pubertätsbedingte" kriminelle Phase ihr Ende findet.

Im Übrigen sollte man sich über die alljährlichen Zahlen hinausgehend der Mühe eines Langzeitvergleiches unterziehen. Hierfür werde ich mich auf den Berliner Bezirk Neukölln beziehen, für den ich zuständig bin und dem ich mich später noch ausführlich widmen werde. Mir liegen Zahlen vor, die durch das Bezirksamt Neukölln erhoben worden sind und sich aus der Zahl der bei der Jugendgerichtshilfe (JGH) eingehenden Strafverfahren speisen. Diese Behörde ist am Jugendstrafverfahren beteiligt und erhält von der Polizei sämtliche Schlussberichte über Strafverfahren gegen die im Bezirk wohnhaften Jugendlichen und Heranwachsenden. Der Abgleich über die Zeitspanne von 1990 bis 2008 ist lohnend. Wurden im Jahre 1990 1600 Verfahren geführt – wobei in einem Verfahren auch mehrere Taten enthalten sein können –, waren es 2008 3585 (in 2007 3562), was einer Zunahme um 124 Prozent entspricht. Im Bereich der Körperverletzung ist eine Steigerung von 274 Prozent zu verzeichnen, beim Raub um 144 Prozent und bei Eigentumsdelikten um 194 Prozent. Festzuhalten ist dementsprechend, dass im Bezirk Neukölln ein nennenswerter Rückgang der Verfahren in dem Jahresvergleich von 2007 zu 2008 gar nicht zu verzeichnen ist. Hinzu kommt die Tatsache der kontinuierlichen Zunahme der Jugendkriminalität über knapp zwanzig Jahre bei stetig abnehmender Geburtenrate. Die extremen Unterschiede zwischen den Zahlen der PKS bezogen auf Gesamtberlin und auf einen sehr großen Bezirk mit immerhin ca. 300.000 Einwohnern – was knapp einem Zehntel der Einwohnerzahl Berlins entspricht – verwundern.

Zusammenfassend darf festgestellt werden, dass Jugendliche und Heranwachsende vorwiegend im Bereich der Körperverletzungen, des Schwarzfahrens, der Sachbeschädigung, des Ladendiebstahls, der Rauschgiftdelikte, der Raubtaten und des Widerstandes gegen Vollstreckungsbeamte in Erscheinung treten. Überwiegend trifft die These, dass sich strafbares Verhalten junger Menschen ungefähr mit Anfang zwanzig „auswächst", nach wie vor zu. Dennoch kommt der Eindruck, dass sich etwas verändert hat, bereits in den zitierten Zahlen aus der Langzeitbeobachtung Neuköllns zum Ausdruck. Ein weiteres Indiz für eine problematische Entwicklung in der Jugendkriminalität ergibt sich aus der Berücksichtigung der sogenannten „Intensivtäter". Was verbirgt sich hinter dem Begriff „Intensivtäter"?

Unglücklicherweise definieren Polizei und Staatsanwaltschaft den Begriff des Intensivtäters unterschiedlich. Die Polizei bezeichnet eine Person dann als Intensivtäter, wenn er beharrlich und mit einem hohen Maß an krimineller Energie den Rechtsfrieden besonders störende Straftaten begeht (z. B. Raub und sonstige Rohheitsdelikte). Die Staatsanwaltschaft ordnet einem jungen Menschen, der innerhalb eines Jahres mindestens zehn erhebliche Delikte begangen hat, einen für ihn zuständigen Staatsanwalt zu und nimmt ihn in die Intensivtäterliste auf. Die Staatsanwaltschaft bündelt an dieser Stelle alle Verfahren und hat auf diese Weise stets den Überblick, welche Taten wer mit wem begangen hat, wobei auch diejenigen Verfahren herangezogen werden, die der Jugendliche im strafunmündigen Alter, sprich vor Erreichen des 14. Lebensjahres, ausgelöst hat. Auf dieselbe Weise wird bei der Polizei vorgegangen. Die Einrichtung der Abteilung 47 der Staatsanwaltschaft Berlin in 2003, die die Intensivtäterverfahren bearbeitet, war nie unumstritten. Einige Jugendrichterkollegen, Vertreter des Jugendamtes, Strafverteidiger und Kriminologen vertreten die Auffassung, der Begriff stigmatisiere. Diese Ansicht teile ich nicht. Schließlich begeht der Täter erst die Delikte und erhält dann die Bezeichnung „Intensivtäter" und nicht umgekehrt.

Die Staatsanwaltschaft führt entsprechend ihrer Definition zurzeit etwa 550 Personen als Intensivtäter. Hiervon unterfallen etwa drei Viertel der Zuständigkeit des Jugendrichters, sind also bei Tatbegehung zwischen 14 und 21 Jahre alt. Insgesamt hört sich diese Zahl für eine Millionenstadt wie Berlin beruhigend an. Man darf aber nicht außer Acht lassen, dass laut einer Studie von Prof. Claudius Ohder, die bezogen auf 264 Intensivtäter im Auftrag der Berliner Landeskommission gegen Gewalt angefertigt wurde, von diesen Beschuldigten knapp 7000 Straftaten begangen wurden (Heft Nr. 26 des „Berliner Forums Gewaltprävention"). Da es sich hierbei um erhebliche Delikte handelt, verschiebt sich der Eindruck der Harmlosigkeit ein wenig. Hochgerechnet auf die momentane Anzahl von 550 Intensivtätern ergibt sich eine bedenkliche Anzahl gravierender Straftaten, durch die Tausende von Opfern geschädigt wurden.

Die Berliner Polizei zählt sodann noch zusätzlich im Rahmen der täterorientierten Ermittlungen (TOE) die „Kiezorientierten Mehrfachtäter (KoMT)", die im Umfeld ihres Aufenthalts- und Wohnortes minder schwere, aber das Sicherheitsgefühl der Bevölkerung beeinträchtigende Straftaten begehen, und die „Schwellentäter (ST)", die unter 21 Jahre alt sind, wiederholt – in der Definition der Staatsanwaltschaft mindestens fünfmal – durch Gewalttaten auffallen und bei denen die Wahrscheinlichkeit einer kriminellen Karriere hoch ist. Auch hier sind Sondersachbearbeiter tätig. Die Anzahl der im Folgenden dargestellten Zahlen ist nicht der Maßstab für das jährliche Ausmaß der Kriminalität, da die Erhebungen nicht einem Jahreszyklus folgen, sondern kumulativ erfasst werden. Dennoch lassen die Daten Schlüsse zu. Die Polizei führt laut PKS 2009 1354 Personen im TOE-Programm, von denen 390 jugendlich und 488 heranwachsend sind, das entspricht 64,8 Prozent. Bezogen auf den oben dargestellten Bevölkerungsanteil ist dies eine bemerkenswerte Feststellung.

Ein weiterer, nicht zu übersehender Umstand findet sich in der Berücksichtigung des sogenannten Migrationshintergrundes der Täter. Von den polizeilich erfassten jugendlichen und heranwachsenden Intensivtätern haben inzwischen 71 Prozent einen Migrationshintergrund. In Neukölln sind es sogar mehr als 90 Prozent. Insgesamt kommt die PKS 2009 zu dem Ergebnis, dass, je schwerer die Delikte sind, desto höher der Anteil der Einwanderer bzw. ihrer Kinder ausfällt. Ein vergleichbares Bild ergibt sich bei der Auswertung der Erkenntnisse der Staatsanwaltschaft. Auch hier liegt der Anteil der Intensivtäter mit Migrationshintergrund bei inzwischen 80 Prozent. Die Aufteilung innerhalb der migrantischen Communitys ist ebenfalls erwähnenswert, da die „staatenlosen palästinensischen" Jugendlichen und Heranwachsenden mit etwa 43 Prozent, die türkischen mit ca. 34 Prozent zu Buche schlagen. Deutsche, Vietnamesen, Russen und Angehörige der Balkanstaaten schließen sich an.

Übrigens verkündete auch der damalige Bundesinnenminister Schäuble im Juni 2009, dass Deutschland ein sicheres Land sei. Zwar seien die bevölkerungsreichen Großstädte Berlin, Hamburg, Köln, München und Frankfurt am Main wiederum die Kriminalitätszentren, wobei Frankfurt mit 15.976 Straftaten pro 100.000 Einwohner den Spitzenplatz einnehme. Allgemein hätten die Fahrraddiebstähle und Wohnungseinbrüche am Tage zugenommen, während Diebstähle ansonsten rückläufig seien. Eine Zunahme sei beim Ausspähen von Computerdaten sowie bei Betrügereien durch rechtswidrig erlangte Daten von Zahlungskarten zu verzeichnen, hier mit 107 Prozent sogar signifikant. Dafür gebe es eine Entspannung bei den Gewalttaten, nämlich einen Rückgang um 3,2 Prozent. Immerhin wird angegeben, dass brutale Übergriffe auf Straßen und Plätzen häufiger zu verzeichnen waren. Hier ergibt sich ein Zuwachs von 9,1 Prozent. Ein ähnliches Bild ergebe sich bei Sachbeschädigungen, die sich auf 6,6 Prozent erhöht haben. Die Jugendkriminalität sank statistisch bundesweit um 5,9 Prozent, wobei man wissen muss: Alle Zahlen stellen sich als Vergleiche zum Vorjahr dar. Selten wird der Öffentlichkeit bei der Präsentation der Zahlen ein Langzeitvergleich zur Verfügung gestellt, und es erfolgt auch kaum die Berücksichtigung des demografischen Faktors bei der Bewertung jenes Rückganges der Jugendkriminalität – jedenfalls nicht in einer für die Öffentlichkeit verständlichen Weise.

Die polizeiliche Kriminalstatistik für 2009 lag mir zum Zeitpunkt des Abschlusses dieses Buches noch nicht vor. Ich prognostiziere für den Bereich der Jugendkriminalität weiter sinkende Zahlen, die nicht überall im Land mit der Lebenswirklichkeit in Vereinbarung gebracht werden können. Selbst aus Polizeikreisen ist inzwischen zu vernehmen, dass die Statistik Verzerrungen unterliegt, die ein realistisches Abbild der Kriminalitätslage verhindern. So sei zu bedenken, dass z.B. nicht jede E-Bay-Betrügerei als einzelne Tat erfasst wird. Sind mehrere gleich gelagerte Taten einer Person zuzuordnen, wird eine Betrugsanzeige angefertigt. Dann geht z.B. bei einer Serie von 100 Einzelakten gegebenenfalls eine Tat in die Statistik ein. Darüber hinaus werden die Delikte erst statistisch erfasst, wenn die Verfahren bei der Polizei abgeschlossen sind. Das wirkt sich bei schwierigen Ermittlungen oder Tätern, die in Serie strafbare Handlungen begehen, aus. Die möglicherweise im Jahr 2009 begangenen Taten gehen nicht in die jeweilige PKS ein, weil der Sachbearbeiter immer neue Vorgänge verbinden muss. Die Hoffnung, dass die Statistik der erfolgten Verurteilungen eine realistische Einschätzung bezüglich der Anzahl der jährlich begangenen Taten zulässt, erfüllt sich leider ebenfalls nicht. Auch hier werden nur die verfahrensgegenständlichen Delikte, aber nicht deren genaue Anzahl erfasst.

Andere Zeiten – andere Taten

Pankow – eine „rechte Hochburg" der neunziger Jahre

Ich begann meine Arbeit als für den ehemaligen Arbeiterbezirk Pankow zuständige Jugendrichterin nicht allzu lange nach der Wende. Pankow gehört zum Ostteil der Stadt. Manche Menschen dort gaben sich Anfang der neunziger Jahre noch der Idee hin, der Staat werde das Problem mit den Arbeitsplätzen schon richten. So war es ja schließlich schon immer gewesen. Aber die Realitäten sahen rasch anders aus. Viele Betriebe schlossen, Arbeitslosigkeit kam auf. Die Familien waren zunehmend auf Sozialhilfe angewiesen. Die Eltern begannen zu trinken und auf das System zu schimpfen. Während des Haderns und Zeterns verwahrloste manche Wohnung in rasender Geschwindigkeit. Wenn dann die Polizei und das Jugendamt gerufen wurden, fanden sie zunehmend die Kevins und Kimberlys vor, die auf einem Müllberg hausten. Nicht selten hatten sie Striemen auf dem Gesäß. Wahrscheinlich, weil sie das letzte Gelage gestört hatten. Vielleicht hatten sie auch bloß Hunger oder Durst oder wollten zum Spielen mit anderen Kindern. Wenn sie aber doch gebraucht wurden, um Bier zu holen? Dass Kimberly früh den Haushalt verlässt, ohne nennenswert beschult worden zu sein, Büstenhalter bei H&M sowie Kosmetika bei Schlecker klaut, mit sechzehn erstmals schwanger ist, trinkt oder Heroin drückt, auf den Strich geht und mit zwanzig Jahren drei Kinder hat, die seinerzeit in Pflegefamilien untergebracht werden konnten, weil es sich noch nicht um ein Massenphänomen handelte, soll hier nicht weiter erläutert werden. Aus Jungen wie Kevin ist oft einer von denen geworden, die woanders Halt suchen, nachdem die positive Identifikationsfigur des arbeitenden Vaters abhandengekommen war. Die männlichen deutschen Jugendlichen – nichtdeutsche gab es zu diesem Zeitpunkt im Ostteil der Stadt kaum – verloren zum Teil die Orientierung, suchten Halt und Vorbilder, und binnen Kurzem hatte sich eine sichtbare rechte Szene gebildet. Die Bomberjacken und Springerstiefel etablierten sich. Die Haare wurden abrasiert.

Pankow bereitete uns Jugendrichtern Anfang bis Mitte der neunziger Jahre deshalb erhebliche Probleme. Konkret: Die Glatzen zogen durch die Gegend und schlugen mit Baseballkeulen alles kurz und klein, was auf sie entweder fremdländisch oder „asozial" wirkte. Die in der rechten Szene bis heute gebräuchlichen Begriffe „Zecke" und „Assi" bildeten sich für andere junge Leute heraus, die mit bunten Haaren, zahllosen Piercings und meistens ebenso vielen Hunden vor dem U-Bahnhof herumsaßen, sich durchschnorrten und auch nicht wussten, wie sie den nächsten Tag verleben sollten. Es ging den orientierungslosen jugendlichen Deutschen darum, jemanden zu finden, der unter ihnen stand. Die „Rechten" hatten zwar auch keinen Job und verfügten zudem kaum über die intellektuellen Voraussetzungen, um jemals einen zu finden. Aber man war sozusagen uniformiert und organisiert, vor allem hatte man einen Lebensinhalt – der darin bestand, irgendeine Ordnung herzustellen, um die Inhaltsleere der eigenen Existenz nicht ertragen zu müssen. Jugendstrafen ohne Bewährung haben die Jugendrichter damals häufig vollstreckt.

Aus vielen Kevins ist bis heute niemand geworden, der einen „rechtschaffenen" Lebenswandel führt, wie es im Jugendgerichtsgesetz als Ziel des Jugendstrafvollzuges festgelegt ist. Einige Lebensläufe habe ich weiterverfolgt. Das war mir möglich, ohne die Verfahren von damals nochmals herauszusuchen, denn die Fälle waren quantitativ noch so überschaubar, dass ich die Namen der Täter bis heute auswendig wiedergeben kann. Kevin ist nicht mehr in der „rechten Szene". Aber er trinkt und prügelt sich immer noch und wird abwechselnd zu Geld- und Freiheitsstrafen mit und ohne Bewährung verurteilt.

Friedrichshain – früher arm, heute alternativ

Ein weiterer Bezirk, für den ich lange Zeit zuständig war, ist Friedrichshain, ebenfalls ein Bezirk in der ehemaligen Hauptstadt der DDR. In den neunziger Jahren war der Stadtteil noch stark sanierungsbedürftig. Sozial eher schwache Menschen lebten dort. Gemessen daran gab es zum damaligen Zeitpunkt verhältnismäßig wenige schwerwiegende Straftaten.

Eine Bande notorischer Autoknacker ist mir allerdings in lebhafter Erinnerung. Sie hielt die Polizei, die Staatsanwaltschaft, die Jugendgerichtshilfe und die Justiz mehr als ein Jahr lang in Atem. Es waren „Intensivtäter", lange bevor es den Begriff gab. Immer wieder zogen die Jugendlichen nachts los, brachen kleine PKW der Marke Opel auf, weil das damals wohl besonders einfach war, rissen die Verkleidung herunter, schlossen die Fahrzeuge kurz und fuhren den Tank leer. Ein trauriges Ende fand die Serie für einen der Haupttäter erst, als er nach einer Verfolgungsfahrt mit der Polizei in mehrere geparkte Fahrzeuge knallte und einen Radfahrer totfuhr. Eine schlimme Hauptverhandlung war das, denn der Angeklagte entschuldigte sich bei allen Geschädigten, deren Auto er zu Schrott gefahren hatte. Für die Eltern des getöteten Radfahrers, der in Berlin studiert hatte, fand er hingegen kein Wort. Ein trauriger Einzelfall, der mir nie aus dem Sinn gegangen ist. Aber eben eher ein Einzelfall.

Ansonsten hatte man es in den neunziger Jahren in Friedrichshain vornehmlich mit Schülern und Studenten zu tun, die kifften und schwarz mit den öffentlichen Verkehrsmitteln fuhren, oder mit Punks, die klauten, zu viel tranken und es nicht so mit der Obrigkeit hatten, weshalb etliche Verfahren wegen „Widerstandes gegen Vollstreckungsbeamte" zu bearbeiten waren.

In den letzten Jahren hat Friedrichshain jedoch eine Schattenseite entwickelt. Diese zeigte sich zunächst vorrangig bei den jährlich wiederkehrenden 1.-Mai-Krawallen. Linksautonome meinten, dem Weltfrieden am besten durch brennende Müllcontainer dienen zu können. Das war für die Polizei mehrere Jahre lang einigermaßen zu regeln, weil sich die Gewalt auf den 30. April und den 1. Mai beschränkte. Anders stellte sich die Lage im Jahr 2009 dar. Allein bei den 1.-Mai-Krawallen wurden 440 Polizeibeamte verletzt – insgesamt bringt es die Stadt im Jahr 2009 auf knapp 3000 verletzte Polizeibeamte –, einige bewarf man mit Brandsätzen. Am 1. Mai 2009 erfolgten 289 vorläufige Festnahmen. Die Tagespresse zitierte Beamte mit den Worten: „Wir wurden zur Steinigung freigegeben". Der Schwerpunkt der Ausschreitungen lag nicht allein in Friedrichshain, sondern bezog sich auch auf umliegende Stadtteile. Die frühere offizielle Einschätzung, dass vorwiegend sogenannte „erlebnisorientierte Jugendliche" ein wenig Abenteuerlust ausleben wollten, ist aus meiner Sicht nicht mehr haltbar. In diesem Zusammenhang sind auch die im Laufe des Jahres 2009 in Brand gesetzten Autos in Friedrichshain und anderen Stadtbezirken zu erwähnen. Der Anschlagsserie auf Hunderte höherwertige Fahrzeuge steht die Polizei derzeit noch ohne nennenswerten Ermittlungserfolg gegenüber. Sie ist mit ihren gegenwärtigen personellen Ressourcen kaum in der Lage, die Serie zu stoppen. Ein bisschen 1. Mai ist jetzt jeden Tag. Erst ganz allmählich häufen sich erste Stimmen, die diese Form „linker" Gewalt anprangern. Das ist überfällig. Ich komme später noch einmal darauf zurück.

John – Tragik eines Punkerlebens

John ist der Sohn einer deutschen Mutter und eines amerikanischen Vaters, eines farbigen GI. Der verschwindet noch vor Johns Geburt auf Nimmerwiedersehen in die Staaten. Die Mutter hat eigene Probleme, ist die meiste Zeit ihres Lebens auf Sozialleistungen angewiesen und packt das mit der Erziehung nicht, zumal bald mehrere Kinder vorhanden sind. Mit dreizehn kommt John erstmals in ein Heim. Etwa zur selben Zeit fängt er an, Bier-Schnaps-Getränke zu sich zu nehmen. Er konsumiert etwa drei Liter Bier am Tag, jedenfalls so viel, dass man „dicht" wird. Mit fünfzehn Jahren kommen Speed, Ecstasy, Cannabis und Heroin dazu, das er raucht, nicht injiziert. Bis er sechzehn ist, bleibt John in wechselnden Unterbringungen der Jugendhilfe, danach ist er nicht mehr zu halten. Bereits mit vierzehn hatte er sich einer Gruppe von Punkern angeschlossen, die ihren Tag auf der Straße verbrachten und dort bettelten. Die nächsten Jahre verbringt er damit, bis mittags zu schlafen, danach zum Alexanderplatz zu gehen und zu „schnorren". Das Geld wird umgehend in Alkohol umgesetzt. Dann wird Party gemacht, bis man umkippt, und irgendwann am nächsten Mittag steht man wieder auf. So gestaltet sich jeder Tag. Die schulische Entwicklung verläuft entsprechend. Ab der 5. Klasse besucht John eine Lernbehindertenschule, ab der 7. Klasse eine Hauptschule. Da er in der 8. und 9. Klasse nicht mehr anwesend ist, wird er ohne Abschluss ausgeschult. Der Staat kommt in dieser Lebensphase längst nicht mehr vor. Der Jugendliche verschwindet in unserem hoch organisierten Land einfach vom „Schirm".

Als er mir im Sommer 2005 aus der Untersuchungshaft vorgeführt wird, steht er kurz vor Vollendung des zwanzigsten Lebensjahres. Er ist groß und kräftig, hat freundliche Augen, durch den Alkoholkonsum aber bereits gezeichnet. Irgendwie rührt er mich. Die Taten, deren er angeklagt ist, sind weniger rührend:

Im Sommer des Vorjahres sitzt John mit seinen Kumpels gegen 1.00 Uhr nachts vor einem Schnellrestaurant und bettelt. Ein Mann äußert: „Geht arbeiten". John steht auf und schlägt dem Mann seine Faust ins Gesicht. Danach tritt er ihn mit seinen Springerstiefeln in den Rippenbereich. Die John eine Stunde später entnommene Blutprobe weist eine Alkoholkonzentration von 2,45 Promille auf.

Zwei Monate später entsteht eine vergleichbare Situation, nur dass sich dieses Mal ein Passant über die freilaufenden Hunde beschwert. John und einer seiner Kumpel verprügeln den Passanten, und zwar dergestalt, dass dieser, vor den Tätern zurückweichend, auf den Fahrdamm gerät. Dort wird er nur deshalb nicht überfahren, weil ein geistesgegenwärtiger Fußgänger das nahende Fahrzeug anhält. Als das Opfer auf der Straße am Boden liegt, setzt sich John auf ihn und schlägt weiter auf ihn ein. Auch mit Springerstiefeln wird der Mann getreten. Johns Blutalkoholwert eine Stunde nach Tatbegehung: 2,35 Promille.

Wiederum einige Monate später streitet sich John mit einem Leidensgenossen und mit 3,06 Promille im Blut um dessen Schnapsflasche. Da der andere die Flasche nicht rausrückt, gibt es eins auf die Nase.

Ebenfalls noch im Jahr 2004 hängt John wieder einmal mit anderen Punkern am Alexanderplatz herum. John möchte die Lederstiefel eines anderen jungen Mannes haben. Der gibt sie ihm natürlich nicht freiwillig. Also hilft John nach, indem er dem sich Sträubenden eine Luftdruckpistole in die Magengrube drückt. Inzwischen beteiligen sich weitere Punker an der Auseinandersetzung. Das Opfer wird von mehreren Seiten geschlagen und getreten. Es gelingt ihm dennoch, in ein Geschäft zu flüchten, weshalb John die Stiefel letztendlich nicht bekommt. War bislang nichts passiert, wird John nun erstmalig in Untersuchungshaft genommen.

Obwohl John wegen der Delikte erstmals zu einer Jugendstrafe von einem Jahr und drei Monaten verurteilt wird, bekommt er keine „echte" Bewährung. Zu offensichtlich und unbearbeitet ist die Alkoholproblematik. Durch die mehrmonatige Untersuchungshaft bis zur Hauptverhandlung ist John aber zumindest körperlich „trocken" und auch von dem Hafterleben schwer beeindruckt. Deshalb wird eine sogenannte „Vorbewährung" von sechs Monaten beschlossen. In dieser Zeit soll John mit einer Bewährungshelferin zusammenarbeiten und eine Alkoholentwöhnungstherapie beginnen. Die Bewährungshelferin soll ihm behilflich sein, das Richtige für ihn zu finden. Nach Ablauf der sechs Monate soll dann über die eigentliche Bewährungsfrage entschieden werden.

Irgendwie hoffe ich, dass es klappt. Der erste Bericht der Bewährungshelferin ist dann auch außerordentlich positiv. Die Zusammenarbeit mit ihr erfolgt regelmäßig, John hat ein eigenes festes Dach über dem Kopf und sucht eine geeignete Therapie. In der Zwischenzeit betreuen ihn der Anti-Drogen-Verein und die „Off-Road-Kids". Ganz hat er das Saufen nicht aufgeben können, aber er sagt: „Aus dem König Alkohol ist ein Prinz geworden." Blöd kann der nicht sein, denke ich mir beim Aktenstudium. Blöd ist hingegen, wie lange die Bewilligung der Therapie beim zuständigen Rententräger dauert. Anfang 2006 schreibt mir John, dass er zunächst eine zehntägige Entgiftung und dann eine viermonatige Entwöhnungstherapie antritt. Ich kann deshalb die Vollstreckung der Strafe nach Ablauf der sechsmonatigen Vorbewährungszeit aussetzen. Die Entgiftung findet dann noch statt, die stationäre Therapie beendet John allerdings vorzeitig. Die Bewährungshelferin und er meinen, eine ambulante Fortsetzung sei angebracht. Da John regelmäßig seiner MAE-Maßnahme (Mehraufwandentschädigungs-Maßnahme bei ALG-2-Empfängern, sprich einem 1-Euro-Job), nachgeht, eine Freundin hat, keine Straftaten begeht und die Bewährungshelferin regelmäßig aufsucht, halte ich still, obwohl mir rasch unwohl wird. Dann weigert sich der Anti-Drogen-Verein, mit John weiter zu arbeiten, seine Freundin verlässt ihn und der Rückfall ist da. Sofort hagelt es neue Anklagen: John prügelt sich im Park um einen Bierkasten, begeht Graffiti-Schmierereien, fährt permanent schwarz. Die Wohnung wird zwangsgeräumt. Ich muss einen sogenannten Sicherungshaftbefehl erlassen, denn der Widerruf der Bewährung steht unmittelbar bevor. Plötzlich erfahre ich, dass John in der Schweiz verhaftet wurde. Er wird in Zürich wegen Raubes und Besitzes von Cannabis und Amphetamin zu einer Freiheitsstrafe von achtzehn Monaten verurteilt. Nach Verbüßung von zwei Dritteln der Strafe wird er u.a. aufgrund meines Haftbefehls nach Deutschland ausgeliefert. Als ich ihn anhöre, bevor ich die Bewährung widerrufe, erzählt er mir, er habe gehofft, sich in der Schweiz zu fangen, stattdessen seien die Alkoholabstürze nur noch schlimmer geworden. Auch das Landgericht Berlin hat einen Haftbefehl gegen John erlassen. Es ging in dem Verfahren um besagte Bierkästen, die unter Verwendung eines Totschlägers, den allerdings nicht John einsetzte, den Besitzer wechseln sollten. John wird auf Anordnung des Landgerichts begutachtet. Der Sachverständige attestiert ihm eine dissoziale Persönlichkeitsstörung und „den Hang, alkoholische Getränke zu sich zu nehmen". Das hat juristische Konsequenzen. Nach § 64 StGB wird dann die Unterbringung in einer Entziehungsanstalt angeordnet, wenn zu befürchten ist, dass ein Angeklagter sonst weitere erhebliche Taten begehen wird.

John befindet sich jetzt in einer geschlossenen Einrichtung des Maßregelvollzuges in Berlin. Diese leistet offenbar hervorragende Arbeit. John wird demnächst den Hauptschulabschluss erlangen, er hat das Rauchen aufgegeben und erfreut sich daran, auf dem Anstaltsgelände joggen gehen zu können, weil seine Lunge jetzt frei ist. Sein Verstand ist auch frei. Ich weiß das, weil ich ihn besucht habe und er mir seine Gedichte überließ. An dieser Stelle dürfen Johns Gedanken ihren Weg in die Öffentlichkeit finden – wenigstens in einem kleinen Ausschnitt:

„Finsternis"

Wie der Herbst sich leise in die Bäume schleicht,
so niedergedrückt, so starr,
so merke auch ich die Müdigkeit, die mich erreicht,
das Leben in weiter Ferne, so endlos, so rar.
Oh wie finster der Sturm das Firmament bezieht,
garstig mit Blitz und Donner vor sich her grollt,
so ward mein Leben von Verachtung und Hass besiegt,
so rastlos, so unruhig, wie nie gewollt.
Wie die Blätter hilflos im Sturm nach Leben schreien,
so ausgelaugt, so schwer,

so versprach ich meinem Lebensmut zu verleihen,
so abgewürgt, tot und leer.
Wie der alte Baum die hellen Tage vermisst,
morsch und kahl sich nicht bewegt,
wie er sich an schöne Tage erinnert und sie sogleich vergisst,
so ermattete auch ich und kämpfte um den letzten Funken,
   der in mir lebt.

Johns Lebenslauf ist ebenfalls typisch: Eine alleinerziehende, häufig auf staatliche Transferleistungen angewiesene, mit weiteren persönlichen Problemen belastete Mutter mehrerer Kinder, Heimaufenthalte, die früh angelegte Drogenkarriere, kein Schulabschluss, Abgleiten in die Obdachlosigkeit, Bettelei – schließlich nahezu zwangsläufig kriminelles Verhalten bis hin zu massiver Gewalttätigkeit. Am Ende steht staatlicher Gewahrsam, ob nun in Form von Knast, Psychiatrie oder Entziehungsanstalt. Ich werfe mir rückschauend ein Versäumnis vor, das sich durch Johns Geschichte zieht und das auch mir unterlaufen ist: Es wurde zwar ab und zu irgendwie versucht, in die Entwicklung regulierend einzugreifen. Was aber fehlte, war die Nachhaltigkeit, die Kontinuität. Auch ich habe nicht darauf bestanden, dass John die stationäre Therapie durchzieht. Die kurzfristige Stabilisierung durch die Freundin nach seiner Verurteilung, die MAE-Maßnahme, die Zusammenarbeit mit der Bewährungshelferin, die körperliche Entgiftung und die Betreuung durch einen Anti-Drogen-Verein haben mich dazu veranlasst, dem Alkohol- und Drogenmissbrauch, der eindeutig und unübersehbar seit mindestens zehn Jahren Johns Hauptproblem darstellt, nicht absolute Priorität einzuräumen. Das wäre aber notwendig und richtig gewesen: einmal bei einer Linie zu bleiben, einen roten Faden zu spinnen. Denn Abbrüche aller Art und Güte sind die wenigen Konstanten in Johns bisherigem Leben. Von der Mutter weg, ins erste Heim und in ein weiteres und immer so weiter. Ähnlich verhält es sich mit der Schule. Immer wurde er irgendwie durchgereicht. Letztendlich werden die tatsächlichen Probleme nicht erkannt, und falls doch, nicht kontinuierlich und konsequent bekämpft.

Anders stellt es sich jetzt im Maßregelvollzug dar. Hier hat John genug Zeit, an sich zu arbeiten, und wird dabei sehr qualifiziert und professionell unterstützt.

Wir sind die Guten – Jugendliche aus „besserem Haus"

Einige Jugendliche aus den „gutbürgerlichen" westlichen Bezirken Berlins haben im Laufe der Jahre, in denen ich als Jugendrichterin tätig bin, eine bemerkenswerte Entwicklung genommen. Sie sind immer satter geworden und begehen deshalb die eine oder andere Straftat. Hier sind die Eltern überwiegend Doppelverdiener, verfügen über eine tolle Wohnung, eher noch über ein freistehendes Einfamilienhaus, es gibt viele Reisen, perfekt ausgestattete Kinderzimmer mit Laptop und Fernseher – Flachbildschirm, versteht sich. Die Jugendlichen verfügen über sehr viel Geld, das sie in ihr Handy, Alkohol und Drogen, vornehmlich jede Menge Haschisch, investieren. Ein Heranwachsender aus dem Westteil der Stadt, der im Gericht vor mir stand, weil er Kokain im Wert von etwa 2500 Euro gekauft hatte, was aufgrund der Menge den Verdacht nahelegte, er wolle das Rauschgift weiterverkaufen, schilderte mir kühl, er habe vorgehabt, in der Villa seiner Eltern, zweier Ärzte, eine Party zu feiern, und habe seinen Freunden mal was anderes bieten wollen als immer nur Champagner. Die Eltern erschienen nicht zur Gerichtsverhandlung. Es war ja auch schon alles so lange her – der Sohn hatte inzwischen ein Jahr Auslandsaufenthalt zur Vorbereitung auf sein Studium hinter sich, ließ man mich wissen.

Einzelne Jugendliche aus den sozial bessergestellten Familien haben zum Teil kein Verhältnis mehr zum Allgemeingut. Sie zerstören mutwillig Schulinventar, zerkratzen die Computerbildschirme, verwüsten Sanitäranlagen und sprühen rund um die Schule massenhaft Graffitis. Die Schulen zeigen viele Taten nicht an, sondern versuchen, die Angelegenheit intern zu regeln. Ich vermute stark, dass dahinter die Sorge steht, der „Ruf" der Schule könnte anderenfalls leiden. Falls es dann doch einmal zur Gerichtsverhandlung kommt, haben die Angeklagten zwei Anwälte dabei, die in Zweifel ziehen, dass Karl-Konrad mit bedröhntem Kopf und unter den Augen von fünf Zeugen den Seitenspiegel eines Autos abgetreten hat.

Was mir zudem besonders auffällt, ist die Qualität des Mobbings, das in meinen Augen inzwischen gerade an Gymnasien extrem zugenommen hat. Wer einmal „Opfer" ist, findet aus dieser Rolle nur sehr schwer wieder heraus. Manchmal hilft hier tatsächlich nur ein Schulwechsel. Mitursächlich für dieses Phänomen sind aus meiner Sicht u.a. das „Schüler-VZ" und andere Chatrooms. Die Schüler können mittels solcher Internetdienste miteinander in Kontakt treten. Das ist für sich genommen gut. Besser wäre es aber, wenn verschiedene Schulen, möglichst aus unterschiedlichen Bezirken, Partnerschaften miteinander eingingen und gemeinsame Projekte durchführten. Auf einer solchen Ebene könnten sich die Jugendlichen persönlich kennenlernen und Freundschaften schließen. Die Anonymität des Internets führt stattdessen oft dazu, dass man sich ein gemeinsames Opfer sucht und auf diesem „virtuell" herumhackt. Es wirkt dann fast wie ein Spiel. Ein völlig entgegengesetzter Effekt tritt hingegen für die Betroffenen ein. Diese können sich aufgrund der Vervielfältigung der über sie verbreiteten Gerüchte in der Regel kaum zur Wehr setzen. Sie fühlen sich ohnmächtig dem

Aggressor ausgeliefert. Die Möglichkeiten, sich der Situation zu entziehen, sind eingeschränkt, denn die Mobbing-Opfer haben häufig kein reales Gegenüber. Außerdem schämen sie sich, weil sie eben „Opfer" sind – und das nicht ohne Grund: „Du Opfer!" ist inzwischen eine beliebte Beleidigungsformel geworden.

Der Jugendrichter – Zuständigkeiten, Möglichkeiten, Grenzen

Strafbar macht sich ein junger Mensch, der zur Tatzeit mindestens 14 Jahre alt ist und eine Tat begeht, für die das Strafgesetzbuch oder ein Nebengesetz Strafe androht. In die Zuständigkeit des Jugendrichters fallen alle Personen, die zum Zeitpunkt der Tatbegehung noch nicht 21 Jahre alt sind. Bei der Altersgruppe der 18- bis 21-Jährigen spricht das Gesetz von „Heranwachsenden", die Gruppe der 14- bis 18-Jährigen sind „Jugendliche", bei denen das Gericht zu prüfen hat, ob die strafrechtliche Verantwortlichkeit, also die Fähigkeit, das Unrecht der Tat einzusehen und nach dieser Einsicht zu handeln, gegeben ist. Bei den Heranwachsenden ist die Überlegung anzustellen, inwieweit der Delinquent in seiner Persönlichkeitsentwicklung noch Reifedefizite aufweist, die es gebieten, ihn insgesamt einem Jugendlichen gleichzustellen. Hieraus erwachsen insoweit erhebliche Konsequenzen, als auf junge Straftäter immer das Jugendgerichtsgesetz (JGG) angewendet wird. Dieses gilt auch für den Heranwachsenden, wenn das Jugendgericht zu der Auffassung gelangt, die Täterpersönlichkeit weise noch unreife Züge auf. Im Gegensatz zum allgemeinen Strafrecht, das im Wesentlichen im Strafgesetzbuch (StGB) geregelt ist und sich im Großen und Ganzen auf Geld- und Freiheitsstrafen als Sanktionierung strafbaren Verhaltens beschränkt, sieht das JGG von der Ermahnung über Erziehungsmaßregeln wie die Weisung, für ein Jahr mit einem Betreuungshelfer zusammenzuarbeiten, Anti-Gewalt-Maßnahmen, Freizeitarbeiten oder vergleichbare pädagogische Maßnahmen sowie Zuchtmittel (Verwarnungen, Auflagen und Arreste) bis zu letztendlich einer Jugendstrafe zwischen sechs Monaten und zehn Jahren eine Vielzahl von

Reaktionsmöglichkeiten vor, um erzieherisch sinnvoll mit Taten junger Menschen umzugehen.

Die Jugendstrafe kann unter zwei Voraussetzungen verhängt werden. Entweder liegen beim Angeklagten sogenannte „schädliche Neigungen" vor oder die Jugendstrafe ist unter dem Gesichtspunkt der „Schwere der Schuld" geboten. Schädliche Neigungen sind dann gegeben, wenn in den Taten Mängel in der Persönlichkeit des Angeklagten hervortreten, die ohne längere Gesamterziehung die Gefahr der Begehung weiterer Straftaten in sich bergen. Die Schuldschwere ist meist dann anzunehmen, wenn ganz gravierende Taten begangen worden sind, also z.B. schwere Raubtaten, die mit gefährlichen Körperverletzungen einhergehen, oder Kapitalverbrechen wie Mord und Totschlag. Jugendstrafen bis zu zwei Jahren können unter gleichzeitiger Anordnung erzieherischer Weisungen zur Bewährung ausgesetzt werden. Die Zuchtmittel dienen dazu, dem Angeklagten bewusst zu machen, dass er für das begangene Unrecht auch einzustehen hat, während die Erziehungsmaßregeln keinen strafenden Charakter haben, sondern in erster Linie die weitere Entwicklung des Angeklagten fördern sollen.

Die Anwendung des Jugendstrafrechts auf die Heranwachsenden stößt in der Bevölkerung häufig auf Unmut. Machen die jungen Leute nicht auch mit achtzehn den Führerschein, üben das Wahlrecht aus, setzen Kinder in die Welt, heiraten und lassen sich wieder scheiden? Warum sollen sie dann nicht auch strafrechtlich wie Erwachsene für ihr Handeln einzustehen haben? Auf der anderen Seite wurde von einigen Vertretern meiner Zunft lange Zeit gefordert, die Anwendung des JGG auf die Altersgruppe bis 25 Jahre auszudehnen. Ich selbst glaube, dass die bestehende Regelung sich bewährt hat, ist sie doch flexibel, durchlässig und eröffnet die Möglichkeit, jedem Einzelfall gerecht zu werden. Zu oft hat man einen 19-Jährigen vor sich, der die siebte Klasse der Hauptschule dreimal wiederholt hat, um schließlich ausgeschult zu werden, sich dem Cannabis-Konsum so exzessiv hingibt, dass er kurz vor der Psychose steht, und keinerlei Zukunftsplanung aufweist. Hier sind, sofern seine Straftaten nicht gravierend sind, Beratungsgespräche bei einer entsprechenden Drogentherapieeinrichtung zur Auslotung der geeigneten Langzeitbehandlung sicher angebrachter als die Verhängung einer Geldstrafe, die im Zweifel ohnehin nicht bezahlt wird. Im Übrigen wird in Berlin in etwa 50 Prozent der Fälle, die Heranwachsende betreffen, das allgemeine Strafrecht angewendet, sodass der diesbezüglich erhobene Vorwurf eines zu laxen Umgangs mit straffällig gewordenen Heranwachsenden ohnehin weitgehend ins Leere geht.

Die jugendrichterliche Zuständigkeit richtet sich nach dem Wohnort der Angeklagten. Das ist wichtig und richtig. Auf diese Weise ist sichergestellt, dass die Richter einen Bezug zum sozialen Umfeld haben, in dem sich die Täter bewegen. Man hat das notwendige Hintergrundwissen, um eine eigene Einschätzung der Ursachen von Jugendkriminalität abgeben zu können. Das erleichtert die Auswahl der passenden Maßnahme.

Darüber hinaus hat der Jugendrichter auch die Zuständigkeit für die sogenannten Jugendschutzsachen. Hier sind die Täter ganz überwiegend Erwachsene, die Straftaten zum Nachteil von Kindern begehen. Die klassischen Fälle sind die Misshandlung von Schutzbefohlenen, der sexuelle Missbrauch von Kindern und die Verletzung der Fürsorge- und Erziehungspflicht. Es handelt sich um einen relevanten Zuständigkeitsbereich. An der Anzahl und dem Inhalt der Verfahren, die gegen die Eltern geführt werden, lassen sich viele Probleme ablesen, die für das spätere Abgleiten der Kinder in die Kriminalität relevant sind. Auch diesen Themenbereich gilt es noch näher zu betrachten.

Aus den bislang dargestellten Fällen und Zahlen ergibt sich, dass sich die Jugendrichter im Spannungsfeld zwischen „Feld-, Wald- und Wiesenkriminalität" und erheblichen Gewaltdelikten bewegen. Die Lehmanns, Maiks und Johns sind nicht die Ausnahme, aber auch nicht die Regel.

An einem durchschnittlichen Verhandlungstag stehen im Amtsgericht von 9.15 Uhr bis 14.30 Uhr im 15- bis 45-Minuten-Takt die sogenannten „Einzelrichtersachen" an. Hier verhandelt der Richter allein, das heißt ohne Schöffen. Heute sind einige Schwarzfahrer dabei, deshalb die kurz aufeinanderfolgenden Termine am Beginn. „Erschleichen von Leistungen" heißt der Tatbestand des Schwarzfahrens juristisch. Ein absolutes Massendelikt, das die Gerichte zunehmend beschäftigt. Die „Täter" der Leistungserschleichungen sind meist geständig und hinlänglich damit ausgelastet, die „erhöhten Beförderungsentgelte" – in Berlin 40 Euro pro aufgedeckter Tat – abzustottern. Deshalb sehe ich in den Fällen von Beförderungserschleichungen lediglich zu, dass ich mit dem oder der Angeklagten kläre, inwieweit die Begleichung der Schulden bei den Berliner Verkehrsbetrieben bereits geregelt wurde. Häufig bewegt man sich hier auf der absoluten Nulllinie, denn das Gros der Betroffenen hat meist ganz andere Probleme, als sich darum zu kümmern. Abgesehen davon sind die Mahnschreiben der seitens der Berliner Verkehrsbetriebe eingeschalteten Inkassobüros fast immer irgendwie im allgemeinen Lebenschaos untergegangen. Deshalb versuche ich mit der Jugendgerichtshilfe und den Angeklagten zu vereinbaren, dass die Schuldnerberatung des jeweiligen Amtes aufgesucht wird, um eine Schadensbegrenzung durch ein Ratenzahlungsgesuch zu erreichen. Zu einer Verurteilung kommt es in diesen Fällen also nicht so oft. Die Schwarzfahrer kommen der Weisung dankbar nach und ich stelle das Verfahren nach durchgeführter Regulierung ein, wenn keine Vorbelastungen strafrechtlicher Art vorhanden sind. Die Verfahren zwischen 9.15 Uhr und 10.00 Uhr lassen sich auf diese Weise zügig abarbeiten.

Um 10.00 Uhr wird es dann etwas komplizierter. Eine umfangreiche E-Bay-Betrügerei steht an. Die junge Frau hat in etwa zwanzig Fällen Gegenstände zur Ersteigerung angeboten, die sie sämtlich nicht besitzt, und dies in so schneller Folge, dass sie erst aus dem System rausgeflogen ist, nachdem sie den jeweiligen Kaufpreis eingestrichen hatte. Der Schaden beläuft sich auf einige Hundert Euro. Ich hoffe, dass sie die Taten einräumt, denn ansonsten darf ich in einem weiteren Termin die zwanzig Geschädigten aus der gesamten Bundesrepublik anreisen lassen oder muss sie an ihrem Heimatort von einem anderen Richter vernehmen lassen. Die erste Variante ist kostspielig, die zweite zeitraubend. Aber das Glück ist mir hold und die Angeklagte bekennt sich frank und frei zu den Betrügereien. Als Grund gibt sie glaubhaft an, ihr damaliger Freund und Vater ihres Kindes – das sie übrigens im Kinderwagen mitbringt, während der Erzeuger über alle Berge ist und keinen Unterhalt zahlt – habe ihr zu den Taten geraten, um einen finanziellen Engpass zu überwinden, der seinerzeit in Handy-Vertrags-Schulden bestand. Ich finde es gut, dass sie nicht versucht, alles auf den Expartner abzuwälzen, was sonst häufig geschieht. Auch hier geht es mir nicht um Bestrafung, sondern in erster Linie darum, die Schadensregulierung auf den Weg zu bringen. Das hat den Vorteil, den Rechtsfrieden durch einen einzigen Prozess herstellen zu können. Ansonsten müsste nämlich jeder einzelne Geschädigte sein Geld beim Zivilgericht einklagen. Im Extremfall also 21 Prozesse: Die heutige Verhandlung plus zwanzig Verhandlungen einmal quer durch Deutschland sowie Gerichtskosten, die die Geschädigten erst einmal vorschießen müssen, die danach aber im Verurteilungsfall von der Täterin getragen werden sollen. Diese kann dann damit Jahre beschäftigt sein. Eine solche Prozedur wäre schlecht für das Baby, umständlich für die Opfer und viel vermeidbare Arbeit für die Justiz. Also verurteile ich die inzwischen 19-Jährige unter Anwendung des Jugendstrafrechtes zur Schadensregulierung. Hört sich prima an, ist es aber nur dann, wenn die junge Frau tatsächlich die vereinbarten kleinen Raten zahlt. Tut sie das nicht, kann ich bis zu vier Wochen Beugearrest verhängen. Zu diesem Mittel greift das Gericht dann, wenn durch Urteil erteilte Weisungen oder Auflagen nicht erfüllt werden. Davon zu unterscheiden ist der sogenannte Urteilsarrest. Dieser wird dann angeordnet, wenn dem Jugendlichen durch den Freiheitsentzug unabhängig von anderen Maßnahmen „eindringlich zum Bewusstsein gebracht werden muss, dass er für das von ihm begangene Unrecht einzustehen hat". Im Falle der jungen Mutter geht bei Verhängung eines Beugearrestes möglicherweise der Stress wegen des Kindes los. Außerdem sind nach der Verhängung und Verbüßung der vier Wochen meine Möglichkeiten, das Urteil durchzusetzen, erschöpft. Dennoch entschließe ich mich zu dieser Maßnahme und vertraue auf meinen Eindruck, dass es gut gehen wird. Mal sehen.

Der 10.30-Uhr-Termin steht an – eine „Verkehrssache". Der 17-jährige Angeklagte ist ohne Führerschein, unter dem Einfluss von Tilidin stehend, mit dem tiefergelegten schwarzen BMW seines großen Bruders durch Neukölln gesaust. Tilidin ist ein Teufelszeug. Obwohl verschreibungspflichtig, kursiert es in großen Mengen im Bezirk. Es wird nahezu ausschließlich von jungen Männern konsumiert und verringert zum einen das eigene Schmerzempfinden, zum anderen hat es eine stark enthemmende Wirkung. Einige jugendliche Muslime bevorzugen es nach eigenem Bekunden, weil sie sich einreden, dass dieses Medikament schließlich weder Droge noch Alkohol sei, deren Konsum ihnen aus Glaubensgründen untersagt ist.

Der Angeklagte bestreitet, den PKW gefahren zu haben. Angeblich habe er nur im Auto gesessen und auf einen Kumpel gewartet. Die Polizeibeamten, die ihn längere Zeit beobachtet, verfolgt und schließlich vor einer Spielhalle in dem BMW hinter dem Lenkrad sitzend angetroffen haben, bekunden glaubhaft das Gegenteil. Dennoch bleibt der junge Mann hartnäckig bei seiner Darstellung. Der Grund ist ersichtlich: Die Jungs wissen, dass im Falle der Verurteilung neben der eigentlichen Sanktion auch die Erteilung einer Fahrerlaubnis untersagt werden kann. Die Verwaltungsbehörde würde dann vom Gericht angewiesen, dem Angeklagten für ein oder zwei Jahre keine Fahrerlaubnis zu erteilen. Wer hingegen schon eine besitzt und z. B. eine Trunkenheitsfahrt begeht, dem wird der Führerschein entzogen. Das ist für die männliche Klientel nicht nur in Neukölln oft der Super-GAU, wird doch über das Autofahren Männlichkeit signalisiert. In diesem Fall kommt es, wie es kommen muss. Ich verhänge gegen den wegen Diebstahls vorbelasteten Jugendlichen einen Dauerarrest von zwei Wochen und erteile eine Führerscheinsperre von einem Jahr. Der Freiheitsentzug wird zur Kenntnis genommen, wegen der Führerscheinsperre wird wie immer geflucht. Der junge Mann verlässt den Saal türenknallend. Meine Anfangsüberlegung, etwas wegen seines Tilidin-Konsums zu unternehmen, habe ich im Laufe der Verhandlung verworfen. Der Angeklagte bestritt, überhaupt ein Problem damit zu haben, und behauptete, er wisse auch nicht, wie der Wirkstoff in seine Blutprobe gekommen sei. Bei dieser Sachlage hat die zwangsweise Anordnung einer therapeutischen Auseinandersetzung mit dem Thema keinen Sinn. Sie stößt darüber hinaus auch auf rechtliche Hindernisse.

Der 11.15-Uhr-Termin passt zum vorangehenden. Ein 19-Jähriger ist des Betruges in neun Fällen sowie des Verwendens gefälschter Urkunden angeklagt. Er hat sich aus Geldnot von anderen überreden lassen, mit seinem Auto in Deutschland herumzufahren, um dort mit zuvor gestohlenen Rezeptvordrucken, die sodann auf das Medikament „Tilidin" ausgestellt und mit erdachten Arztnamen unterschrieben wurden, an den begehrten Wirkstoff zu gelangen. Dieser sollte dann verkauft und der Gewinn geteilt werden. Das hat nur in einigen Fällen funktioniert. Die Sache fliegt rasch auf. Der Heranwachsende hat keinerlei Vorstrafen, geht inzwischen einer Lehre nach und hat einfach nur Angst, seine Zukunft ruiniert zu haben. Entwicklungsverzögerungen kann ich in seinem Lebenslauf nicht feststellen, weshalb ich allgemeines Strafrecht anwende und eine Geldstrafe verhänge, die so bemessen ist, dass er im polizeilichen Führungszeugnis keinen Eintrag haben wird. Die Strafe muss dann unterhalb von 91 Tagessätzen liegen. Nach dem StGB wird die Geldstrafe so bemessen, dass sich der Schuldgehalt der Tat in der Anzahl der Tagessätze niederschlägt, während die Höhe des Tagessatzes sich am Einkommen ausrichtet. Hat jemand also eine Lehrlingsvergütung von 300 Euro, teilt man diesen Betrag durch 30 Tage, mit denen sich ein Monat durchschnittlich bemisst. Der Tagessatz liegt dann bei 10 Euro. Im Falle einer Geldstrafe von 60 Tagessätzen zu je 10 Euro zahlt der Angeklagte also 600 Euro. Bezieht der Angeklagte dagegen 3.000 Euro monatlich, muss er bei identischer Tagessatzzahl 6.000 Euro berappen. Der gescheiterte Betrüger zieht einigermaßen erleichtert von dannen.

Um 12.00 Uhr wird ein Schöffenverfahren, das bereits vor zehn Tagen begonnen hat, fortgesetzt. Die Anklage wirft einem jungen Mann vor, mit einer Truppe von etwa zwölf bis fünfzehn weiteren gleichaltrigen Personen einem 17-Jährigen auf dessen Heimweg von der Schule aufgelauert zu haben, um ihn zu verprügeln. Der Anlass war banal. Das Opfer soll von vielen Tätern, die bislang nicht namentlich bekannt waren, gleichzeitig angegriffen worden sein und alsbald auf dem Boden gelegen haben. Auch dort soll es weiter mit den Füßen getreten worden sein. Vor allem die Tritte gegen den Kopf verursachen erhebliche Verletzungen. Die psychischen Folgen der Tat scheinen noch schlimmer zu sein. Der Geschädigte hatte am ersten Verhandlungstag in der Zeugenbetreuung des Amtsgerichts auf seine Vernehmung gewartet, um dem Angeklagten nicht vor der Sitzung begegnen zu müssen. Dennoch war er seiner Befragung kaum gewachsen und brach in Tränen aus. Die Verhandlung musste unterbrochen werden. Der Schüler schämte sich, weil er weinte. Der Angeklagte, der die Tat bestreitet, benennt erst jetzt Personen aus seinem Umfeld, die in der heute stattfindenden Fortsetzungsverhandlung zu seinen Gunsten aussagen sollen. Der Geschädigte soll ihn zuerst provoziert und angegriffen haben. Leider erscheinen von den benannten Freunden des Angeklagten nicht alle, weshalb ein weiterer Termin notwendig wird. Zu diesem werden die unentschuldigt fehlenden Zeugen dann polizeilich vorgeführt werden. Außerdem erhalten alle ein Ordnungsgeld. Das Verfahren wird sich hinziehen.

Es ist nämlich alles andere als einfach, Fortsetzungstermine zu finden, denn es ist eine Frist von drei Wochen zu beachten, innerhalb deren das Verfahren weitergeführt werden muss. Außerdem müssen ich, die Schöffen sowie die Verteidiger in jeder Verhandlung zugegen sein, während die Staatsanwaltschaft unterschiedliche Sitzungsvertreter entsenden kann. Es ist natürlich besser, wenn zu den weiteren Terminen auch derjenige Staatsanwalt erscheint, der von Anfang an dabei war. Die heutige Fortsetzung musste nun in den Einzelrichtertag „eingeschoben" werden, weil der erste Termin zehn Tage zuvor stattfand und demnächst Ferien anstehen. Dann wird die Schöffin zwei Wochen lang verreisen und die Dreiwochenfrist würde überschritten. Wenn das geschieht, beginnt das Verfahren von vorne. Das Opfer wird dann nochmals der Vernehmung ausgesetzt. Nun haben wir heute zwei Zeugen vernommen und drei Wochen gewonnen, bis der nächste Verhandlungstag in diesem Verfahren stattfindet.

Um 13.30 Uhr gehen die Einzelrichterverfahren weiter. Es steht ein Graffiti-Fall an. Drei Jugendliche haben wild „getaggt". Dabei werden meist mit einem schwarzen Filzstift unleserliche Krakel an Häuserwände oder Kacheln in öffentlichen Verkehrsmitteln geschmiert. Unverständlich sind die Schriftzüge oft nur für den Laien. Innerhalb der Graffiti-Szene kommt ihnen durchaus Bedeutung zu. Man markiert durch seinen Schriftzug, dass man da war, dass das hier „mein Revier" ist. Ganz wichtig sind die namentlichen Tags für den Beweis der Urheberschaft eines größeren Kunstwerkes, also z.B. eines vollständig bemalten S-Bahn-Zugs. Da wird dann meist unten an der Seite der Tag-Name angebracht, damit man den „Fame" erlangt, also berühmt wird. Wehe dem, der ein solches Gebilde übermalt! In solchen Fällen hat es bereits Tote gegeben. Die drei Angeklagten besuchen alle ein Gymnasium und sind, soweit erkennbar, keine bekannten Sprayer. Einer ist Kosovo-Albaner. Das fällt auf, sind Graffiti doch in der Regel ein „urdeutsches" Delikt. Seine Familie ist vor einigen Jahren nach Deutschland geflüchtet und wohnte zunächst in einem Heim. Inzwischen hat die Familie eine eigene Wohnung. Der junge Mann erzählt, dass sein Vater unmittelbar nach der Ankunft in Deutschland mit ihm gemeinsam auf die Suche nach einem Deutschkurs gegangen ist. „Die Sprache, die Sprache, die Sprache", habe er stets gesagt. Auch der Sohn hat auf diese Weise schnell Deutsch gelernt, hat keine Probleme in der Schule gehabt und wird demnächst Abitur machen. Die drei sichtlich geknickten Angeklagten werden zu Freizeitarbeiten verurteilt.

Um 14.00 Uhr, 14.15 Uhr und 14.30 Uhr stehen nur noch Anhörungstermine an. Sie haben stets Probleme zum Gegenstand, die aus nicht erfüllten Weisungen und Auflagen entstehen. Ein Verurteilter hat sein Anti-Gewalt-Seminar nicht abgeleistet – und dies, obwohl er es dringend nötig gehabt hätte. Ich hatte ihn zu einer Jugendstrafe auf Bewährung verurteilt, weil er im öffentlichen Straßenverkehr aus Verärgerung über einen anderen Verkehrsteilnehmer diesem mit einer Eisenstange das Dach seines PKWs eingeschlagen hatte. Er erscheint nicht zur Anhörung und erhält zunächst zwei Wochen Beugearrest, um ihn zur Erfüllung der richterlichen Anordnungen zu zwingen. Wenn der junge Mann die Bewährungsweisung auch nach der Arrestverbüßung weiterhin ignoriert, werde ich die Bewährung wahrscheinlich widerrufen. Auch dieser Verurteilte hatte sich übrigens in der vorangegangenen Hauptverhandlung in erster Linie über die Entziehung seiner Fahrerlaubnis erregt – dies insbesondere deshalb, weil ich seinerzeit mitten in der Sitzung die Polizei herbeigerufen hatte und er mit dem Funkwagen nach Hause fahren musste, um den Führerschein zu holen und bei mir abzugeben. Dem Angeklagten hätte ein „Warnschussarrest" vielleicht gut getan. Den sieht das Gesetz bislang nicht vor. Er wird aber immer wieder diskutiert. Hintergrund hierfür ist: Das Gericht kann einen Angeklagten entweder zu einer Jugendstrafe oder zu einem Arrest verurteilen. Es ist nicht zulässig, eine Bewährungsstrafe zu verhängen und gleichzeitig, als eine Art „Vorgeschmack" auf einen längeren Freiheitsentzug, einen Arrest anzuordnen. Manchmal hören die Täter bei der Urteilsverkündung nur „Bewährung" und schalten dann auf „Durchzug". Da hätte ein möglichst sofort vollstreckter Arrest durchaus das Potenzial, diesem Effekt entgegenzuwirken. Allerdings ist eine sofortige Arrestvollstreckung nicht immer umsetzbar, und drei Monate später ist der Arrest sinnlos geworden.

Eine andere Verurteilte geht nicht zu den ihr zugewiesenen Freizeitarbeiten. Sie hatte „andere Probleme", sagt sie, will aber nicht konkret werden. Auch hier wird ein Beugearrest angeordnet.

Schließlich geht es noch um einen jungen Mann, der mit seinem Bewährungshelfer nicht zusammenarbeitet. Er sagt, das „bringe" ihm nichts. Seine Schwierigkeiten könne er doch nur allein lösen. Wie eminent wichtig diese Kooperation jedoch ist, zeigt sich im Nachfolgenden.

Zur Bedeutung und Situation der Bewährungshelfer und Bewährungshelferinnen

Tatsächlich sind die Möglichkeiten der hauptamtlichen Bewährungshelfer in Berlin aus Kapazitätsgründen begrenzt, wobei die Belastung Schwankungen unterliegt. Nach den mir vorliegenden Berliner Statistiken stellen sich die Anzahl der Betreuungen und die Entwicklung der Durchschnittsbelastung wie folgt dar: Am 31. Dezember 1989 waren 1868 Personen von 51 Bewährungshelfern zu beaufsichtigen, was einer Belastung von 36,6 Probanden je Bewährungshelfer/in entspricht. Mit einer solchen Quote ließ sich nach Auskunft der Bewährungshelfer effektiv arbeiten. Es war möglich, die Verurteilten aktiv zu unterstützen, was wegen der vielfältigen Problemlagen meist auch notwendig ist. Praktisch bedeutet dies: Ein Hausbesuch, eine Begleitung zum Jobcenter oder zu einem Bewerbungsgespräch, die Vorbereitung einer Therapie mit entsprechenden zahlreichen Telefonaten, die Hilfe bei der Bearbeitung komplizierter Anträge oder die Einleitung einer Schuldenregulierung waren dem Bewährungshelfer zeitlich noch möglich. Am 31. Dezember 1995 mussten auf 55,25 Gesamtstellen 2151 Fälle verteilt werden, per 31. Dezember 2002 waren 41,5 Beamte für 2420 Betreuungen zuständig, was einer Durchschnittsbelastung von 58,3 Personen entspricht. 2009 stehen noch 40 Stellen zur Verfügung. Die Fallzahlbelastung lag zwischenzeitlich bei 65 bis 70 Fällen pro Bewährungshelfer. Im Laufe des Jahres 2009 sollen die Zahlen sich rückläufig entwickelt haben. Eine Rücksprache mit Bewährungshelfern in Nordrhein-Westfalen erbrachte, dass dort zeitweilig einhundert Probanden von einem Bewährungshelfer zu betreuen sind. Dies entspräche fast einer Verdreifachung der Fälle, in denen sinnvolle Arbeit noch realistisch ist. Bei solchen Zahlen ist eine Betreuung im Sinne einer aktiven Unterstützung nur noch in Ausnahmefällen gewährleistet. Alle übrigen Verfahren werden so bearbeitet, dass der Bewährungshelfer den Verurteilten Termine zuweist, die eingehalten werden müssen. Die Berichte, die dann an das Gericht geschickt werden, um den Verlauf der Bewährungszeit zu dokumentieren, erschöpfen sich in Zeiten extremer Belastung üblicherweise darin, die Angaben des Probanden, die dieser zu seiner aktuellen Lebenssituation macht, zusammenfassend wiederzugeben. Den Bewährungshelfern ist hieraus kein Vorwurf zu machen. Sie sind nicht in der Lage, wesentlich mehr als einen oder zwei Termine im Monat für jeden einzelnen Jugendlichen oder Heranwachsenden zu vergeben. Den Rest ihrer Arbeitszeit verbringen sie mit Verwaltungstätigkeit, Teilnahme an Gerichtsverhandlungen und dem Abfassen der Berichte. Die Verurteilten ihrerseits sehen manchmal keinen Sinn darin, zu ihrem Bewährungshelfer zu gehen, um ihre momentane Lage zu schildern. Man darf ihnen das jedoch nicht durchgehen lassen, zumal sich häufig zum Nichterscheinen beim Bewährungshelfer neue

Straftaten hinzugesellen. Der Richter sollte sich ein umfassendes Bild von der aktuellen Lebenssituation des Verurteilten machen können. Er sollte wissen, ob der Proband denn zusätzlich zu einer begangenen Straftat auch noch seine Freundin und den Ausbildungsplatz verloren hat. Eine gut funktionierende Bewährungshilfe ist hierzu unerlässlich.

Was nun meinen konkreten Fall angeht, verdeutliche ich dem Quengler nochmals, dass das Erscheinen beim Bewährungshelfer zwingend ist. Da die „Chemie" zwischen den beiden ansonsten zu stimmen scheint, lasse ich die Dinge, wie sie sind, und vereinbare mit dem Bewährungshelfer, mich umgehend zu informieren, falls es erneut zu terminlichen Unregelmäßigkeiten kommen sollte. Für einen Widerruf der Bewährung besteht noch kein Anlass, denn weitere Straftaten sind mir nicht bekannt, und auch die übrigen Lebensumstände scheinen stabil.

Alle Angeklagten sind an diesem Tag erschienen. Die Anhörungstermine verliefen weniger erfolgreich, da ein Verurteilter seinen Termin versäumte. Dennoch insgesamt ein Glückstag. Ich habe viele Fälle erledigt und doch verbleibt das Gefühl, etwas spät dran gewesen zu sein, um die Angeklagten mit den angeordneten Maßnahmen auch innerlich zu erreichen. Zwischen den Taten und der Hauptverhandlung liegen sechs Monate bis zu einem Jahr. Bis die Weisungen dann erfüllt sind oder der Arrest vollstreckt ist, vergehen meist nochmals Monate. Das geht oft nicht anders, denn die Betrügereien und Rezeptfälschungen bereiten der Polizei und der Staatsanwaltschaft einen großen Ermittlungsaufwand. Aber die „Tagger" und der Autofahrer wurden auf frischer Tat ertappt. Hier hätte auch ein vereinfachtes Jugendverfahren durchgeführt werden können, das die Verfahrensdauer erheblich verkürzt hätte – doch dazu später mehr. Trotzdem ist es befriedigend, nicht den ganzen Vormittag herumgesessen und vergeblich auf die Angeklagten gewartet zu haben. Falls dies geschieht, bleibt es nicht ohne Konsequenzen. Wenn sich aus der Aktenlage ergibt, dass der Angeklagte ordnungsgemäß zur Hauptverhandlung geladen war, ergeht häufig ein Haftbefehl. Ich mache von dieser Möglichkeit insbesondere dann Gebrauch, wenn die geladenen Zeugen erschienen sind, aber der Angeklagte durch Abwesenheit glänzt. Die Empörung ist auf dessen Seite dann immer groß, wenn „nur" wegen der versäumten Hauptverhandlung plötzlich eine Inhaftierung ansteht. Besonders dann, wenn man gegen 12.30 Uhr zum Termin um 9.15 Uhr erscheint. Schließlich sei man ja nun da. Dass die Zeugen dann bereits entlassen sind und andere Verhandlungen laufen, ist den Angeklagten überwiegend gleichgültig.

Zur Funktion der Jugendgerichtshilfe, der Staatsanwaltschaft und der Verteidiger in der Hauptverhandlung

Die Jugendgerichtshilfe (JGH) bereitet die Hauptverhandlung vor, indem sie die Lebensumstände der Angeklagten ermittelt, und unterbreitet in der Sitzung einen ihr erzieherisch sinnvoll erscheinenden Vorschlag, wie auf die Straftat zu reagieren sei. Außerdem überwacht sie die Erfüllung der richterlichen Anordnungen. Mit den Neuköllner Vertretern der JGH habe ich keine Verständigungsprobleme. Ich erhalte stets sorgsam erarbeitete Berichte und fundierte Vorschläge bezüglich der denkbaren Maßnahmen. Bei JGH-Vertretern, die für Mitangeklagte auftreten, die in einem anderen Stadtteil wohnen, ist dies zuweilen anders. Wenn ich etwa aufgrund der Körperverletzung einer jungen Frau, die sich dem Willen ihres Exfreundes nicht beugen wollte, weil sie lieber in die

Schule ging, statt den Vormittag mit ihm zu verbringen, gedanklich bereits kurz vor der Verhängung eines Dauerarrestes für den Täter stehe, schlägt man mir vor, dem „jungen Mann" doch noch eine Chance zu geben und das Verfahren einzustellen. Schließlich liege die Tat ja eine Weile zurück. Ein Blick in das Erziehungsregister des Angeklagten lässt mich schaudern, denn insgesamt wurden zuvor bereits vier Verfahren eingestellt. Auch ist festzustellen, dass die Jugendgerichtshilfen einiger Regionen manchmal fast nicht mehr existent sind. Es erscheint gelegentlich schlicht niemand mehr zur Gerichtsverhandlung oder es handelt sich um Beamte aus dem sogenannten „Stellenpool", die überhaupt nicht wissen, worum es geht. Berichte werden ebenfalls nicht in allen Fällen angefertigt. Kollegen, die für andere Bezirke zuständig sind, können insofern zahlreiche Beschwerden an Jugendamtsleitungen und Jugendstadträte vorweisen. Sie wurden meist abgewiegelt.

Der Jugendrichter bearbeitet durchschnittlich etwa 300 Einzelrichterverfahren im Jahr. Bei einem Verhandlungstag in der Woche für diese Fälle bleibt nicht viel Zeit, um jeweils in die Tiefe zu gehen. Das ist oft auch gar nicht nötig, denn die meisten Täter kommen nicht wieder. Diejenigen jedoch, die bereits gefährdet sind, sich in Pauls, Johns oder Maiks Richtung zu entwickeln, gehen den Kollegen und mir im Frühstadium ihrer kriminellen Entwicklung eventuell „durch die Lappen", weil die Masse der Verfahren uns zwingt, die Erledigungsdauer im Auge zu behalten, damit insgesamt keine wochenlangen Terminrückstände entstehen. Das heißt, wir versuchen an einem Einzelrichtertag mindestens zehn Verfahren abzuarbeiten, damit die neu eingehenden Verfahren ebenfalls rasch terminiert werden können.

Die Staatsanwaltschaft klagt schwere Taten, bei denen die Verhängung von Jugendstrafe zu erwarten ist, beim Jugendschöffengericht an. Etwa achtzig Schöffensachen verhandeln die Kollegen und ich jeweils jährlich. Auch dafür steht wöchentlich ein Verhandlungstag zur Verfügung. Da geht es dann um die in diesem Buch schon erwähnten Lehmanns, Johns und Maiks. Es lässt sich denken, dass diese Verfahren erheblich mehr Zeit beanspruchen als die Einzelrichteranklagen. Mehr als zwei „Johns" am Tag sind nicht zu verhandeln. Vor allem dann nicht, wenn die Angeklagten nichts sagen, was ihr Recht ist, oder den Vorwurf bestreiten, was sie ebenfalls dürfen.

Die Geständnisbereitschaft der Angeklagten hat nach meiner Wahrnehmung in den letzten Jahren deutlich abgenommen. Die Autoknacker aus Friedrichshain und die rechten Schläger aus Pankow bekannten sich meist zu ihren Taten. Heute ist das anders. Da muss oft jeder Zeuge vernommen werden. Teilweise ist bei den Zeugen, die bei der Polizei noch angegeben haben, „alles ganz genau gesehen zu haben", in der Zwischenzeit eine Art kollektive Amnesie eingetreten. Das kann unterschiedliche Gründe haben. Manchmal ist Angst im Spiel, manchmal wollen sich die Geschädigten nicht erinnern, weil sie sich inzwischen mit den Angeklagten „irgendwie geeinigt haben". Anderen Richtern und mir fällt zudem auf, dass von allen Beteiligten immer häufiger schlicht und ergreifend das Blaue vom Himmel heruntergelogen wird. Aus diversen Hauptverhandlungen resultieren dann neue Verfahren wegen der Falschaussagen.

Die Verteidigung der Angeklagten wird zudem von manchen Strafverteidigern auf konfliktträchtige Art geführt. Beim Landgericht ist diese Entwicklung noch deutlich häufiger zu beobachten als beim Amtsgericht. Dort können schon einige Verhandlungstage vergehen, bis es überhaupt zur Verlesung der Anklage kommt, weil die Verteidiger z.B. bezweifeln, dass das Gericht richtig besetzt ist. Aber auch das Jugendschöffengericht hat über viele mehr oder weniger sinnvolle Einwände, Gegenvorstellungen und Beweisanträge zu entscheiden. Das zieht vor allem dann eine deutliche Verfahrensverzögerung nach sich, wenn die Verteidiger unvorhergesehen in der Sitzung seitenlange, vorbereitete Anträge vortragen, auf die man unmittelbar gar nicht reagieren kann. Weshalb können die gewünschten Aufklärungen nicht vor den Terminen angekündigt werden?

Teilweise muss das Gericht auch wegen der Art der Befragung der Zeugen einschreiten, was meine Kollegen und mich dann sofort in die Gefahr bringt, wegen Befangenheit abgelehnt zu werden. Diese Anträge sind zwar fast immer unbegründet, verlängern den Prozess aber zusätzlich, weil dann andere Richter darüber befinden müssen, ob der Richter unvoreingenommen ist oder nicht. Außerdem tauchen zunehmend nach mehreren Verhandlungstagen wie aus dem Nichts weitere Personen auf, die zuvor keine Rolle gespielt haben, aber bekunden sollen, dass sich alles ganz anders zugetragen hat. Während des zähen Ringens um die Aufklärung des Tatgeschehens lümmeln sich manche Angeklagte auf den Stühlen herum und langweilen sich. Die Opfer werden dagegen in die Mangel genommen und sollen z. B. bei fünf der Körperverletzung angeklagten Jugendlichen für jeden Einzelnen angeben, ob mit dem rechten oder linken Fuß zugetreten wurde. Das alles ist, wie gesagt, von der Strafprozessordnung gedeckt. Die Verteidiger dürfen so agieren und es gibt durchaus Fälle, in denen ihre Anträge zu einer milderen Strafe führen. Es sollen auch diejenigen Anwälte nicht unerwähnt bleiben, die sich eher kooperativ verhalten, mit dem Gericht und der Staatsanwaltschaft in sinnvolle Vorgespräche eintreten, ohne dabei die Interessen des Mandanten aus dem Auge zu verlieren. Dennoch: Das Klima ist insgesamt rauer geworden.

Vielleicht hat aber die Unerbittlichkeit, mit der heute teilweise gestritten wird, auch ein wenig damit zu tun, dass mehr als 14.000 Rechtsanwälte in Berlin zugelassen sind. Der Markt ist hart umkämpft. Es ist schwierig geworden, sich zu etablieren. Als ich 1990 in den Justizdienst eintrat, gab es 3000 Anwälte, diejenigen aus dem ehemaligen Ostteil der Stadt nicht mitgezählt.

Insgesamt zeigt sich, dass der Umfang, den manche Verfahren inzwischen angenommen haben, teilweise in keinem Verhältnis zu den uns zur Verfügung stehenden Mitteln und zeitlichen Ressourcen steht.

Unter anderem aufgrund dessen hat der Gesetzgeber eine Vorschrift in die Strafprozessordnung eingefügt, deren Anwendung ich im Jugendstrafverfahren für problematisch halte: die „Verständigung zwischen Gericht und Verfahrensbeteiligten" (§ 257 c). Das Jugendschöffengericht verhandelt, wie bereits angesprochen, jährlich um die achtzig Verfahren. Beim Landgericht sind es zwar weniger, dafür sind sie inhaltlich noch schwieriger. Wenn einige Verfahren „Intensivtäter", Totschlagsdelikte innerhalb rivalisierender Gruppen oder sogenannte politisch motivierte Taten betreffen, kristallisiert sich rasch heraus, dass ein Großverfahren mit einer gigantischen Beweisaufnahme bevorsteht. Wenn der Angeklagte auf Anraten seines Verteidigers nichts sagt oder die Taten bestreitet und etliche Zeugen aufbietet, die zu seinen Gunsten aussagen sollen, kann sich eine Hauptverhandlung über Wochen oder Monate hinziehen. Dabei gilt bis zuletzt die „Unschuldsvermutung": Solange nicht die Schuld bezüglich jeder einzelnen Tat festgestellt ist, gilt der Angeklagte vor dem Gesetz als unschuldig.

Der prozessuale „Deal" sieht nun vor, dass sich das Gericht, die Staatsanwaltschaft und die Verteidiger vor Prozessbeginn oder in der laufenden Hauptverhandlung auf eine

Strafe, die im Mindest- und Höchstmaß jeweils begrenzt ist, verständigen, falls ein Geständnis oder ein Teilgeständnis abgelegt wird. Das verkürzt das Verfahren natürlich. Diese Vorgehensweise stellt meiner Ansicht nach aber eine Art Notstandshandlung dar, um überhaupt in vertretbarer Zeit zu einem Abschluss zu kommen. Die Wirkung auf manche Angeklagte halte ich jedoch für fatal. Sie wissen, was sie getan haben. Sie sagen kein Wort dazu, sondern lassen häufig durch ihren Verteidiger eine pauschale Erklärung verlesen, in der die ihnen zur Last gelegten Taten ganz oder teilweise eingeräumt werden. Das ist bequem und zudem bekommt man auch noch „Rabatt". Ich finde es jedoch auch wichtig, in der Hauptverhandlung einen eigenen Eindruck vom Verhalten des Angeklagten zu erhalten. Bereut er die Taten? Zeigt er Emotionen? Hat er Empathie für die Opfer? Diese „Strafzumessungserwägungen" stehen dem Gericht bei derartigen Verfahrensabsprachen nicht mehr zur Verfügung. Außerdem soll die Strafe oder jede andere Rechtsfolge am Erziehungsbedürfnis der Angeklagten ausgerichtet werden. Gerät dieses nicht aus dem Blickfeld, wenn ein Ergebnis abgestimmt wird, mit dem „alle leben können"?

Die Geschädigten fühlen sich dagegen, so sie denn vernommen werden, durch die Vernehmungen in der Hauptverhandlung oft erneut zum Opfer gemacht. Ich bin in den letzten Jahren mehrfach angerufen worden, weil die Zeugen das Bedürfnis hatten, ihr Unverständnis über den Verlauf der Sitzung zum Ausdruck zu bringen. Außerdem kündigten sie an, nie wieder eine Straftat anzuzeigen, um nicht noch einmal aussagen zu müssen. Inzwischen habe ich sogar Schwierigkeiten, manche Zeugen überhaupt zu motivieren, bei Gericht zu erscheinen. Die Angst sitzt ihnen bereits im Vorfeld der Verhandlung im Nacken. Sie werden nach ihrem Bekunden nicht selten aus dem Umfeld der Angeklagten bedroht.

Ein weiterer erheblicher Grund der langen Verfahrensdauer liegt in den zahlreichen psychologischen und psychiatrischen Begutachtungen der Angeklagten bezüglich ihrer Schuldfähigkeit. Gerade im Bereich der Gewaltdelikte werden diese Gutachten häufig durchgeführt, weil kein Verfahrensbeteiligter in der Lage ist, die Motivation der Angeklagten aus eigener Sachkunde heraus zu erfassen. Für die Erstellung eines Sachverständigengutachtens können weitere zwei bis drei Monate ins Land gehen.

Ich selbst glaube nicht, dass die Probleme mit den umfangreichen Verfahren ausschließlich durch mehr Richterstellen oder Staatsanwälte in der Justiz zu lösen sind, weshalb ich an dieser Stelle auch nicht jammern und klagen werde. Im Bundesdurchschnitt ist die Berliner Justiz personell rein rechnerisch nicht schlecht ausgestattet, obwohl von den der Staatsanwaltschaft Berlin zustehenden 326 Staatsanwälten momentan nur 278 tatsächlich zur Verfügung stehen. Leider wird bei der Berechnung der „Richterpensen" und der Arbeitsbelastung der Staatsanwaltschaft der konkrete Umfang einzelner Verfahren nur unzureichend berücksichtigt. Es ist ein Unterschied, ob komplizierte Betrugstaten mit Kettenüberweisungen ins Ausland aufzuklären sind, ob man fünf Angeklagte oder nur zwei vor sich hat, ob alles bestritten wird und viele Entscheidungen angefochten werden. Hier wird nicht hinlänglich differenziert. Wenn ich mich mit Kollegen aus den Flächenstaaten unterhalte, sind diese jedenfalls irritiert zu hören, welche Taten die Richter und Staatsanwälte in Berlin zu bearbeiten haben.

Wir Jugendrichter liegen deshalb in Berlin mit einer durchschnittlichen Verfahrensdauer von vier Monaten vom Eingang der Akte bis zu ihrem gerichtlichen Abschluss im Bundesdurchschnitt nicht im vorderen Feld. Ähnlich verhält es sich mit der Bearbeitungsdauer der Ermittlungsverfahren bei der hiesigen Staatsanwaltschaft.

Gerade in den Einzelrichterverfahren können wir uns aber verbessern, wenn wir die uns zur Verfügung stehenden gesetzlichen Möglichkeiten klüger nutzen. Damit haben wir begonnen, sind aber noch lange nicht am Ziel. Mit einem Baustein der Verfahrensbeschleunigung im Jugendverfahren beschäftige ich mich später im Zusammenhang mit dem „Neuköllner Modell".

Die Gewaltdelikte der „Rechten" und „Linken"

Steven und Co. auf der Suche nach einem Feindbild

Die Einrichtung von religiösen, vornehmlich islamischen Kultureinrichtungen sorgt im Berliner Umland immer wieder für erhebliche Unruhe. Viele sehen nicht ein, weshalb in Orten, in denen bislang kaum Muslime leben, entsprechende Stätten entstehen. Eine solche Situation führt dann manchmal zu Kundgebungen und Aktionen, die von der „rechten Szene" ausgehen.

Steven trifft sich an einem Tag im Jahr 2007 auf dem Vorplatz eines Bahnhofes mit zwanzig anderen Kumpels. Alle gehören dem rechten Spektrum an und sind angetrunken. Gemeinsam lauert man in der Nähe des Bahnhofes einer Gruppe von Gegendemonstranten auf. Die Täter maskieren sich mit Sturmhauben und Sonnenbrillen. Die aus neun Personen bestehende Gruppe von Befürwortern des Kulturhauses – alle ohne Migrationshintergrund – wird von den Angreifern umringt und gegen eine Hauswand gedrückt. Dabei klatschen die „Rechten" bedrohlich in die Hände und skandieren „Antifa, wir kriegen euch", „Jetzt klatscht es gleich richtig" und „Wir machen euch fertig". Einige der Umringten werden von der Angreifergruppe währenddessen geschlagen und getreten. Sie tragen Prellungen davon.

Einige Monate später: Steven und seine Freunde sind Fans eines Eishockeyclubs. Der hat ein Heimspiel verloren. Deshalb betrinken sie sich und hängen frustriert auf einem Berliner U-Bahnhof herum. Die Anhänger des gegnerischen Vereins kommen siegestrunken vorbei, ohne dass sie sich aber überheblich gebärden. Ohne jede Vorwarnung schlägt Steven einem der Fans mit der Faust in das Gesicht. Hierdurch angestachelt stürzen sich Stevens Begleiter auf weitere inzwischen hinzugekommene „Gegner". Diese werden erst geschlagen, sodass sie zu Boden fallen, und dort liegend noch mit Füßen getreten. Steven verlangt schließlich die Herausgabe ihrer Fanartikel – Mütze und Schal – als Trophäen. Auch hier eifern ihm seine Kumpel nach und erlangen auf diese Weise ein Trikot, das sie kurze Zeit später wegwerfen. Eines der Opfer muss wegen einer Schädelprellung im Krankenhaus ambulant versorgt werden.

Steven war zum Zeitpunkt dieser Taten fünfzehn Jahre und sechs Monate bzw. sechzehn Jahre und vier Monate alt. Er hat die Taten in der Hauptverhandlung, die etwa ein Jahr danach stattfand, gestanden und angegeben, sich seitdem aus seinem damaligen Freundeskreis zurückgezogen zu haben. Allerdings besuche er weiterhin Spiele des Eishockeyvereins. Steven hat inzwischen den Hauptschulabschluss und geht einer berufsvorbereitenden Maßnahme im Bereich IT-Technik nach. So ist er daran interessiert, keine weiteren Straftaten mehr zu begehen. Seine sonstige Entwicklung in Kindheit und Jugend war unauffällig. Er ist im Haushalt der Eltern als Einzelkind aufgewachsen und absolvierte die Schulzeit ohne Probleme. Die Eltern trennten sich zwar und er blieb bei seinem Vater, ohne zur Mutter noch nennenswerten Kontakt zu haben, da diese einen neuen Partner fand, mit dem Steven nicht klarkam. Dennoch erwuchsen aus der familiären Situation keine nach außen erkennbaren Schwierigkeiten.

Das Jugendschöffengericht verurteilt Steven wegen seiner Taten zu einer Jugendstrafe von einem Jahr und drei Monaten. Die Vollstreckung wird für die Dauer von zwei Jahren zur Bewährung ausgesetzt. Der bisherige Verlauf der Bewährung gestaltet sich positiv.

In diesem Fall vermag man nicht zu erkennen, wie die Delikte durch präventive Maßnahmen hätten verhindert werden können. Anhaltspunkte für die Vermittlung rechten Gedankengutes im Elternhaus finden sich nicht. Auch wäre es schwierig, dagegen etwas zu unternehmen, da derartige Tendenzen selten nach außen dringen. Darüber hinaus fällt ins Auge, dass es Steven eigentlich ganz gut geht. Er verfügt über einen Schulabschluss und erhält eine berufsfördernde Maßnahme. Die Schule ist sicher gefragt, Toleranz und Gewaltfreiheit zu vermitteln und den Rechtsextremismus zu thematisieren. Jedoch stelle ich immer wieder fest, dass trotz entsprechenden Unterrichts eine gewisse Zahl Unbelehrbarer übrig bleibt. Fußballclubs und Eishockeyvereine, die um die Einstellung ihrer Fans wissen und die Feindschaften zwischen bestimmten Vereinen kennen, müssen angehalten werden, Gegenmaßnahmen zu ergreifen, um den rechtsradikalen Entgleisungen und Gewaltexzessen vorzubeugen.

Unerklärlich bleibt auch, was Steven und seine Freunde zu den von ihnen verübten Taten veranlasst hat, die die Opfer nicht nur in Angst und Schrecken versetzt haben, sondern auch demütigende Komponenten aufweisen. Viele Täter gegen wenige Opfer, Einkesselung, In-die-Hände-Klatschen, Skandieren entwürdigender und bedrohlicher Sprüche, Schläge und Tritte auf einen bereits am Boden Liegenden, dem geringwertige, für ihn jedoch ideell bedeutsame Gegenstände weggenommen werden, um sich ihrer dann alsbald zu entledigen. Ist es Langeweile? Ein „blinder", schlicht gruppendynamischer Vorgang? Ein mir sehr häufig gerade von „rechten" Jugendlichen entgegengehaltener Einwand bei dem Versuch, das Motiv einer Tat zu erforschen, ist: „Ich weiß nicht mehr, weshalb ich das damals gemacht habe, ich habe mit den Leuten von damals nichts mehr zu tun." Das fällt schwer zu glauben. Drückt sich in diesen Verhaltensweisen nicht auch die Überzeugung von der Minderwertigkeit anderer aus? Sucht man trotz eigener gelungener Sozialisation immer noch politisch Andersdenkende oder gegnerische Fans, um sich selbst ihnen gegenüber zu erhöhen? Ich erinnere an meine früheren Erfahrungen im Bezirk Pankow, als noch eine gewisse Orientierungslosigkeit der Jugendlichen in der Nachwendezeit festzustellen war. Meine Hoffnung, dass sich rechte Denkstrukturen vollständig auflösen, schwindet allmählich.

Erfreulicherweise ist im Herbst 2009 eine umfangreiche Studie der Technischen Universität Berlin zum Thema „rechte Gewalt" erschienen. Diesem Forschungsbericht der Arbeitsstelle „Jugendgewalt und Rechtsextremismus" am dortigen Zentrum für Antisemitismusforschung zufolge handelt es sich um ein „relativ kleines Problem" (Heft Nr. 39 des Berliner Forums Gewaltprävention, S. 114). Im Jahr 2008 wurden danach in ganz Berlin achtzig Körperverletzungen mit „rechtem" Hintergrund begangen. Der Anteil der rechtsmotivierten Gewalttaten liegt bezogen auf die Gesamtheit der Gewaltkriminalität in Berlin und im Übrigen auch in Hamburg bei 0,2 Prozent. Die sogenannten „Propagandadelikte", wie z. B. die Volksverhetzung, sind in der Zeit zwischen 2005 und 2008 in Berlin von 1046 auf 918 zurückgegangen (jeweils bezogen auf ein Jahr). Die unter 21-jährigen Täter machen allerdings inzwischen rund 50 Prozent aller Täter aus. Im Zeitraum zwischen 2003 und 2006 lag ihr Anteil bei 35 Prozent. Die Untersuchung vermittelt eine Erkenntnis, die auch ich aus meiner Berufspraxis gewonnen habe: Es geht den meisten Tätern weniger um politische Ziele, sondern vielmehr um ein spontanes Gruppenerleben als Resultat einer unheilvollen Mischung aus allgemeiner Gewaltbereitschaft, Alkoholkonsum und Langeweile. Ein Zitat aus der Studie fasst diese Einschätzung hervorragend zusammen: „Hintergrund der fremdenfeindlichen Straftaten war fast regelmäßig eine ‚saufende Männerhorde', die sich über Wochen und Monate mit unterschiedlichen Konturen und eher schwach ausgebildeten Organisationsstrukturen traf, eine ominöse Kameradschaft beschwor, der letztlich kaum einer über den Weg traute, die aber doch unter gruppendynamischen Gesichtspunkten für die Delikte von entscheidender Bedeutung war. Männerriten des gemeinsamen Saufens, des Beschwörens des Starken-Mann-Seins und der Verächtlichmachung alles anderen und Fremden, wie z. B. der Fremdaussehenden, der Homosexuellen, der Behinderten und selbst der Frauen, spielen eine große Rolle" (a. a. O., S. 18).

Ich glaube, dass in dieser Wertung auch der Grund dafür zu finden ist, warum die Jugendlichen später so häufig sagen: „Ich weiß nicht mehr, warum ich da mitgemacht habe."

In den östlichen Bundesländern ist die rechte Gewalt ein größeres Thema als in Berlin. Auch dies lässt sich in der Untersuchung der TU Berlin nachlesen. Leider bezieht sich die Studie in diesem Punkt nur auf Brandenburg. Die Einbeziehung von Sachsen wäre interessant gewesen. Der Erhebung zufolge ist die Wahrscheinlichkeit, Opfer eines allgemeinen Gewaltdeliktes zu werden, in Großstädten wie Berlin und Hamburg gegenüber Brandenburg doppelt so hoch. Jedoch ist in Brandenburg die Gefahr, Opfer eines politisch rechts motivierten Gewaltdeliktes zu werden, höher. Im Jahr 2007 lag sie dort pro 100.000 Einwohner bei 3,7 Fällen, in Berlin für dasselbe Jahr bei 2,2 und in Hamburg bei 1,5 Fällen. Für das Jahr 2008 sind die Zahlen allerdings für alle drei Länder nahezu deckungsgleich (2,8 zu 2,7 und nochmals 2,7).

Das mag u.a. an der Arbeit meines Kollegen Andreas Müller liegen. Er ist der einzige Jugendrichter in Bernau und hat dort viel mit rechten Jugendlichen und Heranwachsenden zu tun. Er kann mit Recht als Experte bezeichnet werden, zumal er nicht nur hart gegen „Rechte" vorgegangen ist, was schon

damit beginnt, dass er sie gelegentlich auch mal nur auf Socken, also ohne ihre Springerstiefel, in den Sitzungssaal eintreten ließ. Zudem hält er viele Vorträge und bemüht sich
sehr um präventive Arbeit. Deshalb bin ich dankbar, dass ich
mit ihm einige seiner Verfahren gegen „Rechte" diskutieren
durfte, die ich im Folgenden schildern werde.

Ein indisches Restaurant in Bernau

Ein 19-jähriger Skinhead veranstaltet im Jahr 2000 eine Ge-
burtstagsfeier. Es erscheinen die Mitglieder der örtlichen
rechten Szene. Der Alkohol fließt in Strömen, man hört Musik mit rechtsradikalen Texten. Nachts ziehen alle laut grö-
lend zum S-Bahnhof Bernau. Auf dem Weg dorthin liegt ein
indisches Restaurant. Das Geburtstagskind tritt mit seinen
Springerstiefeln die Scheibe des Lokals ein und schießt zur
Begeisterung seiner Gesinnungsgenossen mit einer Pistole in
den Innenraum, in dem sich keine Menschen mehr aufhalten.
Mein Kollege Müller, der alsbald von dem Vorfall erfuhr,
sorgte dafür, dass der Täter innerhalb von zehn Tagen vor
Gericht stand und unter den Augen der gesamten rechten
Szene Bernaus eine zehnmonatige Freiheitsstrafe – keine Jugendstrafe – ohne Bewährung erhielt. Die indischen Beschäftigten des Lokals hatten ihn zuvor in seinem Büro aufgesucht
und ihre Ängste zum Ausdruck gebracht. Das Landgericht
änderte die Entscheidung in eine sechsmonatige Bewährungsstrafe ab, nachdem sich der Angeklagte zwischenzeitlich
einer Alkoholentwöhnungstherapie unterzogen hatte.

Der „White-Wolfs-Clan"

Ebenfalls im Jahr 2000 überfallen rechte Jugendliche immer
wieder Cannabiskonsumenten in der Umgebung von Bernau.
Darüber hinaus kommt es zu Angriffen auf türkische Imbisse
sowie auf eine Studentin, die nicht zur Punkerszene gehört,

aber einen grünen Streifen im Haar trägt. Die Haupttäter beabsichtigen, einen sogenannten „White-Wolfs-Clan" zu gründen, der sich am Vorbild des Ku-Klux-Klan orientieren sollte. Richter Müller erlässt in der Hauptverhandlung erneut in Gegenwart der rechten Szene Haftbefehle gegen die Angeklagten, die sofort vollstreckt werden. Es werden Jugendstrafen in Höhe von bis zu zwei Jahren und fünf Monaten verhängt. Die Szene zeigt sich geschockt. Das Urteil hat eindeutig abschreckende Wirkung entfaltet. Seit dieser Entscheidung hat es keine erheblichen rechtsradikalen Übergriffe in Bernau und Umgebung mehr gegeben, wie Kollege Müller bestätigt. Wir haben über den Fall lange miteinander diskutiert, denn „Abschreckung" – juristisch nennt man dieses Phänomen „Generalprävention" – ist im Jugendstrafrecht nach überwiegender Ansicht von Juristen und Kriminologen als Zweck der Strafe eigentlich nicht vorgesehen. Das soll sich aus dem Grundgedanken ergeben, der hinter dem JGG steht: Der Jugendliche soll mit einer erzieherisch sinnvollen Maßnahme bedacht werden. Dem steht angeblich entgegen, die Strafe auch unter Abschreckungsaspekten bezüglich potenzieller anderer Täter zu bemessen. Dennoch hat der Kollege die Jugendstrafen zusätzlich unter dem Gesichtspunkt der Generalprävention bemessen und dies in die Urteilsgründe aufgenommen. Das Landgericht hat die Strafen im Ergebnis bestätigt. Mein Kollege Müller und ich haben die Verfahrensweise ausgiebig besprochen. Er steht weiterhin zu seiner Meinung. Ich denke darüber folgendermaßen: Wenn aus Gruppen heraus gegen bestimmte Teile der Bevölkerung gerichtete schwere Straftaten begangen werden, muss sich der Täter auch an der Zugehörigkeit zu einer Gruppierung messen lassen, denn der Sinn der Taten liegt dann darin, andere Menschen aufgrund ihrer Herkunft, ihrer vermeintlichen politischen Gesinnung oder einfach nur aufgrund einer alternativen Lebensweise zu demütigen, anzugreifen oder ihr Hab und Gut zu zerstören. Dass dieses eigentlich individuelle Bemessungskriterium zugleich – sozusagen reflexartig – abschreckende Wirkung in der Szene entfaltet, ist meiner Meinung nach nicht nur notwendig, sondern auch erwünscht.

Übrigens wurde Richter Müller aufgrund seiner Rechtsprechung von einigen Medienvertretern ebenso zum „Richter Gnadenlos" wie ich erklärt – und dies, obwohl er mit seinem Kampf gegen rechte Gewalt der Political Correctness entspricht. „Gesicht zeigen gegen rechts" ist allgemein erwünscht und wird in der öffentlichen Meinung grundsätzlich positiv wahrgenommen. Es wird hingeschaut. Es wird gehandelt und hart gestraft. Die „Rechten" spielen deshalb in diesem Land bei Weitem nicht die Rolle, die ihnen beigemessen wird. Sie haben bislang politisch noch keine Chance, sich durchzusetzen. Das sollte so bleiben. Dafür ist es erforderlich, auch in anderen Bereichen genaue Problemanalysen durchzuführen und konsequent zu handeln.

Entwicklungen am „linken" Rand

Die mutmaßlichen Taten sogenannter „Linksautonomer" lassen sich zum gegenwärtigen Zeitpunkt nicht seriös darstellen. Die bezüglich der „Rechten" angeführte Untersuchung der TU Berlin stellt jedoch dar, dass bei den „Linken" die Brandanschläge bereits in den Jahren 2007 und 2008 erheblich zugenommen haben (a. a. O., S. 44). Zu demselben Ergebnis kommt die PKS Berlin für das Jahr 2008. Wie bereits erwähnt, fanden in Berlin und Hamburg im Jahr 2009 zudem mehr Landfriedensbrüche meist im Zusammenhang mit Widerstand gegen Vollstreckungsbeamte und gefährlicher Körperverletzung statt. Die Hunderte von Brandanschlägen auf höherwertige Kraftfahrzeuge und andere massive Sachbeschädigungen sind in diesem Zusammenhang ebenfalls zu erwähnen. Die polizeiliche Kriminalstatistik für 2009 liegt momentan noch nicht vor. Die Polizei bewertet die Taten in den Gesprächen, die ich geführt habe, mindestens zur Hälfte als „links" motiviert, selbst wenn „Trittbrettfahrer" in die Betrachtungen einbezogen werden. Dies ergibt sich unter anderem daraus, dass sich die „linke Szene" im Internet mit ihren „antifaschistischen" Aktionen brüstet. Der Leser mag sich der Mühe unterziehen und im linken Blog „indymedia" eigene Nachforschungen anstellen. Ich komme später im Zusammenhang mit den Vorgängen um ein Quartiersmanagement in Neukölln, das von der „linken Szene" abgelehnt wird, noch einmal auf konkrete Fälle zurück.

Unabhängig davon, in wie vielen Fällen es zu Anklagen und Verurteilungen kommen wird, haben die „Linksautonomen" den Staat offenbar zum Feind erklärt. Anders kann ich mir die Ungeheuerlichkeit nicht erklären, dass einem Oberstaatsanwalt, der lediglich seiner Arbeit nachgeht und in einer Hauptverhandlung die Anklage vertritt, in der u.a. um einen Mordversuch durch das Werfen von Brandsätzen auf Menschen im Rahmen der 1.-Mai-Krawalle 2009 geht, öffentlich der Tod gewünscht wird. Konkret wird im Internet geäußert, der Staatsanwalt solle dasselbe Schicksal erleiden wie ein einige Jahre zuvor in Ausübung seines Dienstes erschossener Polizeibeamter. Darüber hinaus wird durch massives Auftreten der linken Sympathisanten am Rande der Gerichtsverhandlungen gegen Gesinnungsgenossen versucht, Einfluss auf die Richter und Staatsanwälte zu nehmen. Auch die gegenwärtige Justizsenatorin, Frau von der Aue, erhält während laufender Verfahren schriftliche Aufforderungen, in die Prozesse einzugreifen und den Richtern „Weisungen" zu erteilen. Diese Umstände zeigen in aller Deutlichkeit, dass die angeblichen Antifaschisten von der freiheitlich-demokratischen Grundordnung, zu der u.a. die grundgesetzlich garantierte Unabhängigkeit der Justiz gehört, entweder nichts wissen, was für mangelnden Intellekt und fehlende Bildung spräche, oder aber die bestehende Gesellschaftsordnung zerstören wollen. Da ich die „Linken" im Gegensatz zu den meisten „Rechten" keineswegs für dumm halte, gehe ich von der zweiten Variante aus. Der Kampf gegen „rechts" ist für den radikalen Teil der linken Szene längst zum Feigenblatt verkommen. Der eigentliche Feind ist inzwischen der Staat. Das wiederum stellt bereits für sich genommen einen Grund dar, die staatlichen Institutionen zu stärken.

Die Intensivtäter – und Jugendliche, die es werden

Yilmaz, Hussein und Kaan – jugendliche Vergewaltiger

Güner Balci hat das Buch „Arabboy" geschrieben, in dem die Lebensgeschichte eines arabischen jugendlichen Intensivtäters in Neukölln erzählt wird. Gewalt und Drogen bestimmen sein Leben und das seiner Freunde von Kindheit an. Unter anderem schildert die Autorin, die selbst als Tochter ostanatolischer Zuwanderer in Neukölln aufgewachsen ist, eine Vergewaltigung, die mehrere junge arabische Männer an einem Mädchen begehen. Ihre Darstellung ist ebenso realistisch wie grausam. Ich werde häufiger gefragt, ob es denn tatsächlich diese Verbrechen gibt. Leider sieht die Wirklichkeit eher noch schlimmer aus. Es gibt immer wieder Fälle der übelsten sexuellen Erniedrigung. Diese werden derart hemmungslos und brutal begangen, dass ich sie in meinem Fallbeispiel nur allgemein schildern möchte. Die Taten, Entwicklungsbedingungen und Lebenslagen dieser Täter weisen augenfällige Parallelen auf, weshalb ich sie in ihren wesentlichen Grundzügen zusammenfassend darstelle.

Die Biografien der jungen Männer beinhalten einige Elemente, die sich auch bei anderen männlichen Tätern mit Migrationshintergrund finden lassen. Sie werden speziell von ihren Müttern extrem verwöhnt und erfahren keinerlei Grenzsetzung. Die Lehrerinnen, Lehrer und Jugendamtsmitarbeiter, die als Erste mit den Familien zu tun haben, wenn sich bereits in der Grundschule erste Verhaltensauffälligkeiten zeigen, berichten von Gewaltbereitschaft und Respektlosigkeit. Wenn die Mütter – und höchst gelegentlich auch die

Väter – darauf angesprochen werden, suchen die Eltern das Verschulden grundsätzlich beim „System". Die Lehrer seien unfähig und zudem rassistisch, weil sie es wagten, das Kind zu kritisieren. „Zu Hause ist das Kind ganz brav", heißt es dann. Ähnliche Erfahrungen teilen die Sozialarbeiter der Schulen und der Jugendhilfeeinrichtungen mit. Da sich die Verhaltensweisen der Kinder nicht ändern, kapituliert die Grundschule manchmal, zumal die Kinder auch nur sporadisch erscheinen. Sie wechseln aufgrund der Gesamtumstände einfach die Schule. Dies ist ein häufig vorkommender Mechanismus mit fatalen Folgen: Der problematische Schüler wird wie ein Wanderpokal herumgereicht, keiner kümmert sich so recht um ihn, er selbst kann schwerlich Bezüge aufbauen. Bereits mit zehn oder elf Jahren treiben diese Kinder sich dann den ganzen Tag gemeinsam mit Freunden herum. Andere Kinder werden erst nach Geld gefragt und dann durchsucht. Wenn man nichts findet, werden die Opfer geschlagen und getreten.

Meistens vergehen einige Monate, bis sich der Kontakt mit dem Jugendamt intensiviert. Dieses bietet zunächst eine Familienhilfe an, erkennt aber alsbald, dass wegen der Verweigerungshaltung der Eltern, die alle Handlungen ihrer Söhne rechtfertigen, eigentlich eine Unterbringung außerhalb der Familien angezeigt wäre, zumal die Kinder – nennen wir sie Yilmaz, Hussein und Kaan – inzwischen dazu übergegangen sind, auch Mitschüler zu malträtieren, zu berauben und zu schlagen. Dabei handelt es sich mittlerweile um ernste Vorfälle. Schüler werden aus nichtigem Anlass mit den Worten „Du bist tot" bedroht, begleitet von Handbewegungen, die das Durchschneiden der Kehle andeuten. Beleidigungen wie „Hurensohn" „Du Opfer" und „Du bist eine Nutte, du trägst kein Kopftuch" sind an der Tagesordnung. Ohne Vorwarnung wird anderen Kindern mit der Faust ins Gesicht geschlagen. Damit nicht genug: Man zieht anschließend seinen Gürtel aus dem Hosenbund und schlägt damit wahllos auf das Opfer ein. Es folgen bald weitere Bedrohungen und Raubtaten. Der erzieherische Handlungsbedarf ist offensichtlich. Häufig entziehen die Familien die Kinder der staatlichen Intervention, indem sie sie in die Türkei oder den Libanon schicken, wo dann „Erziehung" stattfinden soll. Oftmals kehren jedoch die Söhne nach kurzer Zeit wieder zurück, da es ihnen in den „Heimatländern" nicht gefällt.

Naturgemäß haben sie dann den Anschluss an den Lehrstoff verloren und müssen ein Schuljahr wiederholen, was meist wegen der hinzutretenden Verfehlungen mehrere Schulwechsel nach sich zieht. Die verbalen und körperlichen Attacken gegen die neuen Mitschüler und Lehrkräfte lassen nie lange auf sich warten. Da sich nunmehr keiner mehr Rat weiß, sollen die verhaltensauffälligen Kinder psychiatrisch oder psychologisch begutachtet werden. Auch diese Maßnahme kann auf zweierlei Weise ausgehebelt werden: Entweder entschwinden die Jungen wieder in die „Heimat", oder einer stationären Begutachtung wird zwar zugestimmt, jedoch erscheint nach kurzer Zeit ein Familienmitglied in der Klinik und nimmt das Kind wieder mit, weil es aus Sicht der Sorgeberechtigten lange genug von zu Hause weg gewesen oder ein familiärer „Notfall" eingetreten sei, der eine sofortige Rückkehr erforderlich mache. Also tappen alle weiter im Dunkeln. Was folgt? Es wird niemanden überraschen: ein Schulwechsel. Diesmal landen die Jugendlichen auf einer Sonderschule oder in einem Förderzentrum für verhaltensauffällige Kinder. Auch hier wird in der Regel niemand mit ihnen fertig, weshalb beschlossen werden kann, die Kinder nunmehr zu Hause mit wöchentlich sechs (!) Stunden zu beschulen. Die daraus resultierende Freizeit wird dann dazu genutzt, weiter Angst und Schrecken zu verbreiten, die „alten"

Schulen aufzusuchen und vor dem Eingangstor ehemalige Mitschüler zu verprügeln sowie andere Eltern und Erzieher zu beleidigen, zu bespucken und einzuschüchtern.

Ungefähr im Alter zwischen dreizehn und vierzehn Jahren entdecken alle männlichen Jugendlichen die Sexualität. Während mitteleuropäisch sozialisierte Jungen im Regelfall die Möglichkeit haben, sich den Mädchen offen zu nähern und erste zarte Bande zu knüpfen, ist dies in einigen türkischen und arabischen Familien nicht erwünscht. Die jungen Frauen aus diesem Kulturkreis unterliegen in konservativen Elternhäusern einer strengen Beobachtung und können nicht angesprochen, besucht oder für gemeinsame Freizeitaktivitäten gewonnen werden. Das will man bei den eigenen Schwestern ja auch nicht. In diesen Situationen beobachten wir manchmal, dass die „Deutschen" interessant werden. Die „deutschen" Teenager sind ansprechbar und mögen die „Südländer", wie sie sich ausdrücken. Gleichwohl sind die deutschen Mädchen nicht immer gleich an Sex interessiert, was von der anderen, männlichen Seite häufig unterstellt wird. Auf jeden Fall erwartet man nach einer ersten Annäherung auch einen gewissen Gehorsam. So gibt es Probleme, wenn die „Freundin" mal nicht ans Handy geht. „Sandra" wird dann von „Yilmaz" im Hausflur aufgelauert. Sie wird gewürgt und an die Wand gedrückt. Sie solle sich entschuldigen. Viele junge Mädchen machen diese Behandlung mehr oder weniger lange mit. Andere hingegen verlieren alsbald das Interesse daran, wie „der letzte Dreck" behandelt zu werden, und beenden die Verbindung. Dann wird es gefährlich, denn nun ist der „Freund" in seiner Ehre gekränkt. Manchmal folgen daraus Vergewaltigungen, die durch unbeschreibliche Rohheit gekennzeichnet sind. Es gibt Fälle, in denen das Mädchen in einen Hinterhalt, z.B. einen Keller oder auf ein entlegenes Gelände, gelockt und dann von mehreren Tätern, die der

„Ex" mitgebracht hat, sexuell auf schlimmste Art und Weise missbraucht werden. Mir sind Vorfälle bekannt, in denen die Opfer gleichzeitig orale und anale Penetrationen durch mehrere Täter ertragen mussten, bevor man sie, aus vielen Körperöffnungen blutend, wie einen unnützen Gegenstand zurückließ. Auch das Filmen der Vergewaltigung mit dem Handy gehört dazu. Damit kann man sich dann vor den Kumpeln brüsten. Selbstverständlich verlangen die Peiniger, dass ihre Opfer schweigen. Ansonsten müssen sie mit dem Tod rechnen:

„Rashid drehte die Musik leiser, niemand sollte sie hören. Dann stieg er aus, klappte den Beifahrersitz nach vorn und machte sich daran, Devrim die Stretch-Röhrenjeans runterzuziehen. Sami hielt sie währenddessen im Würgegriff und mit jedem Befreiungsversuch, den Devrim unternahm, drückte er nur noch fester zu. Devrim bekam kaum noch Luft. Rashid zog ihr Hose und Unterhose aus und zückte sein Handy. Diesen Moment wollte er festhalten, für sich und für alle anderen, sozusagen ein Leckerbissen unter den Handyfilmen. Jassir blieb am Lenkrad, er beobachtete die Vergewaltigung aus dem Rückspiegel, drehte sich ab und an zu dem Mädchen um, sah ihm in die Augen und lächelte teuflisch …", schreibt Güner Balci in „Arabboy" und trifft damit nur annähernd die Realität.

Falls die Täter zum Zeitpunkt der Vergewaltigung bereits vierzehn sind, werden sie zur Verantwortung gezogen. Es stehen dann mehrjährige Jugendstrafen im Raum. In solchen Verfahren werden immer Gutachten zur Frage der strafrechtlichen Verantwortlichkeit und der Schuldfähigkeit angefertigt. Die Hintergründe für den Verlust jeglicher Hemmschwelle sind schwer zu erfassen. Eine verminderte Verantwortlichkeit der Täter für das Geschehene vermögen die psychiatrischen Sachverständigen meist jedoch nicht zu er-

kennen. Manchmal spricht auch die Erklärung eines Verge-
waltigers in ihrer ganzen Schlichtheit für sich selbst: „Im Libanon hätte ich das nicht gemacht. Da hätte man mir ja den
Schwanz abgeschnitten."

In der Haft werden weitere Straftaten begangen. So werden Mitinhaftierte drangsaliert und gedemütigt. In einem Fall
drückte ein Intensivtäter den Kopf eines Mitinhaftierten in
ein Toilettenbecken. Zuvor hatte er noch vor seinem Peiniger
bis zur völligen körperlichen Erschöpfung Liegestütze machen müssen. Ein anderer musste den Zellenfußboden eines
Mitinhaftierten „reinigen", indem er ihn ableckte. In einem
weiteren Fall beteiligte sich ein Intensivtäter an der „Bestra-
fungsaktion" für einen neu Inhaftierten, der die ungeschriebenen Gesetze in der Untersuchungshaftanstalt noch nicht
kannte. Der Häftling hatte sich irgendwo hingesetzt, und ein
anderer meinte, das sei sein Platz. Dann setzte es Schläge, an
denen sich viele Insassen beteiligten. Außerdem werden „die
Neuen" gezwungen, ihre Habseligkeiten bei den „Chefs" der
Knasthierarchie abzugeben. Dabei handelt es sich um Inhaf-
tierte mit langjährigen Strafen oder mit hohem Aggressionspotenzial. So sei das in jeder Haftanstalt, wird mir berichtet,
egal ob dort Deutsche oder Migranten die Mehrheit der
Häftlinge stellen. Auch stören sich nur wenige daran, dass die
Häftlinge in den Zellen über Handys verfügen. Gleichermaßen verhält es sich mit dem Besitz von Cannabis. Abgesehen
von der Gewalt unter den Gefangenen selbst kommt diese
auch gegenüber Vollzugsbediensteten zum Ausdruck. Sie
müssen sich im Arbeitsalltag als „Huren", „Hurensöhne" und
„Nazis" beschimpfen lassen und werden manchmal auch von
Inhaftierten geschlagen. In anderen staatlichen Einrichtungen, die der Unterbringung von Jugendlichen dienen und
dazu beitragen sollen, dass der junge Mensch nicht in Haft
kommt, fallen ebenfalls beunruhigende Dinge vor. Man fragt

sich z.B. beklommen, wie ein Jugendlicher, der zur Vermeidung der Untersuchungshaft in einem Heim untergebracht
worden ist, an Metallspieße gelangen kann, mit denen er andere Mitinsassen attackiert.

Zurück zum kindlichen „Intensivtäter": Begeht ein
13-Jähriger eine Vergewaltigung, hat er sich dafür nicht zu
verantworten. In einem mir erinnerlichen Fall kam es immerhin mit Zustimmung der Eltern und auf freiwilliger Basis zu
einer vorübergehenden Unterbringung des Täters außerhalb
des Heimatortes. Als Mutter und Vater nach kurzer Zeit
meinten, der Junge müsse besuchsweise nach Hause kommen,
gab es keine Handhabe zu verhindern, dass der Sohn die Einrichtung verließ. Hätte das Familiengericht zuvor einen Pfleger bestimmt, der hierüber zu befinden gehabt hätte, wäre die
nächste Vergewaltigung vielleicht zu verhindern gewesen. So
aber fiel dem Täter, der wiederum nicht allein agierte, nunmehr ein Kind zum Opfer. Das Familiengericht hatte allerdings keine Gelegenheit, eine das Sorgerecht der Eltern ein-
schränkende Anordnung zu treffen, weil der Fall vom Jugendamt dort nach meiner Kenntnis gar nicht vorgetragen wurde.

Ich habe Täter wie Yilmaz, Hussein und Kaan, die alle
ähnlich vorgingen und aus vergleichbaren Motiven handel-
ten, bereits ein paar Mal in Vorträgen zur Diskussion gestellt.
Dabei stehen nicht ausschließlich die Brutalität der Vergewaltigungen und das bis heute nicht erkennbare Mitleid mit den
Opfern im Vordergrund, sondern die unübersehbare Tatsache, dass durch elterliches Versagen und unter den Augen der
geduldig abwartenden staatlichen Institutionen schwer kriminelle Jugendliche heranwachsen können.

Das „Durchreichen" schwieriger Schüler von einer Schule
an die nächste – das fällt auch hier wieder auf – ist sicherlich
alles andere als förderlich. Genauso verhält es sich mit der
Einrichtung einer Familienhilfe, die allzu oft genauso schnell

wieder beendet wird. Insgesamt wird meiner Ansicht nach auch bei Tätern wie Yilmaz, Hussein und Kaan sichtbar, dass die staatliche Seite bei besseren Kommunikationsstrukturen früher und nachhaltiger hätte reagieren können. In diesem Fall scheint der Ablauf so gewesen zu sein, dass die Schulen, das Jugendamt, die Polizei und das Jugendgericht allein im Rahmen ihrer jeweiligen Zuständigkeiten gehandelt haben und keiner über „seinen Tellerrand schaute". Hätten die beteiligten Institutionen zusammengearbeitet, wären vielleicht ganz andere Handlungen möglich gewesen. Das Familiengericht hätte bei Vorliegen sämtlicher vorhandener Erkenntnisse mit Sicherheit eingegriffen. Mir ist vollkommen unklar, weshalb stattdessen jahrelang auf den Konsens mit den Eltern gesetzt wurde, obwohl von Anfang an klar war, dass diese überhaupt nicht kooperationsbereit waren. Sie haben alle Maßnahmen unterlaufen, indem sie die Söhne in die Türkei oder den Libanon schickten.

Ich habe im Laufe der Jahre außerdem den Eindruck gewonnen, dass bei Migrantenfamilien seltener und zurückhaltender in das elterliche Sorgerecht eingegriffen wird als bei den Deutschen. In den Bundeszentralregisterauszügen der Angeklagten wird neben den strafrechtlichen Vorbelastungen auch eingetragen, wenn sorgerechtliche Entscheidungen des Familiengerichts ergangen sind. Bei deutschen Eltern habe ich einige Einträge gefunden, bei den Zuwanderern nicht, wobei ich betone, dass ich naturgemäß nicht sämtliche in Betracht kommenden Fälle überprüfen kann.

Meine Kollegen und ich stehen schließlich am Ende dieser Kette von Fehlentwicklungen. Was mich stört, ist, dass ich in solchen Fällen nur als eine Art „Reparaturbetrieb" agieren kann – und dann auch noch als erfolgloser. Wir strafen ab. Damit erfüllen wir eine uns übertragene Aufgabe. Der einer Verurteilung folgende mehrjährige Aufenthalt in der Jugendstrafanstalt macht die Jugendlichen aber nicht zwangsläufig besser. Obwohl sie z. T. jahrelang psychologisch betreut und begleitet werden – ein Privileg, das ihren Opfern wahrscheinlich nicht zuteil wird –, tritt selten eine dauerhafte Verhaltensänderung ein. Die Mütter hingegen unterstützen ihre Söhne auch während der Haftzeit in der Haltung: „Die [das Vergewaltigungsopfer] hat das doch gewollt", ein Unschuldiger sei verurteilt worden, und überhaupt spielten immer fremdenfeindliche Motive eine Rolle. Die Auffassung „Knast macht Männer" wird übrigens ebenfalls vertreten. Auch die angebotenen Maßnahmen zur Verbesserung des Bildungsniveaus schlagen selten an. Wie „draußen" sind Yilmaz, Hussein und Kaan auch „drinnen" häufig als untragbar aus den Schulprojekten in der Haftanstalt geflogen. Ihre erlernten Verhaltensweisen des Boykottierens sind inzwischen derartig verfestigt, dass sie diese immer wieder anwenden.

Ein weiteres Phänomen möchte ich an dieser Stelle in die Überlegungen einbeziehen. Es zeigt sich bei vielen Tätern mit Migrationshintergrund. Etliche türkischstämmige und „arabische" Jugendliche achten die in Deutschland geltenden Regeln und Gesetze nicht. Die hiesige Werteordnung ist ihnen gleichgültig. Sie setzen sich in jedem Lebensbereich darüber hinweg. Dies zeigt sich in aller Deutlichkeit während der Schulzeit. Lehrerinnen und Schülerinnen werden verbal herabgesetzt und gedemütigt. Zu einem sehr frühen Zeitpunkt wird deutlich, dass Frauen besonders missachtet werden. Mir wird bei entsprechenden Diskussionen über diese Problematik häufig entgegengehalten, dass die Jungen zunächst meist selbst diskriminiert werden und sich dann lediglich mit entsprechenden Äußerungen zur Wehr setzen. Das kann ich nicht widerlegen, aber unverständlich bleibt für mich dennoch, weshalb gerade Mädchen und Frauen so oft aufgrund ihres Geschlechts herabgewürdigt werden.

Wenn ich in Neukölln Gespräche mit jungen Migranten führe, sind diese manchmal ganz offen in der Benennung ihres Frauenbildes. Sie sagen, dass junge deutsche Frauen für sie als Partnerin oder gar als Ehefrau nicht in Betracht kämen. Sie seien zu „verdorben". Einige andere äußern, dass selbst eine Berliner Türkin als Partnerin ausscheide, weil diese ebenfalls schon zu „westlich", also „verdorben", sei. Eine Jungfrau aus der „Heimat" sei die richtige Wahl. Die werde ohnehin von den Eltern ausgesucht, weshalb man sich keine großen Sorgen wegen der Verheiratung mache. Ich habe diese Praxis bereits am Rande der Hauptverhandlungen wahrgenommen. So verurteilte ich einen jungen kurdischstämmigen Mann mit deutscher Staatsangehörigkeit wegen eines wiederholten Überfalls auf einen Sexshop in Berlin-Wedding zu einer Freiheitsstrafe ohne Bewährung. Er wollte der Vollstreckung unbedingt entgehen, weil er bereits eine kurdische Ehefrau und kleine Kinder hatte, die demnächst in der Kita angemeldet werden sollten. Meine Frage, weshalb das denn nicht die Frau regeln könne, beantwortete er damit, dass die Mutter seiner Kinder zum Zwecke der Verheiratung aus Kurdistan gekommen sei, bis vor Kurzem im Haushalt seiner Eltern gelebt habe und dort als Schwiegertochter sehr kurzgehalten wurde. Sie habe den Anweisungen seiner Mutter Folge zu leisten. Es sei nicht vorgesehen, dass die junge Frau die deutsche Sprache erlerne, weshalb sie ohne seine Unterstützung in allen Fragen außerhalb des häuslichen Umfeldes hilflos sei. Das sind keine hoffnungsfroh stimmenden Ausführungen bezüglich des Integrationsprozesses, dachte ich in diesem Moment. Da fangen wir bei jeder „fremden Braut", wie Necla Kelek in ihrem gleichnamigen Buch eindrucksvoll unter Beweis stellt, wieder ganz von vorn an. Kinder und Küche – dieses Leitbild für Frauen aus den fünfziger Jahren läge längst hinter uns, hatte ich gedacht.

Typische Intensivtäterkarrieren

Die meisten der zur Zeit etwa 550 Intensivtäter, die bei der Berliner Staatsanwaltschaft registriert sind, wohnen und „wirken" in Neukölln. Es sind gegenwärtig 214. Zur Erinnerung: Als Intensivtäter werden nur Personen bezeichnet, die innerhalb eines Jahres mindestens zehn erhebliche Delikte begangen haben. Diejenigen, die also knapp unterhalb dieser Grenze liegen, werden zwar als Mehrfachtäter angesehen, finden jedoch in der Intensivtäterstatistik keine Berücksichtigung. Schwerkriminelle, die häufig 30 und mehr erhebliche Taten aufweisen, haben zu etwa 90 Prozent einen Migrationshintergrund, 45 Prozent sind „arabischer" Herkunft, 34 Prozent haben türkische Wurzeln. Diese Tatsachen sind insofern von Bedeutung, als etwa 10.000 „Araber" in Neukölln leben, aber mehr als viermal so viele türkischstämmige Menschen. Die „Araber" stellen also gemessen an ihrem Bevölkerungsanteil mit weitem Abstand die Mehrheit der Intensivtäter. Deutsche Vielfachtäter gibt es in Neukölln kaum. Auch außerhalb des Bezirkes spielen sie quantitativ keine nennenswerte Rolle.

Die Leser haben mit Yilmaz, Hussein und Kaan bereits Intensivtäter kennengelernt. Deren Geschichte ist jeweils unabhängig von der Größe ihrer Familie. Mehrere Besonderheiten, die in ihren Lebensläufen zum Ausdruck kommen, kennzeichnen auch andere Lebensläufe, wobei es hier vornehmlich um Familien geht, aus denen zahlreiche Mehrfachtäter hervorgehen.

Die Jugendlichen entstammen den vor vielen Jahren aus dem Libanon oder der Türkei zugewanderten Familien mit sechs Kindern und mehr. Viele Einwanderer haben inzwischen die deutsche Staatsangehörigkeit, und die meisten leben vom Kindergeld und staatlichen Transferleistungen. Die

Mütter haben nie Deutsch gelernt. Sie überlassen speziell die Jungen schon früh sich selbst, wobei dies nicht auf mangelnde Fürsorge, sondern mehr auf eine kulturelle Tradition zurückzuführen ist. Söhne sind kleine Männer und stehen deshalb über den Töchtern. Diese werden einer starken Kontrolle unterzogen, die zum Teil auch durch die Brüder ausgeübt wird. Die Mädchen sind manchmal sehr klug und nutzen ihre Zeit daheim sinnvoll, um zu lernen. Sie überflügeln ihre Brüder zunehmend bei den schulischen Leistungen, was die Jungen nicht zufriedener macht. Hinzu kommt, dass den Jungen die Identifikationsfigur des arbeitenden Vaters abhandengekommen ist. Dieser Umstand geht mit einem entsprechenden Autoritätsverlust einher und lässt die Söhne zunehmend die Orientierung verlieren. Während die Töchter oft sehr erfolgreich versuchen, eine Qualifikation für den ersten Arbeitsmarkt zu erlangen, und dabei hoffen müssen, nicht verheiratet zu werden, treiben sich die Brüder im Kiez herum, während die Mutter sie irgendwo im inzwischen weitverzweigten Verwandtschaftskreis wähnt und der Vater im Teehaus sitzt. Es kommt zu ersten Straftaten, die überwiegend aus der Gruppe heraus begangen werden. So abstrakt hört sich das zunächst harmlos an. Aus der Opferperspektive sieht es jedoch anders aus, wenn man mit einem Schlagring, einem Gürtel oder mit einer Eisenstange zusammengeschlagen wird, weil man einen Araber angeblich zu lange angeschaut hat. Oder wenn eine alte Dame zu später Abendstunde um etwas Ruhe bittet und dann von drei „Arabern" ins Gesicht geschlagen wird. Oder wenn der Polizeibeamte, der eine Anzeige aufnehmen muss, weil die Jugendlichen einen Zeitungsständer angezündet haben, zu hören bekommt: „Ich scheiß' auf Deutschland. Du bist Dreck unter meinen Schuhen. Du bist tot." Oder wenn ein Lehrer im Rahmen seiner Pausenaufsicht einen schulfremden Jugendlichen des Hofes verweist und dieser dem

Lehrer mit den Fäusten in das Gesicht schlägt und mit den Füßen in den Unterleib tritt.

Das sind nur einige „Einstiegstaten" der Intensivtäter, die zu diesem Zeitpunkt oft noch nicht strafmündig sind – ebenso wie bei Yilmaz, Hussein und Kaan, die ähnliche Vorgeschichten aufweisen. Was geschieht daraufhin? Die Leser kennen das schon, auch von der Geschichte der Lehmanns. Manchmal wird seitens des Jugendamtes eine Familienhilfe eingerichtet. Wegen der Größe der Familien werden mitunter bis zu drei Sozialarbeiter benötigt, die aus unterschiedlichen Projekten der Jugendhilfe kommen können. Häufig werden die Bemühungen der Helfer von den Familien abgelehnt bzw. ihre Mitwirkung unterbleibt schlicht. Im weiteren Verlauf geschieht dann staatlicherseits oftmals nicht mehr viel, wenn man davon absieht, dass sich die bereits mehrfach erwähnten Schulwechsel bei den Kindern aneinanderreihen. Ich habe immer wieder den Eindruck, die Schulen werfen die Jugendlichen einander zu wie heiße Kartoffeln. Sie beklagen, sie seien nicht in der Lage, mit Kindern aus diesen Familien umzugehen. Auch gegenüber der Schule träten die Eltern entweder gar nicht oder fordernd auf, ohne sich selbst in irgendeiner Weise einzubringen. Das Jugendamt sei hier gefragt. Seitens des Jugendamtes höre ich hingegen, die Schulen müssten reagieren. Ich habe den Eindruck, bei allen Beteiligten schwingt Angst mit, die durch die mangelnde Zusammenarbeit noch verstärkt wird. Das scheint nicht nur in Berlin so zu sein. So rief mich einmal ein Jugendamtsleiter aus Norddeutschland an und schilderte, dass sich seine Mitarbeiter im Büro einschließen, wenn eine kinderreiche Familie mit Migrationshintergrund „anrückt".

Die „kleinen Prinzen" machen währenddessen weiter, was sie wollen, und bewegen sich zusätzlich in einem Umfeld anderer Kinder und Jugendlicher, die wie sie ohne jede Struktur in den Tag hineinleben. Auf diese Weise kann ich es mir inzwischen auch erklären, weshalb ich manchmal Angeklagte vor mir habe, die nur mit großer Mühe ihren Vornamen kritzeln können. Irgendwann scheinen die beteiligten Behörden dann erschöpft darauf zu spekulieren, dass die Jungen vierzehn Jahre alt werden. Ich vernahm schon den einen oder anderen Seufzer: „Na, der ist ja bald strafmündig und dann endlich ein Fall für die Justiz."

Nachdem nun endlich die magische Grenze von vierzehn überschritten ist, können die Täter vor das Jugendgericht gebracht werden. Inzwischen haben sie es auf einige Diebstähle, Körperverletzungen und Raubüberfälle gebracht. Mehrere ältere männliche Geschwister sitzen bereits in der Strafanstalt. Da viele Kollegen bei den jüngeren „Nachrückern" nicht als erste jugendrichterliche Maßnahme eine Jugendstrafe verhängen möchten, kommt es häufig zur Anordnung von Anti-Gewalt-Maßnahmen und mehrwöchigen Dauerarresten. Bis diese Weisung umgesetzt bzw. der Arrest vollstreckt ist, vergehen erneut einige Monate. Zeitgleich versucht das Jugendamt weiter, mit unterstützenden Angeboten zu agieren. In einem Intensivtäterverfahren wartete der 15-jährige Verurteilte nicht lange ab, sondern beging noch am Tage seiner Verurteilung wegen Diebstahls eine erneute Straftat. Er ging mit mehreren Kumpeln ins Schwimmbad. Dort sollte er einem Security-Mitarbeiter seine Eintrittskarte vorzeigen, nachdem er einige Mädchen belästigt hatte. Dazu hatte er aber keine Lust und wurde deshalb des Bades verwiesen. Er beschloss daraufhin mit den Freunden, dem Kontrolleur aufzulauern und ihn bei sich bietender Gelegenheit tätlich zu attackieren. Einer seiner Begleiter sollte dies mit dem Handy filmen. Als der Security-Mann das Bad verließ, verwickelten die Täter ihn in ein Gespräch, auf das dieser freundlich einging. Kurz bevor er sich entfernen wollte, schlug nun der frisch Verurteilte dem Mann mit der Faust wuchtig in das Gesicht, sodass dessen Brille zerbrach und er diverse Augen- und Gesichtsverletzungen davontrug und für kurze Zeit besinnungslos war. Nachdem der Kumpel das Geschehen filmisch dokumentiert hatte, rannten alle Beteiligten lauthals lachend davon.

Während der Untersuchungshaft stellte sich nun heraus, dass der Angeklagte bereits vor dem Vorfall im Schwimmbad eine weitere erhebliche Straftat begangen hatte. Er überfiel maskiert und unter Mitführung mehrerer Waffen, u.a. einer Schreckschusspistole, die für das Opfer nicht von einer echten Schusswaffe zu unterscheiden war, gemeinsam mit zwei ebenfalls gerade strafmündigen guten Bekannten eine Drogeriefiliale. Dem männlichen Angestellten wurde die Waffe gegen die Schläfe gedrückt. Das angstverzerrte Gesicht des Mannes ist auf dem Video der Überwachungskamera deutlich zu sehen und erschüttert auch hartgesottene Richterinnen, die ehrenamtlichen Schöffen natürlich erst recht. Die Teilnahme des Angeklagten an dieser Tat, bei der einige Hundert Euro erbeutet wurden, wird erst später durch ein Geständnis eines Mittäters offengelegt.

Wegen sämtlicher Taten erhält der Angeklagte mit Rücksicht auf sein sehr jugendliches Alter und angesichts der Tatsache, dass er bereits viele Monate in Untersuchungshaft gesessen hat, eine aus meiner Sicht maßvolle Jugendstrafe von unter vier Jahren. Für einen Erwachsenen sieht das StGB allein für einen schweren Raub unter Verwendung von Waffen eine Mindeststrafe von fünf Jahren vor.

Ich verzichte darauf, noch schlimmere Gewaltdelikte zu schildern, obwohl dies ohne Weiteres möglich wäre. Ich denke, es ist jedem Leser bereits deutlich geworden, dass viele Täter sehr früh mit der Begehung von Straftaten beginnen und sich von Anfang an jeder Einflussnahme entziehen. Lehrerinnen und Lehrer, Jugendamts- oder Projektmitarbeiter, Polizeibeamte und -beamtinnen, Justizvollzugsbedienstete, ganz normale erwachsene Mitmenschen und die Justiz sind nicht in der Lage, die im Elternhaus von vornherein unterbliebene Grenzsetzung aufzufangen.

Woher rührt dieses Phänomen bei einigen sehr kinderreichen Zuwandererfamilien aus dem türkischen, aber noch stärker aus dem arabischen Raum? Üblicherweise werden soziale Ursachen angeführt. Diese sind mit Sicherheit in gleicher Weise „kriminogen" wie bei den Lehmanns oder bei John. Darüber hinaus ist immer wieder davon die Rede, die eingewanderten Menschen litten teilweise unter Flüchtlingstraumata. „Meine" Angeklagten sind allerdings überwiegend in Deutschland geboren und haben deshalb keine Traumatisierung erlebt.

Das in diesem Zusammenhang nahezu reflexartig vorgebrachte weitere Argument von „vierzig Jahren verfehlter Integrationspolitik" verfängt allmählich nicht mehr. Natürlich gab es hier Versäumnisse. Als die erste „Gastarbeitergeneration" entgegen der allgemeinen Erwartung nicht in die Heimat zurückkehrte, hätte ein Integrationskonzept entwickelt werden können. Besonders in der Schulpolitik hätte die Bildung reiner „Türkenklassen" verhindert werden müssen. Eine vernünftige Strategie hätte neben Integrationskursen aber auch den verpflichtenden Erwerb der deutschen Sprache regeln sollen. Integration ist ein Vertrag auf Gegenseitigkeit. Wer hierfür plädierte, wurde jedoch schnell der „Zwangsgermanisierung" bezichtigt. Wer mahnte, dass es nicht förderlich sei, die Ballung von Zuwanderergruppen in bestimmten Bezirken zuzulassen, stand ebenfalls gleich in der „rechten Ecke". So zauderten sich die Regierungen, egal welcher Couleur, von einer Legislaturperiode in die nächste. „Bloß keine heißen Eisen anfassen" schien die Devise zu sein.

Bezogen auf die Einwanderer selbst sollte die Frage erlaubt sein, weshalb es ihnen teilweise selbst kein Bedürfnis ist, die Sprache der sie aufnehmenden Gesellschaft zu erlernen und sich mit den hier herrschenden Gepflogenheiten und Gesetzen vertraut zu machen. An diesem Punkt der Diskussion fällt dann üblicherweise das nächste Schlagwort: Die Menschen stammten aus „bildungsfernen" Ländern oder Landesteilen. Was bedeutet das denn? Mir ist der Unterschied zwischen Zuwanderern aus Ostanatolien, das als bildungsfern gilt, und denjenigen aus der Westtürkei geläufig, da ich es in meiner „Vorortarbeit" in Neukölln sehr häufig mit gebildeten türkischstämmigen Mitbürgern aus der westlichen Region des Landes zu tun habe, während „meine" Angeklagten einen kurdischen, ostanatolischen oder angeblich palästinensischen Migrationshintergrund aufweisen. Die integrierten Westtürken haben überhaupt kein Verständnis dafür, dass der deutsche Staat den Zuwanderern aus den östlichen Regionen nichts abverlangt. Sie sagen, viele dieser Menschen seien einfach strukturiert. Man müsse ihnen deutlich machen, was von ihnen erwartet wird. Ähnlich äußern sich Zuwanderer aus dem Libanon zu den „arabischen" Großfamilien, denen ich noch ein gesondertes Kapitel widmen werde. Diese Einschätzung entspricht im Übrigen meiner Wahrnehmung, wenn ich immer noch, und zwar tendenziell eher zu- als abnehmend, Eltern treffe, die nach über zwanzigjährigem Aufenthalt in Deutschland die Sprache nicht einmal ansatzweise beherrschen. Es ist ja inzwischen auch kaum mehr nötig. Überall wird übersetzt, Aushänge sind in arabischer und türkischer Sprache zahlreich vorhanden, in den Schulen fangen die deutschen Kinder an, Türkisch zu lernen.

Ich halte die erste „Gastarbeitergeneration", nebenbei bemerkt, für durchaus integrierter als die zweite und dritte Generation. Der Grund liegt auf der Hand: Sie stellten eine

Minderheit dar und hatten Arbeit. Da folgt die Integration aus den Lebensumständen. Deswegen wäre es wichtig gewesen, die Bevölkerung in den Stadtteilen zu mischen und Massenarbeitslosigkeit bei Zuwanderern zu verhindern. Wenn die Eltern arbeiten, hat der Tag eine Struktur, die die Kinder übernehmen, was sich positiv auf ihre Entwicklung auswirkt. Deshalb muss der Staat Arbeit anbieten. Ich bin keine Arbeitsmarktexpertin, jedoch vernehme ich von den Jobcentern, dass die „arbeitsmarktrelevante Qualifikation" vieler Menschen inzwischen nicht mehr hinreichend gegeben sei, nachdem rein körperliche Tätigkeiten in nennenswertem Umfang nicht angeboten werden können. Die Zeiten haben sich eben geändert. Dieser Tatsache müssen sich alle Menschen stellen, was uns zwangsläufig zum Thema Schulbildung führen wird.

Ein persönliches Erlebnis möchte ich an dieser Stelle einflechten. Ich habe einen sehr schönen Teil meiner Kindheit in Berlin verbracht. Wir lebten Anfang der siebziger Jahre im Wedding, einem damals beschaulichen Arbeiterkiez. Heute stellt sich die Kriminalität in Teilen dieses Bezirks schlimmer dar als in Neukölln. Ich kam in der zweiten Klasse vom Rhein an die Spree und wurde von meinen neuen Mitschülern bereits aufgrund meiner merkwürdigen Aussprache ziemlich begafft. Kurz nach mir wurde der erste türkische Junge an der Schule aufgenommen. Er kam in meine Klasse. Tayfun hatte es schwerer als ich, da er gar kein Deutsch sprach und zudem noch eine dunkle Gesichtsfarbe hatte. Tayfuns Eltern waren Arbeiter aus Ostanatolien. Trotz geringer eigener Bildung war ihnen klar, dass ihr Sohn in der Schule vorankommen musste. Meine Lehrerin erkannte das Potenzial ihrer beiden „Zuwanderer". Obwohl ich „dat" und „wat" sagte, gefielen ihr meine Aufsätze und sie bat mich, gelegentlich mit Tayfun gemeinsam die Hausaufgaben zu erledigen. Das haben wir eine

Zeit lang auch gemacht. Das Kind lernte innerhalb eines halben Jahres Deutsch, was mehr seinem Ehrgeiz als meinen pädagogischen Fähigkeiten geschuldet war. Tayfun und ich waren jedenfalls am Ende des Schuljahres keine „Zootiere" mehr.

Auch in der ehemaligen DDR gab es im Übrigen in den achtziger Jahren Einwanderer der ersten Generation, die als Vertragsarbeiter angeworben wurden. Es handelte sich um Vietnamesen aus einfachsten Verhältnissen. Nach der Wende verloren sie ihre Arbeit und mussten sich irgendwie durchschlagen. Sie leben heute überwiegend in bescheidenen Verhältnissen im Ostteil Berlins. Dort betreiben sie kleine Blumenläden, Billigbekleidungsgeschäfte und jede Menge Imbisse an den S-Bahnhöfen. Was ist aus ihren Kindern geworden? Strebsame Schülerinnen und Schüler, die z. B. auf dem Barnim-Gymnasium in Berlin-Lichtenberg in den unteren Klassen 30 Prozent der Schüler stellen. Sie erzielen im Durchschnitt bessere Erfolge als deutsche Schüler. Warum ist das so? Weil Bildung in Asien etwas bedeutet? Mir scheint, dass die Eltern aus diesem Kulturkreis keine grundsätzliche Anspruchshaltung gegenüber dem Staat haben, der für „bessere Schulen" sorgen soll. Sie verlangten sich selbst etwas ab, damit die Kinder es einmal „zu etwas bringen".

Es gibt zudem in Deutschland zugewanderte Menschen, die nie vorhatten, sich einzufügen, sondern schon immer in einer parallelen, in einigen Fällen rein kriminell ausgerichteten Struktur gelebt haben und aus meiner Sicht weitgehend beabsichtigen, damit fortzufahren.

Einige „libanesische" Großfamilien

Bereits im Jahr 2003 fertigte ein Mitarbeiter des LKA eine bemerkenswerte Studie über diese Einwanderergruppe an. Die Untersuchung heißt: „Importierte Kriminalität und deren Etablierung". Der Verfasser zeigt auf, dass es sich bei den sogenannten „staatenlosen Palästinensern" meist nicht um Libanesen, die ebenfalls in Deutschland leben und eine große Bereicherung darstellen, handelt, sondern um „libanesische Kurden" aus den Grenzgebieten der Türkei und Syriens. Diese hatten sich mit ihren Großfamilien in mehreren Fluchtwellen in den dreißiger und sechziger Jahren in den Libanon begeben. Der Libanon hat diese Menschen ganz überwiegend nicht eingebürgert. Im Prinzip lebten sie bereits dort illegal. Die Familien erhielten zum Teil sogenannte „Laissez-passer"-Papiere. Damit konnten sie ausreisen, was auch erwünscht war. Jedoch verloren die Dokumente ein Jahr nach Verlassen des Landes ihre Gültigkeit. Das verhinderte eine Rückkehr. Als Staatsangehörigkeit wurde in den Dokumenten oft „ungeklärt", staatenlos oder „libanesisch" eingetragen. Hieraus erklären sich die entsprechenden Angaben zur Herkunft bis zum heutigen Tage. Die ungeklärte Staatsangehörigkeit hat einen entscheidenden Vorteil: Selbst wenn in Deutschland der Asylantrag abgelehnt wird – und das war überwiegend der Fall –, konnten auch Schwerkriminelle nicht abgeschoben werden, denn dazu muss gesichert sein, in welches Land die Abschiebung zu erfolgen hat.

Viele der heutigen angeblich arabischen Großfamilien sind unter Verwendung der „Laisser-passer"-Papiere nach Deutschland gekommen. Etliche besaßen auch gar keine Personaldokumente. Der juristische Ablauf gestaltet sich im Anschluss an das erfolglose Asylverfahren gleichbleibend wie folgt: Die Familienangehörigen erhalten zunächst den ausländerrechtlichen Status der Duldung. Es gibt Menschen, die seit vielen Jahren mit „Kettenduldungen" hier leben. Dieser Zustand hat in der Tat eine unerträgliche Folge: Er ist mit dem Verbot verbunden, eine Arbeit aufzunehmen. Dies stellt ein Versäumnis der deutschen Politik dar, das mir immer unbegreiflich war: Entweder hätte man mit dem Libanon oder der Türkei die Modalitäten der Rückkehr dieser Familien in das Herkunftsland klären müssen, wenn sie dort offensichtlich nicht politisch verfolgt wurden, was aus dem abgelehnten Asylantrag ersichtlich ist, oder man hätte die Zuwanderer konsequent aufnehmen und ihnen dann jedoch gestatten sollen, einer Arbeit nachzugehen. In gewisser Weise erfolgte eine Entschärfung der Situation durch die sogenannten „Altfallregelungen" aus den Jahren 1987 und 1989, die den „Palästinensern" zum Teil die Erlangung einer Aufenthaltserlaubnis ermöglichten. Laut der angesprochenen Studie des LKA waren im Übrigen bereits im Jahr 2003 etwa 40 Prozent dieser Bevölkerungsgruppe eingebürgert und damit „Deutsche". Inzwischen dürfte sich dieser Prozentsatz weiter erhöht haben. Meinen Erkenntnissen zufolge verfügen viele Familien zumindest über einen gesicherten Aufenthaltsstatus. Sie dürfen arbeiten. Das Argument, dass die Einwanderer aus dem Libanon in Deutschland an ihrer Integration gehindert werden, weil ihnen das Arbeiten durch die „Duldung" verboten wird, entpuppt sich dementsprechend zunehmend als zeitlich überholt. Auch handelt es sich bei den „Staatenlosen" nicht immer um Menschen aus Flüchtlingslagern, die dort unter menschenunwürdigen Lebensbedingungen lebten und Kriegstraumata erlitten haben.

Die besagten Familien haben sich auf bestimmte Regionen in Deutschland verteilt. Man findet sie vor allem im Ruhrgebiet, in Bremen/Bremerhaven und in Berlin. Sie sind miteinander verwandt und leben ausschließlich nach ihren Gesetzen. Nach den mir vorliegenden Erkenntnissen gibt es in Deutschland zehn bis zwölf dieser Clans, die einige tausend Menschen umfassen. Sie agieren sowohl im Innen- wie im Außenverhältnis kriminell.

Das System: Ein typischerweise zunächst aus Mutter, Vater und zehn bis fünfzehn, in Einzelfällen bis zu neunzehn Kindern bestehender Clan wandert aus dem Libanon zu. Einige Kinder werden noch in der „Heimat" geboren, andere in Deutschland. Bevor die Mütter das letzte eigene Kind gebären, haben sie bereits Enkelkinder. Deshalb vergrößert sich ein Clan in atemberaubender Geschwindigkeit. Als Staatsangehörigkeit der Familien taucht in amtlichen Papieren aus den besagten Gründen „staatenlos", „ungeklärt", „libanesisch" oder zunehmend auch „deutsch" auf. Man lebt von staatlichen Transferleistungen und dem Kindergeld. Das verwundert im Vergleich zu anderen ALG-2-Empfängern, denn der Lebensstil der Clans kann ohne Übertreibung als aufwendig bezeichnet werden. Das mag daran liegen, dass speziell die Männer unzählige Straftaten begehen. Eine Großfamilie bringt es ohne Probleme auf Hunderte polizeilicher Ermittlungsverfahren. Die Anzahl der Familienangehörigen reduziert sich zwischenzeitlich unfreiwillig. Wenn die Drogen- oder sonstigen illegalen Geschäfte von einem rivalisierenden Clan oder gar von Banden mit einem anderen ethnischen Hintergrund gestört werden, wird das Problem gelöst, indem man einander tötet oder dies zumindest versucht. Ähnlich verhält es sich, wenn es um Schwierigkeiten mit weiblichen Familienangehörigen geht. Diese Problemlösungsstrategien wurden bereits vor etwa zwanzig Jahren beobachtet. Sie haben sich bis zum heutigen Tage nicht verändert.

- Im Januar 1992 beschießen sich in einem noch nicht eröffneten Lokal in Berlin-Kreuzberg Mitglieder der Großfamilien A. und B. Bei der Auseinandersetzung wird die gesamte Einrichtung zerstört. Durch Schüsse und Messerstiche werden mehrere Personen verletzt. Als die Polizei erscheint, versuchen alle Beteiligten sich zu verstecken. Die Auseinandersetzung drehte sich mutmaßlich um 4 kg Kokain.

- Zwei männliche Mitglieder der „arabischen" Familie C. betreten im Oktober 1992 mit einer Pumpgun bewaffnet ein jugoslawisches Restaurant und richten einen Mazedonier mit fünf Schüssen hin. Im Rahmen der polizeilichen Ermittlungen werden größere Mengen Heroin und gesiegelte libanesische Blanko-Geburtsurkunden sichergestellt.

- Im Jahr 1995 erkennen mehrere Palästinenser, darunter der Deutsche S. und sein Bruder T., einen Mann als Täter einer zuvor begangenen Körperverletzung wieder und stellen ihn zur Rede. Es kommt zu einer gewalttätigen Auseinandersetzung, an der sich am Ende 20–30 Personen beteiligen und in deren Verlauf ein Mitglied der Familie Z., das bis dahin eine bedeutende Rolle in der kurdisch-libanesischen Szene Berlins gespielt hatte, von S. erschossen wird.

- Nachdem im zuvor geschilderten Fall eine Entschädigungszahlung seitens des Clans des S. an die Familie des Erschossenen wegen Zahlungsunfähigkeit scheitert, wird S. auf einer Tankstelle von den Brüdern des getöteten Angehörigen der Familie Z. mit 24 Schüssen hingerichtet.

- In einer anderen „geschäftlichen Angelegenheit" weigert sich der türkische Betreiber eines Cafés im Jahr 1997, sein Lokal von der Familie A. übernehmen zu lassen. Das Café soll wohl zur Abwicklung von Drogengeschäften genutzt werden. Daraufhin stürmen vier 15 (!) bis 25 Jahre alte Söhne des Familienoberhauptes des Clans A. das Restaurant und feuern u.a. mit einer Maschinenpistole wahllos in den Räumlichkeiten herum, in denen sich Menschen befinden.

- Im Oktober 2001 kommt es zwischen zwei Familienoberhäuptern der A.s und B.s zunächst zu Verhandlungen über die Scheidung von zwei nach islamischem Recht verheirateten Töchtern der Familie A. mit zwei Söhnen der Familie B. Es geht u.a. um die Rückgabe der Mitgift. Die Situation eskaliert und ein Mitglied des A.-Clans wird durch eine Stichverletzung lebensgefährlich verletzt. Der Täter (übrigens deutscher Staatsangehörigkeit) aus der Familie B. wird zu einer vierjährigen Freiheitsstrafe verurteilt. Das ist sehr selten, denn meistens wird in diesen Fällen ein sogenannter „Friedensrichter" eingeschaltet, der die „Ausgleichszahlung" verhandelt. Vor den deutschen Behörden wird dann oft nicht mehr ausgesagt.

Zusätzlich finden sogenannte „Ehrenmorde" statt, wenn ein weibliches Familienmitglied aus der Hierarchie ausbrechen will oder sich schlicht nicht normkonform im Sinne der archaischen Clanstruktur verhält. Dann ist damit zu rechnen, dass ein Bruder seine eigene Schwester niedermetzelt. In der Familie und in der Community wird er als Held gefeiert.

Insgesamt ergibt die strafrechtliche Gesamtbetrachtung einiger Clans, dass die weiblichen Familienangehörigen vorwiegend stehlen und die männlichen Straftaten aus allen Bereichen des Strafgesetzbuches begehen: Von Drogen- und Eigentumsdelikten über Beleidigung, Bedrohung, Raub, Erpressung, gefährliche Körperverletzung, Sexualstraftaten und Zuhälterei bis zum Mord ist alles vertreten. Die Kinder wachsen weitgehend unkontrolliert in diesen kriminellen Strukturen auf. Auch sie begehen deshalb oft von Kindesbeinen an Straftaten.

Der Staat kommt an diese Familien nicht heran. Die Jugendämter sind hoffnungslos überfordert, wenn sie wieder einmal auf eine Vereinbarungsfähigkeit der Eltern hoffen. Die amtlichen Bemühungen lassen sich dabei nie lückenlos nachvollziehen, da die Akten der Ämter nicht „mit dem Clan mitwandern", wenn dieser auch nur innerhalb einer Stadt umzieht. Dabei geht aus amtlichen Einschätzungen hervor, die Eltern seien in ihrem Selbst- und Alltagsverständnis weit von den deutschen Realitäten entfernt. Eine Unterstützung oder Erziehung hin zur Integration oder Förderung der Kinder liege außerhalb ihrer Möglichkeiten. Ausgeprägt sei bei den männlichen Familienmitgliedern eine massive Gewaltbereitschaft, die auch innerfamiliär, das heißt von den Männern gegenüber den Frauen, ausgelebt werde. Es existieren nach meinem Wissen jedoch diesbezüglich kaum Ermittlungsverfahren. Das ist auch nicht verwunderlich, denn die Wahrung der „Familienehre" nach außen folgt einem ungeschriebenen, aber wirksamen Kodex. Wer die eigenen Leute an die „Deutschen" verrät, riskiert sein Leben. Also bieten die hilflosen Ämter fortlaufend weitere Erziehungshilfen unterschiedlichster freier Träger der Jugendhilfe an. Der Erfolg ist meist gleich null. Dafür reifen die Jungen zu ganzen Männern im Sinne ihres archaischen Verständnisses heran. Ein Sohn einer Großfamilie zertrümmert beispielsweise noch als Kind seiner Lehrerin das Gesicht, ein anderer schlägt mit elf Jahren auf einem Volksfest eine behinderte junge Frau krankenhausreif. Die Eltern reagieren darauf nicht erkennbar. Sie haben ihren Kindern diese Verhaltensweisen ja auch meist vorgelebt. Mit dem einen Kind passiert staatlicherseits nichts Erwähnenswertes, das andere kommt mit Zustimmung der Eltern in eine Jugendhilfeeinrichtung in einem anderen Bundesland. Da die Eltern der Unterbringung zugestimmt haben, wird von einem Sorgerechtsverfahren wieder einmal Abstand genommen. Unter den stark eingegrenzten Heimbedingungen entwickelt sich das Kind positiv. Gleichwohl wird die Maßnahme vorzeitig beendet. Das Amt beugt sich dem Druck der Familie. Der Junge kehrt bald nach Berlin zurück. Die Kinder aus „palästinensischen" Clans nehmen dann eine Entwicklung, die sich vergleichbar gestaltet. Sie haben gelernt, dass es für sie keine

Grenzen gibt, und terrorisieren zunehmend ihr gesamtes außerfamiliäres Umfeld. Da sie in ihrer Wohngegend und in den Schulen bekannt sind, funktioniert das bestens, denn alle wissen, dass hinter einem zehnjährigen „Mitschüler" eine gewaltbereite Großfamilie stehen kann, die ihre eigenen Interessen rücksichtslos durchsetzt. Inzwischen reicht es aus, wenn die Kinder in der Schule verlauten lassen, dass sie zur Familie XY gehören. Dann geben alle Schüler „freiwillig" ihre Pausenbrote und Trinkflaschen, Stifte, Hefte und Euros ab.

Die Jugendämter haben neben eigenen Bemühungen, mit den „arabischen" Clans fertig zu werden, auch versucht, Projekte einzurichten, die Mitarbeiter mit demselben ethnischen Hintergrund beschäftigen. Diese werden seitens der Großfamilie nur so lange „akzeptiert", wie sie den Eindruck hat, einen Interessenvertreter gefunden zu haben. Die „Brückenbauer" zwischen den Welten sind spätestens dann höchster Gefahr ausgesetzt, wenn sie mit den deutschen Behörden kooperieren.

Ich habe die Bemühungen der beteiligten Institutionen um diese Familien mit steigender Fassungslosigkeit zur Kenntnis genommen. Die Aufzählung und Bewertung der Maßnahmen würde es ohne Weiteres ermöglichen, hierüber ein gesondertes Buch zu schreiben. Zum Schutze der Mitarbeiter der Projekte, Initiativen und Jugendämter, die mit „arabischen" Großfamilien arbeiten müssen und von diesen teilweise ernsthaft bedroht werden, unterlasse ich hier die Schilderung genauerer Einzelheiten. Man mag mir aber Glauben schenken: Der überwiegende Teil dieser Clans wird niemals in Westeuropa ankommen. Es werden weiterhin nicht genau bezifferbare Millionenbeträge in die Alimentierung dieser Gruppierungen fließen, ohne Fortschritte zu erzielen. Inzwischen haben sie es allerdings teilweise so weit gebracht, dass die ersten Familienmitglieder es nicht mehr nötig haben, selbst Straftaten zu begehen. Das „erwirtschaftete" Vermögen wird in Immobiliengeschäfte und eigene Läden investiert. Aber auch im Rotlichtmilieu finden sich „halblegale" Betätigungsfelder.

Ich selbst habe mich im Interesse der Kinder ausführlich mit einzelnen Familien beschäftigt und aus Anlass von Strafverfahren die Probleme beim Familiengericht vorgetragen, wo sie seit mindestens zwanzig Jahren hingehört hätten. Niemand hat jedoch bisher diesen Weg beschritten und es liegt auch auf der Hand, weshalb: sozialromantische Verblendung gepaart mit blanker Angst. Ich bin inzwischen zu der Auffassung gelangt, dass die Furcht vor den kriminellen Großfamilien alle anderen Aspekte bei Weitem überwiegt, denn hinter vorgehaltener Hand heißt es: „Man kann kein Kind zwangsweise aus einem arabischen Clan nehmen. Die Familien erschießen jeden, der das versuchen sollte." Angst ist aber ein schlechter Ratgeber. Sie lähmt das System und den Einzelnen. Deshalb müssen wir sie überwinden und handeln.

Die Möglichkeit, aufenthaltsbeendende Maßnahmen gegenüber kriminellen arabischen Großfamilien durchzusetzen, stößt gegenwärtig auf die schon benannten Hindernisse. Sie wurde darüber hinaus auch in gewisser Weise vertan, weil die beispielsweise bei der Berliner Polizei Ende der 90er Jahre eingerichtete gemeinsame Ermittlungsgruppe „Identität" – kurz „GE Ident" –, die sich mit betrügerisch erlangten Aufenthaltstiteln und Sozialleistungen befasste, inzwischen ihre Arbeit einstellen musste – obwohl sie erreichte, dass mehr als 400 Personen freiwillig ausreisten oder abgeschoben wurden, nachdem ihnen ihre meist kurdische Herkunft nachgewiesen werden konnte. Die Gründe für die Auflösung dieser polizeilichen Einheit sind mir nicht bekannt. Sie dürften aber politischer Natur sein. Abgesehen davon hatte die Türkei inzwischen vielleicht Bedenken, dass die kurdischen „Libanesen" im Falle des Nachweises ihrer eigentlichen Herkunft von Deutschland auch in die Türkei „zurückgeschoben" werden könnten. Vielleicht hat das Land deshalb viele dieser Menschen kurzerhand ausgebürgert. Das wäre eine gleichermaßen fragwürdige wie effektive Methode, sich die Probleme vom Hals zu schaffen.

Die Idee einer Rückkehr der Familien in ihre „Heimat" stellt aus meiner Sicht momentan „ein totes Gleis" dar, da deren Kinder zum Teil schon in der zweiten bis dritten Generation in Deutschland leben und dementsprechend ihre Heimat auch hier haben. Dennoch sehe ich es als unerlässlich an, auf sämtlichen Ebenen zu prüfen, welche Maßnahmen wir den Clans entgegensetzen können. Dazu gehören alle beteiligten Institutionen an einen Tisch, wobei ich empfehle, die Verantwortlichen anderer betroffener Städte wie z.B. aus dem Ruhrgebiet sowie aus Bremen/Bremerhaven gleich hinzuzuziehen. Sämtliche vorhandenen Daten sind offenzulegen, damit endlich ein vollständiges Bild entsteht. Dem zu erwartenden Gegenargument, datenschutzrechtliche Bedenken könnten dieser Vorgehensweise im Wege stehen, halte ich entgegen, dass Datenschutz nicht dem Täterschutz dienen darf. Wenn der deutsche Staat diese Familien weiterhin im Land belässt und sie jahrzehntelang ohne jede Gegenleistung unterstützt, obwohl sie die Gesellschaft hemmungslos schädigen, blamiert er sich aufs Äußerste und lädt zur Nachahmung ein. Ich gebe auch zu bedenken, dass wir gegenwärtig das Heranwachsen von Kindern unter kriminogenen Entwicklungsbedingungen gestatten, obwohl es unsere Pflicht wäre, diese Kinder vor ihren Eltern und älteren Geschwistern zu schützen. Auch hätte die Devise „Kinderschutz vor Datenschutz" zu gelten. Darüber hinaus bin ich davon überzeugt, dass es einzelne Mitglieder der Familien schaffen könnten, sich in eine andere Richtung zu entwickeln, oder dies zumindest gern wollen. Deshalb würde ich diesen Menschen Hilfe anbieten, wenn sie sich entsprechend äußern: eine Art Ausstiegsprogramm aus dem Kriminalitätsstrudel, in dem sie sich notgedrungen befinden.

Nach meiner Einschätzung wird momentan zugesehen, wie die „arabische" Drogenmafia, die den Erkenntnissen der Polizei und der Staatsanwaltschaft zufolge speziell den Handel mit harten Drogen (wie z.B. Heroin) fest in der Hand hat, aus palästinensischen Flüchtlingslagern Kinder und Jugendliche nach Deutschland schleust. Die manchmal sicher völlig Ahnungslosen sollen dann den Straßenverkauf der Drogen übernehmen. Die Lebensgeschichte, die den Eingeschleusten von den Verbrechern, die diese Menschen unter falschen Versprechungen ins Land bringen, eingetrichtert wird, damit sie zunächst einmal Aufnahme in Deutschland finden, lautet häufig folgendermaßen: Die Eltern sind verstorben. Das Kind wächst bei Verwandten auf. Die wollen ihm ein besseres Leben ermöglichen und wenden dann das letzte Hab und Gut auf, um die Reise nach Deutschland zu finanzieren. Hier angekommen, möchte man dann gerne zur Schule gehen, Deutsch lernen und einen anständigen Beruf ergreifen. Ich bin überzeugt davon, dass manche junge Menschen sich tatsächlich in diesem Irrglauben auf den Weg machen, nur denke ich nicht, dass die Geschichten ansonsten stimmen. Dafür sind sie zu schablonenhaft.

Die Realität der Angeklagten sieht nach Auskunft einiger Betroffener so aus, dass sie in Beirut in ein Flugzeug nach Deutschland gesetzt werden und sich dann bei der Einreise an die Beamten, die die Pässe kontrollieren, wenden, um kundzutun, sie seien unbegleitete Jugendliche, die um Asyl bitten. Die libanesischen Jugendlichen müssen nach meinem Kenntnisstand ihre Dokumente nach Besteigen des Flugzeuges beim Schleuser abgeben. Der fliegt nämlich nach Angaben von Jugendlichen, die auf diese Weise nach Deutschland gekommen sind, mit und sammelt im Flugzeug die Pässe ein. Die „unbegleitet reisenden asylsuchenden Jugendlichen", die häufig deutlich älter sind, als sie angeben, werden dann einem entsprechenden Heim zugewiesen, in dem sie sich dem ausländerrechtlichen Status der Duldung entsprechend eigentlich ständig aufhalten müssen. Machen sie aber nicht. Stattdessen tauchen sie rasch bei Landsleuten in Berlin unter. Diese machen sie dann vermutlich auch mit den Regeln des jeweiligen Marktes vertraut: wer wo was und für wie viel verkaufen darf, wo man die Ware erhält, wer den Erlös bekommt. Selbst davon profitieren können die Straßenhändler nicht. Sie müssen ganz im Gegenteil für die Schleusung noch bezahlen, denn die Geschichte mit den Verwandten, die die „Reise" angeblich bezahlt haben, ist eben unwahr.

Ich habe kürzlich in Heimen der Jugendhilfe in anderen Bundesländern angerufen, weil mir auffiel, dass ich mehrmals Jugendliche wegen Heroinhandels verurteilt hatte, die sich eigentlich in diesen Einrichtungen weitab von Berlin aufhalten sollten. Die Mitarbeiter erklärten mir, dass man die Jugendlichen, die sich entfernen, als vermisst meldet – und das war es dann. Ihre Einrichtung selbst sei im Übrigen offen. Jeder könne kommen und gehen, wann er wolle. Wenn die Bewohner älter als 16 Jahre alt seien und nicht mitwirkten, um z.B. Deutsch zu lernen, kämen sie in eine Einrichtung für erwachsene Asylbewerber, und falls sie dort abgängig seien, dann sei das eben so. Da gebe es dann nicht einmal eine Vermisstenmeldung. Eine andere Recherche ergab, dass ein angeblich Jugendlicher in einem Heim als Bewohner registriert war, was die entsprechenden Kosten auslösen dürfte, aber allenfalls mal auftauchte, wenn es „Taschengeld" gab. Der Mitarbeiter dieser Einrichtung ging mit diesem Umstand ganz gelassen um. Das hat mich verwundert. Die jungen Männer haben eine klare Zuweisung, an die sie sich ohne Eintritt von

Folgen nicht halten. Und das auch noch auf Kosten der Staatskasse, die zusätzlich belastet wird, wenn die Dealer in Berlin aufkreuzen, hier mit Heroin handeln, erwischt und in Haft genommen werden – wobei dies nicht zwangsläufig geschieht, denn sie sind ja in der Lage, einen festen Wohnsitz im Heim nachzuweisen, wo sie länger polizeilich gemeldet als tatsächlich anwesend sind. Inzwischen sind wir Richter und Staatsanwälte aber auch in der Realität angekommen, und häufig ergehen in diesen Fällen Haftbefehle.

Welche pädagogisch sinnvolle Maßnahme soll in diesen Fällen verhängt werden? Sich in die Einrichtung zurückzubegeben und an einem Deutschkurs teilzunehmen? Oft verhängen die Jugendrichter Arreste, auf die dann die bis zur Hauptverhandlung erlittene – so heißt das im Juristendeutsch – Untersuchungshaft angerechnet wird. Man hofft, der Jugendliche werde durch das Erlebnis der Haft von weiteren Taten abgehalten. Ist das realistisch? Man bedenke die gesamte Vorgeschichte. In Fällen, in denen der Jugendliche mehrmals oder in größeren Mengen mit Heroin gehandelt hat, werden zunehmend Jugendstrafen verhängt. Die Vollstreckung wird bei einem „Ersttäter" im Regelfall zur Bewährung ausgesetzt. Beim nächsten Deal, der auffliegt, folgt dann eine entsprechend lange Inhaftierung. Das ist nicht gerade das, was der Junge aus dem Libanon sich erhofft hat, und auch nicht das, was der Jugendrichter sich von seinem pädagogischen Auftrag verspricht. Der neueste Trend der Banden ist übrigens, unter 14-Jährige heranzuschaffen. Das hat den besonderen Charme der nicht drohenden Bestrafung. Im Juli 2009 wird in Berlin ein zwölfjähriger staatenloser palästinensischer Junge mit 150 abgepackten Portionseinheiten Heroin festgenommen. Der kann nun endgültig gar nicht mehr zur Verantwortung gezogen werden. Nahezu stereotyp taucht dann in den Medien die Frage auf, ob wir denn nicht die Strafmündigkeitsgrenze auf zwölf Jahre heruntersetzen sollten. Dazu kann ich nur sagen: Bitte nicht! Denn dann werden demnächst Zehnjährige geholt.

Ich vertrete seit vielen Jahren immer wieder die Meinung, dass wir um die Einrichtung geschlossener Unterbringungsmöglichkeiten nicht herumkommen. Alles andere ist pseudoliberale Heuchelei, die vor lauter Ideologie den Blick auf die Lebenswirklichkeit verstellt. Wenn Kinder und Jugendliche in dieses Land geschleust werden, um hier Straftaten zu begehen, kann man dies nur wirksam bekämpfen, indem man die Möglichkeit verstellt, die Menschen so einzusetzen, wie es geplant ist: Der Bewegungsradius muss deshalb begrenzt werden. Sicher ist das ein harter Einschnitt und nur vertretbar, wenn die Einzelfallprüfung entsprechende Anhaltspunkte für die dargestellten Absichten ergibt. Kommen – wie momentan – Kinder aus Afrika oder dem Iran, die über das Mittelmeer vor Hunger und Hitze geflüchtet sind oder dem Terrorregime Ahmadinedschads entkommen wollen, sind diese Entscheidungen selbstverständlich anders zu treffen. Aber pauschal alle gleich zu behandeln und damit der Drogenmafia das Geldverdienen zu erleichtern, erscheint mir nicht ratsam. Es ist engmaschig zu kontrollieren, was mit den Kindern und Jugendlichen geschieht, wenn man schon nicht in der Lage ist, ihre Einreise zu verhindern, indem man sich damit beschäftigt, wer sie ins Land holt. Wenn aus einer libanesischen Maschine aus Beirut „unbegleitete Jugendliche" steigen, die keinen Pass mehr bei sich führen, muss es möglich sein, deren Identität umgehend zu klären, denn in Beirut werden die jungen Menschen vermutlich mit einem Pass die dortigen Kontrollen passieren. Wäre dies nicht der Fall, bedeutete dies, dass der Libanon die illegale Einreise unterstützt. Darüber wäre dann wohl auf diplomatischer Ebene zu reden. Es ist auch zu überlegen, ob die Möglichkeit, sich während des Fluges des

Passes zu entledigen, ausgeschaltet wird, indem die Flugbegleiter die Reiseunterlagen der Jugendlichen an sich nehmen und den deutschen Behörden aushändigen. Oder aber man setzt deutsche Beamte in die Flugzeuge, die bereits während des Fluges die Dokumente überprüfen.

Es gibt nur diese zwei Möglichkeiten: Entweder man nimmt all diese Kinder und Jugendlichen ohne Ansehen ihrer Herkunft und ihres mutmaßlichen Einreisegrundes auf. Dann ist der Staat aber auch verpflichtet, sie den „arabischen" Banden zu entziehen, denn ansonsten blüht die entsprechende Kriminalität und die eingeschleusten Menschen bleiben auf der Strecke. Oder man kontrolliert die Einreise konsequenter. Was gegenwärtig geschieht, ist, wie in so vielen Bereichen, blankes Wegsehen und Herumlavieren. Nur nebenbei sei angemerkt, dass die vietnamesische Zigarettenmafia mit den jugendlichen Straßenverkäufern unverzollter Zigaretten identisch verfährt.

Zwischenbilanz

Aus den bisherigen Ausführungen ergibt sich,

- dass sich die Jugendkriminalität im Laufe der Jahre verändert hat. Dennoch können viele Jugendliche und Heranwachsende nach wie vor vom Jugendgericht relativ milde behandelt werden, weil sie Straftaten begangen haben, die die Gesellschaft aushalten kann und muss.

- dass die Gewalttaten von größerer Brutalität und Häufigkeit gekennzeichnet sind, obwohl es wesentlich weniger junge Menschen gibt. Die Jugendgerichtsbarkeit steht hier am Ende einer Kette von Fehlentwicklungen, reagiert spät und manchmal nur als Reparaturbetrieb mit mäßigem Erfolg.

- dass die Schwierigkeiten der Täter innerhalb ihres Lebenslaufes meistens früh angelegt und auch erkennbar sind, hierauf jedoch nicht nachhaltig reagiert wird. Es ist offensichtlich, dass die mangelnde Bildung eine der Hauptursachen für die Entstehung von Jugendkriminalität darstellt und die Schuldistanz konsequent zu bekämpfen ist.

- dass die rechtsradikalen Jugendlichen (sowohl in Berlin als auch in Brandenburg) durch schnelle, konsequente und teilweise harte Strafen zu erreichen waren und sind. Das Problem hält sich sowohl statistisch als auch aus praktischer Sicht in Grenzen.

- dass sich am „linken Rand" der Gesellschaft in Großstädten wie Hamburg und Berlin ein hohes Aggressionspotenzial entwickelt, das meiner Einschätzung nach in den nächsten Jahren völlig entgleisen wird, wenn nicht bei den „Linken" genauso konsequent reagiert wird wie bei den „Rechten".

- dass im Bereich der zweiten und teilweise dritten Generation der Migranten aus der Türkei und dem Libanon zunehmend erhebliche Integrationsprobleme bestehen, die sich teilweise in kriminellem Verhalten niederschlagen.

Es ist daher zu klären, wie die Herausforderungen seitens der Jugendämter, der Schulen und der Polizei zu bewältigen sind, welche Analysen und Konzepte zur Lösung der Probleme von Kriminologen angeboten werden und welche Handlungsspielräume die Justiz hat. Darüber hinaus soll ein Blick in einige europäische Länder geworfen werden, um zu erfahren, wie dort mit der Jugendkriminalität umgegangen wird.

Die Situation der Schulen, der Jugendämter und der Polizei

Die Schulen in Risikobezirken – weshalb das System vor dem Kollaps steht

Vorausgeschickt sei, dass auch deutsche Kinder, besonders diejenigen aus problembelasteten Familien wie den anfangs erwähnten Lehmanns, häufig dem Unterricht fernbleiben, keinen Abschluss erlangen und sich auf ein Leben mit „Hartz IV" vorbereiten. Es sind erschreckend viele. Umgekehrt gibt es bei sämtlichen Migranten Eltern, die sich sehr für ihre Kinder einsetzen und sie selbstverständlich in die Schule schicken, an Elternabenden teilnehmen und allgemein mit den staatlichen Systemen kooperieren. Allerdings zeichnet sich in den überwiegend von Einwandererkindern besuchten Schulen ein besonders düsteres Bild ab, weshalb ich mich vornehmlich, jedoch nicht ausschließlich mit diesen befasse.

Deutschland ist als kinderarmes Land besonders auf Zuwanderer und ihre Kinder angewiesen. Jedes zweite Kind in Berlin hat einen Migrationshintergrund. Die deutschen Großstädte werden aufgrund der demografischen Entwicklung in wenigen Jahren mehrheitlich von den eingewanderten Menschen bevölkert sein. Diese Entwicklung wird vermutlich auch noch in diesem Jahrhundert in ganz Deutschland stattfinden. Es ist deshalb unabhängig von Kriminalitätsrisiken durch mangelnde Bildung unerlässlich, die nachwachsende Einwanderergeneration zu fördern. Sie wird in den nächsten zwanzig Jahren dringend in qualifizierten Berufen, vor allem in Kitas und Schulen, bei der Polizei, bei sämtlichen Ämtern und in der Justiz, benötigt.

Kinder und Jugendliche aus Einwandererfamilien sind gegenwärtig an Berliner Gymnasien mit 20 Prozent stark unter- und dementsprechend an Hauptschulen erheblich überrepräsentiert. In Neukölln stellen sie im Durchschnitt 74 Prozent der Hauptschüler. Es gibt Schulen, an denen sich kein deutsches Kind mehr findet. Damit einhergehend wirkt sich aus, dass 95 Prozent der Kinder „lehrmittelbefreit" sind, was nichts anderes bedeutet, als dass die Eltern sämtlich nicht berufstätig sind. Man hat für eine Grundschule in Neukölln errechnet, dass allein für die Familien, die ihre Kinder dort hinschicken, monatlich mehr als 400.000 Euro Transferleistungen aufgewendet werden müssen. Worum drehen sich in der Pause die Gespräche? Jedenfalls nicht darum, ob man dem Vater vielleicht beruflich nacheifern möchte – obwohl mir als Berufswunsch auch schon „Ich werde Hartz IV" angeboten wurde – oder ob man in eine völlig andere Richtung strebt. Die Kinder gehen zur Schule und wissen nicht, weshalb. Bei den deutschen Schülern, die aus Familien stammen, die zum Teil in der dritten Generation von Sozialleistungen leben, verhält es sich ebenso.

Nun sollte man denken, die Schüler erscheinen, weil es eben eine Schulpflicht gibt, weil Schule zum Heranwachsen gehört oder einfach weil die Kinder wissbegierig sind. Letzteres ist, wie mir die Leiterin der Grundschule in der Köllnischen Heide, Frau Astrid Busse, versicherte, auch der Fall. Sie beobachtet, dass die „Kleinen" sich in der Schule angenommen und wohl fühlen und es für sie nach eigenem Bekunden nichts Schlimmeres gibt als große Ferien. Zumindest dann, wenn nicht verreist wird, was vielfach der Fall ist. Dann ist Ödnis angesagt. Freizeitangebote werden in den Ferien staatlicherseits nicht in dem benötigten Umfang unterbreitet. Im Elternhaus ist die Beschäftigung mit den Kindern im Sinne von gemeinsamer sinnvoller Freizeitgestaltung oft unüblich.

Es läuft den ganzen Tag der Fernseher, die Jungen machen, was sie wollen, die Mädchen helfen im Haushalt oder treffen sich daheim mit Freundinnen, die, wie die Eltern mir bei Gesprächen häufig vermitteln, aus der eigenen Ethnie stammen. In die Mädchentreffs, von denen es in den Problembezirken einige gibt, dürfen die weiblichen Kinder und Jugendlichen teilweise nur noch höchst ausnahmsweise und unter starker Kontrolle seitens der Familien ausweichen.

Diejenigen Familien, die bei Ferienbeginn in die Türkei oder – sofern nicht staatenlos – in den Libanon fahren, reisen teilweise vor Ferienbeginn ab und kehren weit nach Beginn des neuen Schuljahres wieder zurück. Dann ist die Klasse im Stoff schon auf und davon. Der Frust setzt an mehreren Punkten gleichzeitig ein. Bei Murat kommt es zu Fehlzeiten, die nicht selten in dauerhaftes Fernbleiben vom Unterricht münden, wenn er bemerkt, wie viel er bereits versäumt hat. „Schuldistanz" heißt das jetzt, das Wort „Schwänzen" ist nicht mehr so gebräuchlich. 20 Prozent der Hauptschüler in Neukölln und immerhin 100 Grundschüler sind von dauerhafter Schulabstinenz betroffen. Das zeitweilige Fernbleiben vom Unterricht ist noch deutlich verbreiteter. Bei den übrigen Kindern kommt Langeweile auf, wenn sich die Lehrerin verzweifelt bemüht, die Nachzügler wieder an das erreichte Niveau der Klasse heranzuführen. Ein echtes Programm für diese Situation gibt es nicht, denn die unerlaubte Verlängerung der großen Ferien wurde in manchen Bezirken geduldet, ohne dass hieraus etwas Greifbares folgte. Lange Zeit ging man darüber hinweg, was das Problem der auseinanderklaffenden Wissensstände vergrößerte. Außerdem ist es ein offenes Geheimnis, dass manch ein überforderter Lehrer nicht unglücklich ist, wenn ein sehr kompliziertes Kind, das den Unterricht stört, weil es sowieso nicht folgen kann, erst gar nicht erscheint. Selbstverständlich sollte dies nicht so sein –

aber haben die Lehrer wirklich die volle Unterstützung ihrer Verwaltung bei der Bewältigung der Probleme? Nicht nur die Neuköllner Rütli-Schule hatte irgendwann kapituliert. Der Bildungsauftrag könne nicht mehr erfüllt werden, ließ die Schule verlauten. Hier wurde zwar viel Geld investiert, was aber insgesamt keine nachhaltige Problemlösung nach sich zog. Etwas „Rütli" findet man in nahezu jeder Schule vor.

Anfang des Jahres 2009 haben 68 Schulen in Berlin-Mitte sich mit einem ähnlichen „Brandbrief" an den Schulsenator gewandt. Dabei haben die Direktoren den Mut aufgebracht, auch die Schwierigkeiten im Umgang mit den migrantischen Kindern und Elternhäusern anzusprechen. Es folgte nach meinem Kenntnisstand ein Gespräch mit der Integrationsbeauftragten Maria Böhmer sowie mit der Schulverwaltung. Sicherlich werden mit Mitteln aus dem Konjunkturpaket das äußere Erscheinungsbild der Schulen verbessert, die Sanitäranlagen in Ordnung gebracht und die Dichte des sozialen Angebotes erhöht. Damit allein ist jedoch nicht auszukommen.

Mir schildern Lehrerinnen und Lehrer, dass die Kinder ohne Frühstück in die Schule kommen, keine Pausenbrote dabei haben, dürftig und für mitteleuropäische Verhältnisse meist zu dünn bekleidet erscheinen. Sie haben keine Bücher, Hefte und Stifte dabei, manche kommen bereits zur Einschulung ohne Begleitung. Die Grundschüler sind auch motorisch zurückgeblieben. Sie können teilweise nicht auf einem Bein stehen oder rückwärts laufen, sich nicht allein die Schnürsenkel binden oder mit einer Schere umgehen. Trotz dringenden Gesprächsbedarfs besuchen manche Eltern die Elternabende nicht, auch Einzelgespräche werden häufig verweigert.

Auf einer Gesamtkonferenz mit den Lehrkräften einer Schule war einmal vom Zusammenhang zwischen Schulversäumnis und Kriminalität die Rede und von der Notwendigkeit diesbezüglicher Aufklärungsarbeit. Als ich mich erbot, an

Elternversammlungen teilzunehmen, um Präventivarbeit zu leisten, meinte der Direktor dazu nur: „Frau Heisig, wir können uns dann ja in einer Telefonzelle treffen, da sind wir dann wenigstens zu zweit."

Mir wird immer wieder berichtet, viele Eltern seien es aus ihren Herkunftsländern gewohnt, dass man die Kinder mit dem Beginn der Schulzeit in die staatliche Obhut gibt und dass dort dann nicht nur gelernt wird, sondern zugleich auch die Erziehung stattfindet. Ich sehe aber nicht ein, dass wir an dieser Stelle des Problems verharren. Es ist den Eltern, die im Hinblick auf ihre sonstigen Angelegenheiten (wie die Sicherung des Aufenthaltes und des Bezuges staatlicher Leistungen) durchaus in der Lage sind, sich auf bei uns geltende Gesetze einzustellen, zu vermitteln, wie die schulischen Belange ihrer Kinder zu handhaben sind. Angesichts ihrer religionsbedingten Distanz zu Alkohol und Drogen sollte man annehmen, dass sie eher für verbindliche Absprachen zu gewinnen sind als so manche deutsche Eltern, bei denen der Alkohol- und Drogenkonsum ein fast unüberwindliches Problem darstellt.

Die dargestellten Nachlässigkeiten in der Förderung der Kinder werden sich fortsetzen, wenn den hartleibigen Eltern nach Ausschöpfung aller sozialen Angebote, die nach meinen Beobachtungen durchaus vorhanden sind, nicht deutlich gemacht wird, dass aus ihrer partiellen Verweigerungshaltung auch Konsequenzen erwachsen.

Aus meiner Sicht ist zum Wohle der nachwachsenden Generation ein besonderes Augenmerk auf die Durchsetzung der Schulpflicht zu richten. Hier ist zum einen die Schule selbst gefragt. Jedem Schulversäumnis ist nachzugehen. Man kann die Eltern anrufen, einen Brief schreiben, einen Hausbesuch machen, um überhaupt in Kontakt mit den Erziehungsberechtigten zu kommen. In der Praxis zeigen sich an dieser Stelle bereits erhebliche Schwierigkeiten. Ich habe mit einem Kollegen die Neuköllner Hauptschulen besucht, da wir Wert darauf legen, mit den Lehrkräften und nicht nur mit der Schulleitung zu reden. Die, die im Klassenraum stehen, kennen ihre Schüler am besten und wissen Problemlagen einzuschätzen. Uns wird berichtet, dass Anrufe bei den Eltern häufig entweder gar nicht entgegengenommen werden oder dass eine Sprachbarriere besteht. Über die kommt man am Telefon besonders schlecht hinweg. Briefe hingegen werden von den Schulen oft geschrieben – für meine Begriffe zu oft, denn es stellt sich immer wieder heraus, dass die Post von den Kindern abgefangen wird und die Eltern gar nicht erst erreicht. Oder aber die Sprösslinge händigen den Brief aus, wohl wissend, dass ihre Übersetzungsdienste in Anspruch genommen werden müssen. Dann wird aus dem Mahnschreiben bezüglich der Fehltage: „Hier steht, ich bin ein guter Schüler und werde sicher in die nächste Klasse versetzt."

Manche Lehrkräfte schaffen es trotz der vielfältigen Probleme innerhalb der Klasse – denn es gibt ja nicht nur ein Kind, das nicht zur Schule kommt –, einen Hausbesuch zu machen. Auch hier erweist es sich nach Auskunft der Pädagogen oftmals als schwierig, Einlass zu bekommen, selbst wenn man sich vorher angekündigt hat. Findet der Lehrer Gehör, ist die Sprachbarriere mit ihren bereits dargestellten Tücken der lächelnd, jedoch unzutreffend übersetzenden Kinder das Haupthindernis. Und auch dann, wenn die Eltern alles verstanden und sogar Tee und Gebäck serviert haben, heißt das noch längst nicht, dass Achmed am nächsten Tag in der Schule ankommt. Manchmal interessieren sich die Eltern schlicht nicht dafür, ob das Kind zur Schule geht. Ein anderes Mal schicken sie den Kleinen los, er kommt jedoch nicht an. Oder er verlässt den Unterricht alsbald wieder.

Zwar enden nicht alle Jugendlichen, die nicht oder nur selten zur Schule gehen, als Straftäter. Umgekehrt ist aber durchaus ein Zusammenhang zu erkennen: Nahezu alle Mehrfachtäter sind Schulverweigerer. Deshalb gilt die Schule als eine entscheidende Stellschraube, einen Lebenslauf positiv zu beeinflussen.

In Berlin wird im Anschluss an unentschuldigtes Fehlen von mehr als zehn Tagen eine Schulversäumnisanzeige gefertigt. Diese richtet sich an das regional zuständige Schulamt. Zeitgleich sollte der sozialpädagogische Dienst des Jugendamtes eingeschaltet werden. Dieser wiederholt meist die bereits seitens der Schule vergeblich durchgeführten Versuche der Kontaktaufnahme, während das Schulamt ein Bußgeldverfahren gegen die Eltern einleiten kann. Wenn das Kind nach wie vor nicht in die Schule geht, kann eine zwangsweise Zuführung mithilfe der Polizei erfolgen. Hieran mag der unbefangene Leser einige Hoffnung knüpfen, jedoch ist diese meist zu enttäuschen. Die Berliner Polizei ist aufgrund ihrer personellen Ausstattung lediglich in der Lage, pro Kind maximal eine Schulzuführung im Schuljahr durchzusetzen – und selbst das ist lediglich der Optimalfall. Hinzu kommt, dass der Schulpflichtige lediglich von der Polizei zur Schule gebracht wird. Wenn er nach der ersten großen Pause wieder verschwindet, ist das „Fahrzeug mit neutralem Farbanstrich", mit welchem die Zuführung unauffällig erfolgen soll, längst wieder weg. Alles geht dann oft den gewohnten Gang, heißt: Das Kind schwänzt weiter.

Das Berliner Schulgesetz sieht Bußgelder bis zu 2500 Euro vor, wenn Eltern ihre schulpflichtigen Kinder nicht zur Schule schicken. Ein Kollege und ich haben uns gefragt, wie dieses Gesetz in Berlin eigentlich umgesetzt wird. Zu unserer Überraschung stellten wir fest: in manchen Bezirken gar nicht. Neukölln führte zwar Bußgeldverfahren durch, jedoch versandeten diese bei den zumeist betroffenen ALG-2-Emp-fängern, weil sich die Ansicht verbreitet hatte, dass bei „Hartz IV" nichts zu holen sei, weshalb die Bußgelder zwar verhängt, aber nicht vollstreckt wurden. Infolgedessen haben wir mit dem Schulamt gemeinsam eine andere Handhabung entwickelt und vereinbart, dass ALG-2-Empfängern ein Bußgeld in Höhe von 150 bis 200 Euro zugemutet werden kann. Wenn die Betroffenen bei Rot über die Ampel fahren, schützt sie „Hartz IV" auch nicht vor dem Bußgeld. Werden die Bußgel-der nicht bezahlt, kann das Gericht Erzwingungshaft bis zu sechs Wochen verhängen. Es ist den Jugendrichtern in Berlin gelungen, die Zuständigkeit für diese Verfahren an sich zu ziehen, denn der sachliche Zusammenhang zu unseren späte-ren jugendlichen Straftätern und der bei Ihnen häufigen Schulverweigerung ist zu offensichtlich. So lernt man die pro-blematischen Familien bereits früher kennen als sonst und kann möglicherweise das Familiengericht einschalten, wenn sehr renitente Eltern überhaupt nicht mitarbeiten. Ich drohe im Falle der Nichtzahlung des Bußgeldes üblicherweise eine Woche Haft an. Meist wird das Geld dann bezahlt.

Manch überzeugter Sozialarbeiter kritisiert diesen Ansatz mit dem Argument, man bringe die Kinder durch die Sankti-onen gegen die Eltern nicht zum Lernen, im Gegenteil werde die Familie durch die finanzielle Bestrafung noch zusätzlich geschwächt. Besonders dann, wenn die Eltern auch noch in-haftiert werden, entstehe mehr Schaden als Nutzen. Ich halte dem entgegen, dass es erlaubt sein muss, geltendes Recht auch anzuwenden. Es ist vom Gesetzgeber sicherlich bedacht wor-den, dass überwiegend sozial schlechtergestellte Elternhäuser von dem Gesetz getroffen werden. Dennoch ist die Vorschrift geschaffen worden. Dann ist sie auch durchzusetzen, denn sonst kommt der Staat als zahnloser Tiger daher. Nur wenn wir den Eltern nach fehlgeschlagener oder vergeblicher Sozialarbeit klarmachen, dass eine derartige Verweigerungshaltung auch repressive Konsequenzen nach sich zieht, ist die Rechtsordnung stimmig und hat die Chance, auch als für alle verbindlich begriffen zu werden. Die Eltern nehmen so zur Kenntnis, dass die Schulpflicht ernst zu nehmen ist und nicht ein bloßes Angebot darstellt, sondern dass die sie aufnehmende Gesellschaft Wert darauf legt, dass ihre Kinder gebildet werden.

Wir arbeiten seit Anfang 2008 in ganz Berlin in dieser Struktur. Eine Evaluation ist bisher nicht durchgeführt worden. Aber natürlich wäre zu überprüfen, ob die Kinder nach der Durchführung eines Bußgeldverfahrens häufiger in die Schule geschickt werden. Sicher ist dieser Ansatzpunkt nur ein Bestandteil eines Gesamtkonzeptes, das benötigt wird, um erfolgreiche, mündige Bürger aus der Schule zu entlassen. Hilfreich fände ich zum Beispiel, wenn ich auf die in der ersten Jahreshälfte 2009 beschlossene und zugleich politisch hoch umstrittene Schülerdatei zurückgreifen könnte, um nach dem durchgeführten Bußgeldverfahren zu prüfen, ob das Kind denn nun zur Schule geht. Kann ich aber nicht. Denn zum einen existiert die Datei noch gar nicht. Bislang ist auf der Ebene der Umsetzung des Gesetzes noch nichts Erkennbares geschehen. Es soll irgendwann eine Pilotphase geben – was immer das heißen mag. Zum anderen ist gesetzlich gar nicht vorgesehen, dass der Jugendrichter Zugang zu den Daten erhält. Also erwarten mich wieder umständliche Nachfragen bei anderen Verfahrensbeteiligten. Im Zweifel kann mir die JGH weiterhelfen. Ich frage mich: Was soll das? Warum kann eine derartig fundamentale Information nicht von einem Richter abgefragt werden, wenn er beispielsweise ein Strafverfahren gegen den Jugendlichen bearbeitet, von dem er durch das Bußgeldverfahren gegen seine Eltern weiß, dass schulische Probleme bestehen?

Ein gravierendes Problem im Bereich des Schulbesuchs ist der Zeitfaktor. Aus den Schulversäumnisanzeigen, die ich durch die Bearbeitung der Bußgeldverfahren gegen die Eltern zu sehen bekomme, ergibt sich sehr häufig ein derartig großer Zeitverlust, bis überhaupt auf die Nichtteilnahme am Unterricht reagiert wird, dass das jeweilige Halbjahr als verloren angesehen werden kann. Beispielhaft sei ein Vorgang erwähnt, der mich in der zweiten Jahreshälfte 2009 erreichte und bei dem die Versäumnisanzeige der Schule Anfang Februar 2008 gefertigt wurde. Der Schüler fehlte seit Anfang Dezember 2007. Die Lehrerin meinte, es fehle an häuslicher Unterstützung, wusste aber nicht, ob die Schuldistanz schon länger bestand, da ihr der Schülerbogen nicht zugänglich war. Telefonanrufe seien versucht worden, jedoch meldeten sich unter der angegebenen Nummer keine Angehörigen. Ein Hausbesuch sei von einem Mitarbeiter des Schulprojektes „2. Chance" durchgeführt worden. Dann wurde ein Jugendamtsmitarbeiter eingeschaltet. Der Sozialarbeiter der „2. Chance" kooperiere weiter mit dem Schüler, informiere den zuständigen Jugendamtsmitarbeiter und habe darüber hinaus einen an der Schule tätigen Schulsozialarbeiter dem Jugendamtsmitarbeiter und der Familie vorgestellt. Der gute Wille aller Beteiligten sei hier nicht in Zweifel gezogen, aber es lässt sich denken, dass alle diese Schritte wertvolle Zeit gekostet haben. Außerdem tritt bei Befassung mehrerer Personen mit ein und derselben Problemlage leicht der Effekt von „Einer wird wohl schon was gemacht haben" ein. Meine Nachforschungen haben jedenfalls ergeben, dass der Junge inzwischen nicht mehr der Schulpflicht unterliegt und mit einem Abgangszeugnis „ausgeschult" wurde. Es folgen sicher berufsvorbereitende Maßnahmen. Das Bußgeldverfahren geht auf diese Weise auch ins Leere. Wie gesagt, das Verfahren wurde mir erst in der zweiten Jahreshälfte 2009 vorgelegt.

Ein weiteres Beispiel: Ein Kind in der zweiten Klasse ist in den Sommerferien mit der Familie in die Türkei gereist und kehrt zu Beginn des neuen Schuljahres nicht an seine Schule zurück. Die Lehrerin schreibt einen Brief an die Eltern. Es antwortet die große Schwester, das Kind sei in der Türkei an einer schweren Bronchitis erkrankt und gegenwärtig nicht transportfähig. Ein ärztliches Attest werde vorgelegt, sobald die Familie zurückgekehrt sei. Das Kind erscheint weiterhin nicht. Es folgt ein zweiter Brief per Einschreiben mit einer Terminfestsetzung für ein Gespräch in der Schule. Die große Schwester behauptet, das Attest sei nunmehr unterwegs, das Kind hingegen weiter krank. Nach etwa einem Monat erscheint die Schülerin zwar. Die Direktorin beharrt jedoch auf dem Attest. Die besagte Schwester, die offenbar die behördlichen Dinge regelt, meint, sie habe nun zwar das Attest, müsse es aber zunächst übersetzen lassen. Der Hinweis, Letzteres sei nicht notwendig, wird ignoriert. Jetzt ruft die Schule an. Die kindliche „Familienmanagerin" schreckt nicht davor zurück, nun anzugeben, die Dolmetscherin habe das Attest beim Umzug verloren und man sei dabei, ein neues aus der Türkei anzufordern. Zu einem späteren Zeitpunkt erscheint eine weitere Schwester in der Schule und behauptet, der türkische Arzt weigere sich, ein zweites Attest auszustellen. Ein Bußgeldverfahren wird zwar betrieben, jedoch lässt sich bei derartigen Strukturen denken, dass es nicht hilfreich sein wird. Die Familie wird weiter Ausreden benutzen und niemals mit der Schule kooperieren – alles auf Kosten des Kindes.

In einem weiteren Fall hatte ich es mit einer deutschen Mutter von vier Töchtern zu tun. In diesem Bußgeldverfahren ging es um das jüngste Mädchen. Alle Kinder hatten dieselbe Hauptschule besucht, und keines hatte bisher seine Schulpflicht erfüllt. Die Mutter behauptete gegenüber dem

Jugendamt, die Tochter sei der Schule verwiesen worden und sie sei damit befasst, eine neue Schule zu suchen. Es verging Zeit, bis nachgefragt wurde. Dann stellte sich heraus, dass die Geschichte mit dem Verweis nicht stimmte. Die Schule hatte durch Briefe und Hausbesuche versucht, Kontakt zur Mutter aufzunehmen. Gegenüber den Lehrern wurde dann behauptet, das Jugendamt sei eingeschaltet, man komme gegenwärtig einfach nicht an das Kind heran. So warteten Jugendamt und Schule guten Gewissens aufeinander, bis das Schuljahr vorbei war. Das jüngste Mädchen hat das gesamte Schuljahr 2008/2009 mit Billigung seiner Mutter versäumt. Es hat nun keinerlei Chance auf einen Schulabschluss. Inzwischen ist die Tochter 16 Jahre alt. Aller Voraussicht nach bekommt sie bald das erste eigene Kind und das Trauerspiel beginnt von vorn. Ihre eigene Mutter zeigte sich hingegen verwundert, dass beim vierten Kind nun ein Gerichtsverfahren stattfinden müsse. Es sei ja vorher auch immer ohne Behelligung durch die Justiz abgegangen.

Beispiele wie diese zeigen, dass die Verhängung von Bußgeldern gegen die Eltern meist deutlich zu spät kommt, um bei diesen eine Verhaltensänderung zu erreichen, die für die Kinder während der Schulzeit noch hilfreich ist.

Insgesamt gehen die wohlgemeinten Hilfsangebote der Ämter und Schulen, zugewandtes Abwarten und manchmal auch eine schlichte Überforderung der Mitarbeiter letztlich zulasten des Schülers, denn er erhält die Gelegenheit, sich durch hinhaltende Gespräche aus der Affäre zu ziehen. Gleiches gilt für die Eltern. Hier wäre also eine Straffung und Vereinfachung der Abläufe in standardisierter Form dringend notwendig, um Verbindlichkeit und Wirksamkeit zu erreichen.

Vorschläge zur Bekämpfung der „Schuldistanz"

Das Jugendamt und die Schule müssen strukturell und konzipiert zusammenarbeiten. Es sollte meiner Meinung nach jeder Schule ein Jugendamtsmitarbeiter zugeordnet werden, der dort auch ein Büro hat und in regelmäßigen Abständen in der Schule erscheint, um mit den Lehrkräften die Problemfälle zu erörtern. Daran anschließend hat ein Abgleich mit den beim Jugendamt vorliegenden Erkenntnissen zu erfolgen. Kommen zur Schuldistanz noch weitere Risikofaktoren hinzu, ist umgehend eine Familienhilfe zu installieren. Kooperieren die Eltern nicht, darf auf § 1666 BGB hingewiesen werden. Die Vorschrift bestimmt bei Gefährdung des körperlichen, seelischen oder geistigen Wohls des Kindes und gleichzeitig nicht vorhandenem Elternwillen, die Gefahr abzuwenden, dass das Familiengericht, das dann umgehend mit dem Fall befasst werden sollte, die notwendigen Maßnahmen zu treffen hat, um der Gefährdung des Kindeswohls entgegenzuwirken. Hierzu gehört die Verpflichtung der Eltern, Hilfen anzunehmen, und das Gebot, für die Einhaltung der Schulpflicht zu sorgen. Den Eltern kann vom Gericht aufgegeben werden, sozialpädagogische Einzelbetreuung in Anspruch zu nehmen oder das Kind in eine Tagespflege zu geben, wenn die Betreuung nicht angenommen wird, und schließlich kann das Personensorgerecht für das Kind teilweise auf das Jugendamt oder einen Pfleger übertragen werden. Sozusagen als letzte Eskalationsstufe kann es auch zu einer Entziehung des Aufenthaltsbestimmungs- oder des gesamten Sorgerechts kommen. Von letzterem Mittel ist sicherlich nur im äußersten Fall Gebrauch zu machen. Dennoch sind alle Maßnahmen angemessene Mittel, den Eltern zu verdeutlichen, dass sie sich am Fortkommen des Kindes zu beteiligen haben und es neben dem grundgesetzlich durch

Art. 6 GG geschützten Elternrecht auch Elternpflichten gibt. Ebenfalls aus Art. 6 GG folgt schließlich das staatliche „Wächteramt". Der Staat hat die Kinder notfalls vor ihren Lebensbedingungen zu schützen.

Ich spreche mich immer wieder und auch hier für die Einführung geschlossener Unterbringungsmöglichkeiten für absolute Härtefälle aus, bei denen nichts mehr hilft – man denke an die Kinder der „arabischen" Großfamilien. Ansonsten wachsen die Kinder weiterhin in einem katastrophalen Umfeld auf, dem sie niemals entrinnen können. Natürlich meine ich nicht die Heimerziehung im Stile der fünfziger und sechziger Jahre, bei der es überwiegend um Verwahrung ging. Die Überlegungen sollten sich darauf richten, internatsähnliche Betriebe aufzubauen, die eine gesunde Mischung aus Lernen mit praktischem Bezug und Freizeitgestaltung bieten. Nahezu jedes Kind hat Talente. Wenn man sich die Mühe macht, diese zu finden und zu fördern, wird man Erfolge erzielen. Ohne Grenzsetzung und geregelten Tagesablauf überlassen wir Kinder aus schlimmsten Verhältnissen dagegen ihrem zwangsläufigen Schicksal. Berlin hat seit Herbst 2009 das erste sogenannte Schulschwänzerinternat „Leben und Lernen". Es bietet gegenwärtig 16 Schülerinnen und Schülern, bei denen noch nicht Hopfen und Malz verloren sind, die Möglichkeit, die gesamte Woche über in der Einrichtung zu bleiben und das Wochenende zu Hause zu verbringen. Das Angebot kann auf 48 Plätze gesteigert werden. Das Internat ist keine geschlossene Einrichtung und deshalb für Härtefälle nicht geeignet. Es richtet sich an gefährdete Familien, bei denen aber kein „Drehtüreffekt" zu erwarten ist. Damit ist gemeint, dass die Kinder die Einrichtung durch die Vordertür betreten und durch die Hintertür gleich wieder verschwinden. Man vermeidet mit dieser Vorgehensweise sicher in vielen Fällen das unsägliche Herumreichen gefährdeter Schüler von einer Einrichtung in die nächste.

Die Zurückhaltung einiger Schulen und Jugendämter gegenüber einer Zusammenarbeit mit der Polizei ist unzeitgemäß. Hier sind, zumindest in zugespitzten Lagen, gegenseitige Informationsflüsse unabdinglich. Ein Kind, das mehrfach bei der Polizei aufgefallen ist, hat mit großer Wahrscheinlichkeit auch schulische Probleme, die oft auch in strafbaren Handlungen innerhalb der Schule zum Ausdruck kommen. Diese müssen meiner Meinung nach alle angezeigt werden. Lehrerinnen und Lehrer verschiedener Berliner Schulen teilen mir zunehmend mit, dass sie bislang häufig versucht haben, selbst Gewaltvorfälle mit den eigenen pädagogischen Mitteln zu lösen, hier aber inzwischen an ihre Grenzen stoßen. Die Polizeibeamten wissen darüber hinaus manchmal, wer mit wem welche Taten begeht und ob sich bereits Bandenstrukturen entwickeln. Dies ist sowohl für die Vorgehensweise des Jugendamtes als auch für die der Schule von Belang. Vielleicht lebt das Kind in einer Familie, in der die Eltern und Geschwister bereits straffällig geworden sind. In derartigen Situationen muss staatlicherseits schneller und konsequenter reagiert werden als in einer nur vorübergehenden Notlage.

Datenschutzrechtliche Bedenken gegen eine Kooperation zwischen den Schulen und der Polizei auch über den Einzelfall hinaus liegen meiner Ansicht nach nicht vor. Und selbst wenn sie vorlägen, wären sie zum Wohle der Kinder zu beseitigen: „Kinderschutz vor Datenschutz" muss auch in diesem Zusammenhang die Devise lauten. Denn der Kinderschutz kann längst nicht mehr darauf reduziert werden, nur in Fällen schlimmster Verwahrlosung in Aktion zu treten. Zunehmend müssen die Kinder vor ihren allgemeinen Lebensbedingungen innerhalb der Familien geschützt werden.

Schließlich liegt es nicht zuletzt bei den Familien, durch rechtzeitige und nachhaltige Kooperation staatlicher Reaktion zu entgehen. Wenn sie dem nicht Folge leisten, hat das

Kindeswohl Vorrang. Erfolg versprechende Hilfe für den Schüler ist durch langwierige Verwaltungsvorgänge unter Beteiligung vieler Personen und Institutionen nicht in kurzer Zeit zu gewährleisten. Kindheit und Schule finden aber immer „jetzt" statt. Schule bedeutet Bildung und Bildung heißt Zugang zu gesellschaftlicher Teilhabe.

Verbesserung des schulischen Angebots

Es darf vom Staat erwartet werden, dass er sein schulisches Angebot der verschlechterten Ausgangslage, die er durch jahrzehntelanges Zögern und Zaudern zumindest mitverursacht hat, anpasst. Dazu zählt, dass die Hauptschulen als reines Auffangbecken für die „Bildungsverlierer" abgeschafft werden müssen. Begrüßenswert erscheint in diesem Zusammenhang grundsätzlich die Einführung der sogenannten Sekundarschulen in Berlin, auch wenn ich gegenwärtig noch nicht so recht durchschaue, wie das Konzept umgesetzt werden soll. Danach gibt es bei den weiterführenden Schulen nur noch zwei Typen, nämlich die integrierte Sekundarschule und die Gymnasien – immerhin werden diese nicht abgeschafft, was ebenfalls diskutiert wurde. Die Sekundarschule fasst Haupt-, Real- und Gesamtschulen zusammen und ist im Grunde eine Ganztagsschule, was ich sehr begrüße. Nach zehn Schuljahren wird der mittlere Schulabschluss erreicht, der Schüler kann auf der Sekundarschule aber auch das Abitur ablegen. Die Grundschule ist aufgefordert, für jeden Schüler eine Förderprognose zu erstellen und mit den Eltern ein verbindliches Beratungsgespräch für den Übergang auf die weiterführende Schule zu führen. Die Eltern sollen dann zwar das Recht haben, die gewünschte Schulart und die entsprechende Schule zu wählen, haben jedoch naturgemäß keinen Anspruch auf die bevorzugte Einrichtung. Da schwant einem sogleich das drohende Chaos. Der „Ruf" einer Schule ist für Eltern oft das entscheidende

Kriterium. Sowohl bei bestimmten Sekundarschulen als auch und vor allem auf bestimmte Gymnasien wird es zu entsprechenden „Runs" kommen, während andere, vornehmlich diejenigen in „Problemvierteln", zu kämpfen haben werden. Wie erfolgt dann die Verteilung der Schülerinnen und Schüler? 60 Prozent sucht die Schulleitung selbst aus. Mindestens 30 Prozent werden zugelost. 10 Prozent bleiben Härtefällen vorbehalten. Das Losverfahren ist mir bislang unklar. Ist ein reines Losverfahren ohne Berücksichtigung von Wohnort und Förderprognose gemeint? Nehmen wir an, Mandy aus Marzahn im Ostteil Berlins wird einem Gymnasium in Spandau ganz weit im Westen der Stadt zugelost. Dann fährt sie morgens eine Stunde quer durch die Stadt. Auf der höheren Schule muss sie ein Probejahr bestehen. Schafft sie das nicht, folgt ein Wechsel auf eine Sekundarschule. Schafft sie es, ist später ein Wechsel nicht mehr vorgesehen. Das erscheint mir für die praktische Umsetzung nicht gerade einfach zu sein. Selbst im Ganztagsbetrieb ist eine große räumliche Entfernung zwischen dem sonstigen sozialen Nahfeld und der Schule nicht unproblematisch. Ob die Eltern zum Besuch eines Elternabends den Weg nach Spandau auf sich nehmen? Ob Mandy Freundschaften pflegen kann? Ich selbst wäre jedenfalls ohne meine Schulkameraden in der Nähe meines Elternhauses bei der Erledigung der Hausaufgaben für so unverständliche Fächer wie Mathematik verloren gewesen. Vielleicht ist das aber auch überflüssig, wenn der relevante Unterrichtsstoff in der Schule umfänglich bearbeitet werden kann. Richtig gut finde ich in jedem Fall, dass Lernen und Praxis in der Sekundarschule miteinander verknüpft werden sollen. Daran fehlt es bei den Jugendlichen in Neukölln im Regelschulbetrieb. Viele haben einen Zugang zu praktischer Tätigkeit und die Theorie fällt ihnen leichter, wenn sie ein Gefühl dafür entwickeln, wozu das Erlernte gut ist. Auch die verbindliche Kooperation zwischen Jugendämtern und Schulen ist begrüßenswert. Gleiches gilt für die Zusammenarbeit zwischen Kindertagesstätten und Grundschule sowie Grundschule und Sekundarschule. Allerdings frage ich mich beklommen, weshalb diese nicht schon längst existiert. Eine konzeptionelle Gestaltung des Übergangs von der Kita zur Grundschule findet nach meinem Erkenntnisstand nicht statt.

Insgesamt handelt es sich um ein ehrgeiziges Unternehmen, das zum 1. August 2010 „ans Netz gehen soll". Ein Jahr später ist wohl realistischer. Schließlich müssen sich mehrere bisher selbstständige Schulen zusammenfinden. Was für eine logistische Herausforderung! Der Versuch, durch die Zweigliedrigkeit des Systems eine Chancenangleichung der Schwächeren nach oben zu ermöglichen, ist erkennbar. Desgleichen soll eine Durchmischung von Kindern aus unterschiedlichen räumlichen und sozialen Strukturen auf den Weg gebracht werden. Meine hoffentlich unbegründete Befürchtung ist, dass die Eltern der bisherigen Real- und Gesamtschüler aus Angst, das Niveau der zusammengelegten Schulen könnte sich verschlechtern, alles versuchen werden, um ihre Kinder auf Gymnasien oder Privatschulen unterzubringen. Dies hätte dann tatsächlich eine Herabsetzung des Sekundarschulniveaus zur Folge.

Ganztagskindergärten sollten meiner Meinung nach dem Ganztagsschulbesuch vorgelagert sein. Gerade die Kinder aus Migrantenfamilien starten oft ohne Kindertagesstättenerfahrung mit einem entsprechenden Nachteil bereits in die Grundschule. Zu Hause wird Türkisch oder Arabisch gesprochen. Ein deutsches Kind kommt im Schnitt mit einer Vorlesezeit seitens der Eltern und Großeltern von 3000 Stunden in die Grundschule – was allerdings für die deutsche Unterschicht zumeist nicht zutrifft. In zugewanderten Familien wird so gut wie gar nicht vorgelesen, und wenn, dann sicher nicht in deutscher Sprache. Wenn aber bereits sprachlich gravierende Unterschiede auch für die Kinder selbst erkennbar sind, erleben wir es in der Praxis häufig, dass die gegenseitigen Ressentiments bereits in den ersten Schuljahren beginnen. In dieser Phase entwickeln sich dann auch alsbald die ersten Frustrationen mit den entsprechenden Folgereaktionen.

So ist mir ein Fall bekannt, in dem ein elfjähriges Kind gegenüber seiner Lehrerin äußerte, sie habe ihm gar nichts zu sagen. Sie – die Lehrerin – sei Deutsche. Und Deutsche seien Freunde der Juden, und die seien Feinde der Araber, und deshalb befolge es die Anweisungen der Lehrerin nicht. Intervenierende Maßnahmen der Schule und des Jugendamtes fruchteten bereits zu diesem frühen Zeitpunkt nicht mehr. Vielleicht wäre diese Entwicklung zu verhindern gewesen, wenn das Kind spätestens ab dem dritten Lebensjahr selbst die Erfahrung gemacht hätte, dass man mit allen Kindern spielen und später auch lernen kann. Je jünger die Menschen sind, wenn sie sich begegnen und eine gemeinsame Zeit sinnvoll verbringen, umso nachhaltiger kann den oben zitierten Ansichten entgegengewirkt werden. Hiervon sind wir gegenwärtig meilenweit entfernt. Im Gegenteil höre ich von Direktoren von Neuköllner Schulen immer wieder und mit zunehmender Ratlosigkeit, dass die wenigen deutschen Kinder, die diese Schulen noch besuchen, unter starken Druck gesetzt werden und sich mit rassistischen Äußerungen demütigen lassen müssen. So heißt es unter den Schülern, Deutsche seien schwul, man brauche die Deutschen nicht, die Araber und Türken seien sowieso bald in der Mehrheit, und dann werde ohnehin alles anders. Hier sind bereits Abstumpfungsprozesse im Gange, die nicht hingenommen werden sollten. Das umgekehrte Phänomen der rassistischen Äußerungen gegenüber Migrantenkindern darf dabei nicht in den Hintergrund treten. Als ich hörte, dass im Westteil Berlins eine Lehrerin zu drei türkischstämmigen männlichen Schülern gesagt haben soll: „Ich kann mir eure Namen nicht merken, also seid ihr Ali 1 bis 3", verschlug es mir ebenfalls den Atem. Da kann man dann allerdings nur den „Leerkörper" zur Rechenschaft ziehen. Und umso wichtiger ist die Aufgabe, generell und massiv dem Rassismus entgegenzuwirken.

Ich halte es für unabdingbar, verbindliche Sprachtests für alle Kleinkinder einzuführen und den Kita-Besuch im Falle offensichtlicher Sprachdefizite zur Pflicht zu machen. Das müsste so umgesetzt werden, dass erst ein Sprachtest durchzuführen ist und gegebenenfalls umgehend Sprachförderung angeboten und dafür ein geeigneter Platz in einer Kita gefunden wird, in der schwerpunktmäßig die weitere Sprachförderung verfolgt wird. Allerdings muss auch hier repressiv agiert werden, wenn die Angebote nicht genutzt werden. Denkbar wäre, Eilentscheidungen des Familiengerichts herbeizuführen oder – derzeit gesetzlich noch nicht vorgesehene – Bußgelder zu verhängen, die allerdings wegen der schon erwähnten zeitlichen Verzögerung nicht unbedingt Erfolg versprechend sind.

Die Ausweitung der Schulstationen auf sämtliche Risikoschulen sollte erfolgen, um stets umgehend auf Konfliktlagen pädagogisch reagieren zu können. Der Bezirksbürgermeister Neuköllns, Heinz Buschkowsky, hat trotz der angespannten Haushaltslage, die eigentlich keinerlei Spielräume zulässt, für jährlich 1,2 Mio. Euro 16 Neuköllner Grundschulen mit Schulstationen ausgestattet, ohne dass andere Bereiche Kürzungen hinnehmen mussten. In einer Schulstation findet durch ausgebildete Sozialarbeiter eine sofortige Intervention bei Problemlagen statt, die von den Lehrkräften innerhalb der Klasse nicht mehr geregelt werden können. Allerdings musste parallel hierzu und ebenfalls auf Kosten des Bezirkes für jährlich 560.000 Euro an 15 Schulen ein privater Wachschutz eingerichtet werden. Diese Notwendigkeit ergab sich durch die Einwirkung schulfremder Personen in den Schulbetrieb hinein. Die Leser werden sich an Yilmaz, Hussein und Kaan erinnern. Der Wachschutz ist weder bewaffnet noch mit hoheitlichen Eingriffsrechten ausgestattet. Die Mitarbeiter dürfen lediglich die Schüler auffordern, sich als Schulzugehörige auszuweisen. Allein die Anwesenheit des privaten Wachschutzes hat die Gewaltvorfälle an Schulen bereits deutlich reduziert. Bürgermeister Buschkowsky wurde hierfür öffentlich stark kritisiert. Einen eigenen Vorschlag konnten seine Gegner allerdings nicht präsentieren.

Die Aktivitäten des Bürgermeisters, die sich inzwischen als sehr hilfreich erwiesen haben, offenbaren zugleich, dass es kein Gesamtkonzept zur Aufrechterhaltung eines tragbaren Schulbetriebs gibt. Sowohl die Einrichtung von Schulstationen und -projekten wie der „2. Chance", in denen die Schüler außerhalb des Regelunterrichts beschult werden, als auch die Einrichtung eines privaten Wachschutzes zeigen, dass die Institution Schule aus sich heraus nicht überall Herr der Lage ist. Deshalb sind die dargestellten Maßnahmen zwar zur Entspannung bestehender akuter Notlagen angebracht, langfristig ist jedoch nur die Stärkung der staatlichen Einrichtung Schule selbst geeignet, die Schule auch wieder zum Schonraum für die Menschen, die dort lehren und lernen wollen, zu machen.

Ich habe die Arbeit von Schulprojekten nicht zu kritisieren. Es gibt aber auch in diesem Bereich inzwischen zahllose Angebote, die nicht mehr zu überblicken sind. Problematische Schüler werden dort hingeschickt, wenn sie in ihrer bisherigen Klasse nicht mehr haltbar sind, was entweder an ihrem Betragen oder an ihren Leistungen, oft auch an beidem liegt. Was wird damit erreicht? Die Härtefälle sammeln sich, der Schüler „entkommt" erneut wenigstens vorläufig einer schwierigen Lage. Dies widerspricht der meiner Ansicht nach richtigen Grundidee, dass die Probleme dort zu lösen sind, wo sie entstehen, und nicht weitergereicht werden sollen.

Eine Schulklasse sollte nicht mehr als zwanzig Kinder umfassen. Geplant sind nach der oben kurz dargestellten Schulreform allerdings fünfundzwanzig Schülerinnen und Schüler pro Klasse.

Darüber hinaus ist die Bildungsbereitschaft der Eltern zu fördern, aber auch zu fordern. Der Einsatz spezieller Sozialarbeiter mit entsprechendem Migrationshintergrund mag hier hilfreich sein, kann aber sicherlich nicht als Standard erwartet und schon gar nicht geleistet werden. Ich verweise in diesem Zusammenhang auf meinen Vorschlag, die hauptsächliche Bearbeitung dieses Problems in der Verknüpfung zwischen dem Jugendamt und der Schule anzusiedeln. Wenn die gemeinsame Fallanalyse ergibt, dass die Familie Unterstützung in der Zusammenarbeit mit der Schule benötigt, soll sie diese auch erhalten.

Ich bin der Auffassung, dass die Angebote auf ein vernünftiges und vor allem überschaubares Maß zurückgeführt werden sollten. Wenn ich in einem neuen Buch der Konrad-Adenauer-Stiftung mit dem Titel „Wie erreichen wir Eltern?" etwas über „niederschwellige" Angebote wie gemeinsames Kochen und Kaffeetrinken, Elterntalks und multikulturelle Müttertreffs erfahre, dann kann ich nur darauf aufmerksam machen, dass viele Schulen, die ich besucht habe, bereits über diese Einrichtungen verfügen. Sie werden jedoch immer nur von einem geringen Teil der Familien genutzt.

Um die Bildungsbereitschaft der Eltern zu wecken und die Bedeutung von Unterricht auch für die Kriminalitätsprävention zu verdeutlichen, versuche ich seit längerer Zeit persönlich an die Eltern heranzutreten. Hierfür benötige ich Verbündete aus den betroffenen Ethnien, denn ich habe rasch gelernt, dass ich nicht zu einem „normalen" Elternabend zu kommen brauche. Denn da sind die Eltern selten zu finden. Deshalb kam ich auf die Idee, den Gesprächen mit den Eltern, die meinerseits durchaus keinen sozialtherapeutischen Ansatz haben sollten, einen anderen Rahmen zu geben. Ich überlegte, wen ich gewinnen könnte, und entschied mich für das Türkisch-Deutsche Zentrum (TDZ) in Neukölln. Dort empfing mich Mustafa Akcay. Er ist ein besonnener Mensch, dem ich mein Anliegen, mit Eltern, die nicht in die Schulen kommen, dennoch Gespräche führen zu wollen, nicht lange erklären musste. Er war bereits problembewusst und wollte eigentlich nur wissen, zu welchem Termin und an welchen Veranstaltungsort er Einladungen an die Eltern aussprechen solle. Er erklärte sich sogar bereit, die entsprechende Einladung zu gestalten und auf Kosten des TDZ drucken zu lassen. Begeistert beendete ich diesen ersten Termin und wandte mich voller Tatendrang mit dem gleichen Ziel, des Treffens mit arabischen Eltern, an die DAUG (Deutsch-Arabische unabhängige Gemeinde). Hier wurden zwar zunächst Bedenken geäußert, jedoch gründeten schließlich die DAUG und das TDZ zur Organisation der Elternabende ein „Bündnis für Berlin". Im Großen und Ganzen beschränkte sich meine Aufgabe darauf, den Entwurf des Einladungstextes vorzubereiten, der auch erklärenden Inhalt haben musste, da eine derartige Initiative bisher nicht existierte. Gemeinsam mit Arnold Mengelkoch, dem Migrationsbeauftragten von Neukölln, dachten die Vertreter der beteiligten Vereine und ich über einen passenden Veranstaltungsort nach. Schließlich wollten wir den Bezirksbürgermeister von Neukölln bitten, uns den Bezirksverordneten-Saal des Rathauses Neukölln zur Verfügung zu stellen. Wir beabsichtigten den Eltern damit das Gefühl zu geben, dass es uns wichtig ist, sie zu treffen und ins Gespräch zu kommen. Also warum nicht im Herzen des Bezirks an dem

Platz, an dem sonst die Bezirksverordneten ihre Versammlungen abhalten und Entscheidungen treffen?

Bürgermeister Buschkowsky willigte ohne Zögern ein.

Ich denke, den türkischen Elternabend darf man getrost als Erfolg bezeichnen. Der Saal im Rathaus war überfüllt, einschließlich der Empore. Es waren, was mich besonders freute, viele Mütter erschienen. Sie hörten aufmerksam zu und stellten viele Fragen, aus denen sich ergab, dass trotz ihres teilweise langjährigen Aufenthalts in Deutschland nicht nur Sprachbarrieren bestehen, sondern auch keine Kenntnisse über die deutschen Institutionen und ihre Funktionen vorhanden sind. Es war aber spürbar, wie sehr sich die Mütter um ihre Kinder, speziell um ihre Jungen, sorgen und verstanden haben, welche Bedeutung dem Schulbesuch zukommt, um ein Abgleiten in kriminelles Verhalten zu verhindern. Eine eigentlich eher beiläufige Bemerkung meinerseits – dass ich glaube, alle Mütter wollten immer das Beste für ihr Kind, und das bedeute in Mitteleuropa nun einmal gesellschaftliche Teilhabe durch Bildung – brachte einhundert Kopftücher zum Kopfnicken. Das war ein mich sehr rührender Anblick. Auf die Mütter und jungen Frauen mit Migrationshintergrund kann man meiner Erfahrung nach setzen. Sie haben einen feinen Instinkt für Notwendigkeiten, denken ideologiefreier als viele Männer und sind häufig sehr ehrgeizig.

Der arabische Elternabend hingegen verlief weniger erfreulich. Es erschienen einige Funktionsträger aus den Verbänden. Viele Forderungen wurden erhoben: bessere Schulen, psychologisch geschulte Lehrer, Sozialarbeiter mit passendem Migrationshintergrund. Ein Vater, der nach eigenem Bekunden elf Kinder hat, schwang seine Gebetskette und äußerte, seine Töchter seien seine Ehre. Bildung für die Mädchen kam in seinen Plänen nicht vor. Eine sächselnde Konvertitin erwiderte ihm daraufhin, man sei als Muslima nicht in der Pflicht, arabische Männer zu bedienen, und selbstverständlich schicke sie ihre Tochter in die Schule.

Insgesamt habe ich aus den beiden Veranstaltungen den Eindruck mitgenommen, dass die türkischen Mitbürger deutlich problembewusster und ansprechbarer sind als die arabischen Eltern. Sie scheinen hinsichtlich des Integrationsprozesses bei allen Unzulänglichkeiten „eine Generation weiter" zu sein. Auf ihnen ruht meine Hoffnung, bei der Reduzierung der Schulprobleme in absehbarer Zeit erfolgreich zu sein.

Ich habe darüber hinaus beschlossen, die Elternarbeit fortzusetzen, jedoch kleinteiliger vorzugehen. Um speziell an die libanesischen Familien heranzutreten, ist es erforderlich, in die Verbände und Vereine zu gehen, um so mit einigen wenigen in einen intensiveren Austausch zu kommen. Das tue ich. Es ist jedoch von vornherein offenkundig, dass der Staat nicht in der Lage ist, den Bedürfnissen der arabischen Community im gewünschten Umfang nachzukommen. Es ist auch nicht seine Aufgabe. Er kann nur durchdachte und vernünftige Rahmenbedingungen schaffen. Deshalb dienen meine Zusammenkünfte mit diesem Teil der Bevölkerung ebenso dazu, diese Tatsache zu vermitteln. Hier müssen sich die Menschen, die teilweise schon viele Jahre unter uns leben, bewegen und von ihrer Anspruchshaltung Abstand nehmen.

Inzwischen habe ich viele weitere Schulen besucht. Stets wird nicht von der Schule, sondern von Kazim Erdogan eingeladen. Er ist Mitarbeiter der psychosozialen Dienste beim Bezirksamt Neukölln, aber eigentlich ist er viel mehr. Er betreut zahlreiche Projekte zur Förderung der Integration. Besonders fasziniert mich seine „Männergruppe". Dort treffen sich türkische Männer, um über ihre Probleme mit der eigenen Gewalttätigkeit gegenüber ihren Frauen und Kindern zu sprechen. Kazim Erdogan ist ein regelrechter Workaholic, der gut zu meinem Arbeitsstil des Hingehens und Anpackens passt. Ohne ihn wäre ich zu der präventiven Elternarbeit schlicht nicht imstande. Er kennt die Menschen im Kiez durch seine Arbeit im Amt und seine zahllosen Aktivitäten. Dementsprechend erscheinen zu den Elternveranstaltungen mehr Mütter und Väter, als ich es sonst erlebe. Leider nehmen die arabischen Familien auch hier wieder nicht teil. Die türkischen Eltern erzählen mir, die „Araber" hielten sich inzwischen für etwas Besseres. Sie sähen sich in der „Hackordnung" an den Schulen ganz oben. Darunter kämen die „Türken", dann die „Zigeuner" (gemeint sind die seit dem EU-Beitritt Rumäniens in Berlin stark vertretenen Sinti und Roma), und ganz unten befänden sich die Afrikaner. Ich bin erstaunt, das zu hören, erhalte diese Informationen aber immer wieder.

Insgesamt ist mir natürlich bewusst, dass man mit solchen Zusammenkünften keinen großen Durchbruch erzielt, aber ich hoffe auf einen Schneeballeffekt. Die Mütter sind untereinander bekannt und sprechen viel über die Kinder, wie es sicher alle Frauen auf der Welt tun, die Mütter sind. Kazim Erdogan sagt am Ende der Gespräche jedenfalls immer, er verlange, dass jede Frau, die heute anwesend war, beim nächsten Mal eine Nachbarin mitbringt. Er darf das so formulieren.

Zurück zu den Vorschlägen konzeptioneller Art: In den Lehrplan der Schulen sollte meines Erachtens das Erlernen von Sekundärtugenden aufgenommen werden. Gemeint sind hiermit: Pünktlichkeit, Ordnung, Fleiß, Pflichtbewusstsein und gegenseitige Rücksichtnahme – Verhaltensweisen, die von großer Bedeutung sind, um sich zum Beispiel erfolgreich für einen Praktikumsplatz oder später eine Ausbildung bewerben zu können. Mir ist klar, dass hier mehr der Bereich der Erziehung betroffen ist. Diese sollte im Elternhaus stattfinden, jedoch denke ich, dass die Schule die Kinder auch auf die unmittelbar anschließenden Bewerbungssituationen vorbereiten könnte.

In diesem Zusammenhang wäre es auch wünschenswert, die Zusammenarbeit zwischen den Schulen und der Wirtschaft zu verstärken. Hier sind sämtliche Unternehmen gefragt. Die Jugendlichen müssen bereits während der Schulzeit den Eindruck vermittelt bekommen, dass sich Schule lohnt, dass es Perspektiven für die Zeit danach gibt. Auch die Unternehmen haben ein Interesse an motivierten Nachwuchskräften. Ich sehe hier die Wirtschaft, die ständig einen Mangel an Fachkräften beklagt, in der Pflicht, sich konstruktiv einzubringen. Einigen Medienberichten habe ich in der letzten Zeit entnommen, dass es in diesem Bereich inzwischen Bemühungen gibt. Allerdings beklagen die Unternehmen den Wissensstand der Hauptschüler, der teilweise nicht einmal dem Grundschulniveau entspreche.

Den Umgang mit Medien und Gewalt könnte man ebenfalls in den Unterrichtsstoff aufnehmen. Dies sollte mit nachmittäglichen Aktivitäten verknüpft werden. Warum kann ein Anti-Gewalt-Projekt nicht präventiv an einer Schule tätig sein? Genauso erscheint es mir möglich, die Kinder z. B. in Workshops an einen vernünftigen Umgang mit den Medien heranzuführen. Weshalb nicht selbst einen Film drehen, der sich mit der Problematik des übertriebenen Konsums von Gewaltdarstellungen beschäftigt? Bei einem solchen Unternehmen wären dann beide Themenkreise sogleich miteinander verknüpft.

Ein spezieller Fall – das Jugendamt Neukölln

In Neukölln leben 300.000 Menschen. Davon haben insgesamt 40 Prozent einen Migrationshintergrund. In Nord-Neukölln, dem eigentlichen sozialen Brennpunkt, sind es 53

Prozent, bei den unter 18-Jährigen sogar 80 Prozent. Im Jahr 1994 waren 47.260 Menschen auf staatliche Transferleistungen angewiesen. Im Jahr 2009 waren es 91.250 Personen, was eine Steigerung um 93 Prozent bedeutet. Die Arbeitslosigkeit ist im selben Zeitraum auf insgesamt 18,6 Prozent – bei Migranten liegt sie etwa doppelt so hoch – gestiegen. Und dies, obwohl das Jobcenter in der Lage ist, jedem jungen Menschen unter 25 Jahren eine Ausbildung auf dem 1. oder 2. Arbeitsmarkt, eine Bildungs- oder Qualifizierungsmaßnahme oder eine sonstige Hilfsmaßnahme, wie z.B. psychosoziale Beratung, anzubieten.

Der Bezirk verfügte im Jahr 2009 über einen Haushalt von 593 Mio. Euro. Hiervon mussten 383 Mio. Euro für Transferleistungen aufgewendet werden, was knapp 65 Prozent des Gesamthaushaltes entspricht. Das Personal kostet den Bezirk 80 Mio. Euro, für Sachmittel werden 53 Mio. Euro benötigt, die Betriebskostenzuschüsse für Kitas belaufen sich auf 72 Mio. Euro. Für Investitionen verblieben so 5 Mio. Euro, also weniger als ein Prozent des Haushaltes.

Dementsprechend gestaltet sich die Situation des Jugendamtes. Seine Handlungsfähigkeit hängt im Wesentlichen davon ab, wie viele „Hilfen zur Erziehung" (HzE) benötigt werden bzw. in Anbetracht der wirtschaftlichen Lage geleistet werden können. War im Jahr 2004 noch mit 38,736 Mio. Euro für Familien- und Einzelfallhilfen auszukommen, was gegenüber dem Durchschnitt der anderen Bezirke eine Mehrbelastung um knapp 9 Mio. Euro bedeutete, wurden im Jahr 2009 knapp 50 Mio. Euro benötigt. Der Durchschnitt der übrigen Bezirke liegt für 2009 um schätzungsweise 16,5 Mio. Euro niedriger.

Das bedeutet nichts anderes, als dass das Jugendamt nur noch in den dringendsten Fällen von Kindeswohlgefährdung weitere Hilfen gewähren kann. Die Mitarbeiter des Jugendamtes Neukölln haben diese Lage schon lange erkannt.

Aufgrund dessen haben 70 Beamte bereits im November 2006 einen offenen Brief an die politisch Verantwortlichen geschrieben und eindringlich auf ihre Situation aufmerksam gemacht. Dort heißt es: „Sehr geehrte Damen und Herren, in unserer Verantwortung für die Garantenpflicht des Staates gegenüber den Neuköllner Kindern und Jugendlichen wenden wir uns mit unseren Sorgen an Sie und fordern Abhilfe ein. Angesichts unserer zunehmend schwieriger werdenden Arbeitssituation müssen wir Ihnen mitteilen, dass wir den Kinder- und Jugendschutz in den uns heute schon bekannten und uns zukünftig bekannt werdenden Fällen unseres Zuständigkeitsbereiches nicht mehr garantieren können." Und weiter: „Die zunehmende Verarmung immer breiterer Teile der Bevölkerung erhöht das soziale Risiko für Kinder, von ihren Eltern in ihren Bedürfnissen nicht mehr ausreichend versorgt und wahrgenommen zu werden. Diese Kinder drohen äußerlich und emotional zu verwahrlosen." Und schließlich: „Demgegenüber ist unsere Arbeit inzwischen auf ein unerträgliches Maß verdichtet worden, durch: Nichtbesetzen freiwerdender Stellen innerhalb der letzten Jahre, Abbau des bezirkseigenen Pflegekinderdienstes, Stellenabbau im Kinder- und Jugendgesundheitsdienst, Schaffung von immer neuen Steuerungsinstrumenten, die Neueinführung der Sozialraumorientierung und der damit erwarteten neu auf uns zukommenden Netzwerkarbeit in der Region, das Einrichten immer neuer Stellen aus dem Gesamtpool, die von der Fallarbeit befreit sind [gemeint sind diejenigen Mitarbeiter des öffentlichen Dienstes, die woanders abgebaut werden und nun irgendwie und irgendwo anders verwendet werden müssen], sowie der ausufernde Zuwachs hilfebegleitenden Verwaltungsaufwandes." Es ist daraufhin nichts Spürbares veranlasst worden, wie auch die anfangs zitierten Zahlen zeigen.

Der Bezirk selbst ist aufgrund der dargestellten Haushaltsvorgaben nicht in der Lage, Verbesserungen herbeizuführen. Mir ist deshalb völlig unklar, wie man den Stadtteil in dieser Situation hängen lassen kann. Die Lasten müssen anders verteilt werden. Der Berliner Senat ist in der Pflicht, hier unterstützend einzugreifen und Umschichtungen vorzunehmen. Hierzu muss man Folgendes wissen: Wenn die gefährdeten Kinder strafmündig werden und entsprechende Taten begehen, wird die Strafjustiz zuständig, und im Falle der Inhaftierung ist der Etat der Justizsenatorin betroffen, während es sich im Falle der richterlichen Anordnung von Weisungen und anderen Maßnahmen umgekehrt verhält. Diese werden zwar von der Justiz verhängt, ihre Umsetzung muss aber vom jeweiligen Bezirk finanziert werden. Das halte ich alles für insgesamt wenig durchdacht. Schließlich ist immer dasselbe Problemfeld betroffen: Es muss in der Kindheit und Jugend der Menschen erst unterstützend und dann regulierend eingegriffen werden. Ließe sich das nicht kollektiv eher bewerkstelligen, als zunächst auf den Bezirksetat und dann wieder auf das Justizressort zu schielen? Besser wäre es, einen Gesamtberliner „Topf" einzurichten, aus dem die insgesamt notwendigen Maßnahmen für Familienhilfen und die jugendrichterlichen Maßnahmen zu finanzieren wären. Diese Lasten träfen dann auch die gesamte Stadt, was mir nur angemessen erscheint. Aber wahrscheinlich ist diese Denkweise naiv.

Die Jugendamtsmitarbeiter sind jedenfalls schon lange nicht mehr in der Lage, sämtliche Hilfen persönlich durchzuführen. Also nehmen sie die sogenannten „freien Träger" der Jugendhilfe oder ein Projekt in Anspruch. Hier tauchen immer wieder neue Angebote auf, die zunächst einmal mit Hochglanzprospekten und wortgewaltigen Strategiepapieren auf sich aufmerksam machen. Sie wollen Fälle zugewiesen bekommen und aus Mitteln des Senats finanziert werden. Es mag an meinem Alter liegen, aber je glänzender der Prospekt und je umfangreicher die Konzepte und Versprechungen sind, desto weniger vertraue ich ihnen. Das Geld für den Prospekt hätte man ja bereits sinnvoller verwenden können. Auch die in einigen Fällen sehr hochwertigen Dienstwagen der Projektmitarbeiter, mit denen u.a. die zu betreuenden Straftäter zu gemeinsamen Freizeitaktivitäten kutschiert werden, stimmen mich misstrauisch. Das erniedrigte Opfer fährt mit dem Bus, der Täter im Geländewagen?

Wenn der Jugendamtsmitarbeiter die eigentlich ihm obliegende Aufgabe der Betreuung einem Dritten überträgt, müsste meiner Ansicht nach dessen Arbeitsweise im konkreten Einzelfall oder zumindest stichprobenweise überprüft werden. Hieran mangelt es entscheidend. Eine Überwachung der freien Träger und Projekte ist aber unerlässlich, denn hier wird unter anderem viel Geld verdient, das aus Steuermitteln stammt und sich naturgemäß im mehrstelligen Millionenbereich bewegt. Also will jedes Projekt erfolgreich sein und meldet deshalb häufig, dass die betreute Familie plötzlich durchaus kooperationsbereit sei und der zuständige Mitarbeiter „einen Zugang zu den Eltern und Kindern gefunden" habe. Der Sachbearbeiter beim Jugendamt kann dann unabhängig vom Wahrheitsgehalt der Angaben in seiner Akte vermerken, die Hilfemaßnahme verlaufe erfolgreich. Ich greife an dieser Stelle weder die langjährig etablierten freien Träger der Jugendhilfe noch den einzelnen Sachbearbeiter des Jugendamtes an. Aber es ist hier, wie in anderen Bereichen, ein unübersichtlicher Markt entstanden, der auf der politischen Ebene zu entwirren ist. Meine eigenen Nachforschungen haben jedenfalls zu teilweise befremdlichen Ergebnissen geführt. Im Rahmen der „Betreuung" eines jugendlichen „arabischen" Clan-Mitgliedes durch ein „Projekt" habe ich über mehrere

Wochen parallel den zuständigen Mitarbeiter und die Erzieher des „Schulersatzprojektes", das der junge Mann besuchen sollte, befragt, ob es denn Erfolge gebe. Während der „Betreuer" mich wissen ließ, alles laufe gut, hörte ich vom Schulersatzprojekt das komplette Gegenteil. Die Erzieher dort waren bereits völlig verzweifelt und teilten mir mit, der Betreuer sei ebenfalls im Bilde, habe sich aber lediglich darüber erregt, dass man mich informiert habe. Bei einem anderen Projekt habe ich bezüglich der Zuverlässigkeit der Informationen über den Betreuungsverlauf hingegen einen positiven Eindruck gewonnen. Das Deutsch-Arabische Zentrum (DAZ) bietet mitten im Neuköllner Kiez „elternbezogene Einzelbetreuung" für die 14- bis 16-Jährigen an. Die jugendlichen Straftäter sollen möglichst frühzeitig nach der Tatbegehung und im Optimalfall noch vor der Hauptverhandlung angesprochen und begleitet werden. Die Familien werden eingebunden; der Kontakt zum Jugendamt und der Schule wird gepflegt. Die Betreuung eines arabischen Intensivtäters, die ich in die Hände des Leiters des DAZ, Nader Khalil, gelegt habe, hat sich günstig entwickelt. Auch hier habe ich kontrolliert, ob die Auskünfte der Projektmitarbeiter sich mit den Angaben der Schule in Übereinstimmung bringen ließen. Dies war der Fall. Nader Khalil ist verlässlich, denn er kennt das Problem der arabischen Clans. Er stammt selbst aus dem Libanon und ist ein gebildeter Mensch, der nur zu Beginn unserer Zusammenarbeit ein wenig erstaunt wirkte, als ich ihm meine Erkenntnisse über die kriminellen Banden schilderte. Vielleicht war er froh, jemanden zu treffen, der zu Differenzierungen in der Lage ist und nicht alle „Libanesen" in einen Topf wirft. Jedenfalls hat sein Versprechen, das DAZ sehe sich nicht als Anwalt der Clans und gehe offen mit den staatlichen Einrichtungen um, jeder Überprüfung standgehalten.

Die Polizei ist bei der Bekämpfung der Jugendkriminalität selbstverständlich von fundamentaler Bedeutung. Entgegen anderslautenden Bekundungen einiger Politiker ist der in den letzten Jahren betriebene Personalabbau bei der Polizei – dessen Ziel es ist, angesichts der finanziellen Misere Berlins Mittel einzusparen – nach meiner Einschätzung nicht mehr vertretbar.

Die Berliner Polizei verfügte im Jahr 2000 über 20.250 sogenannte Plan- und Ausbildungsstellen, im Jahr 2004 waren es noch 17.945 und in 2008 17.315. Das entspricht über einen Zeitraum von acht Jahren einem Abbau von 14,5 Prozent (diese Zahlen sind der Bundestagsdrucksache 15/5236 entnommen und beruhen auf einer Länderumfrage des Innenministeriums Nordrhein-Westfalens). Die für Berlin geplante weitere Reduzierung soll sich in Richtung von 16.000 Stellen bewegen, was nach Auskunft der Gewerkschaft der Polizei noch eine optimistische Lesart ist. Dort rechnet man vielmehr mit einer zukünftigen Personalstärke deutlich unterhalb von 16.000 Polizeibeamten. Andere Bundesländer haben hingegen weit weniger Stellen abgebaut. So hat Baden-Württemberg von 2000 bis 2008 9,1 Prozent, Hessen 8,7 Prozent, Thüringen 7,6 Prozent Stellen eingespart. Hamburg hat 3,4 Prozent, das Saarland 5,5 Prozent und Niedersachsen 6,0 Prozent zusätzliches Personal eingestellt, obwohl ich zu behaupten wage, dass die dortigen Problemlagen nicht mit denjenigen Berlins zu vergleichen sind.

Die Auswirkungen der Berliner Einsparungen zeigen sich an vielen Stellen. So gab es in der Hauptstadt kurz nach der Wende 52 Polizeiabschnitte, gegenwärtig sind es 41, geplant sein sollen nach Auskunft der Gewerkschaft der Polizei (GdP) insgesamt noch 36. Auf den Polizeiabschnitten werden rund

50 Prozent der Straftaten bearbeitet. Da macht es schon einen gewaltigen Unterschied, ob 52 oder 36 Abschnitte zur Verfügung stehen. Es wird mir kein höherer Polizeibeamter klarmachen können, dass dieselbe Qualität polizeilicher Arbeit durch weniger Dienststellen sichergestellt werden kann, denn es arbeiten dort schlicht weniger Menschen.

Man bedenke zusätzlich die ständigen Sonderbelastungen, die eine Stadt wie Berlin zu verkraften hat: 1. Mai – in 2009, wie bereits angesprochen, so gewalttätig wie nie –, über das Jahr verteilt zeitgleich rechte und linke Demonstrationen, spontane Aktionen, wenn im Iran die Wahlergebnisse gefälscht werden oder Kurden gegen Türken demonstrieren; Rocker und Hooligans sollen gebändigt, Staatsbesuche umfangreich gesichert werden. Hinzu kommen neuerdings die erwähnten Brandanschläge auf Hunderte von Autos. Selbst wenn ein Ländervergleich ergäbe, dass, bezogen auf die Einwohnerzahl, Berlin mit einer vergleichbaren Anzahl von Polizeimitarbeitern ausgestattet ist wie z. B. Frankfurt am Main, halte ich dieses Argument nicht für stichhaltig. Denn wie bei den Richtern und Staatsanwälten müssten Art und Umfang der anfallenden Tätigkeiten miteinander verglichen werden.

Mir bestätigen Beamte vor Ort und Gewerkschaftsvertreter jedenfalls durchweg, dass sie sich nicht immer in der Lage sehen, ihre Arbeit sinnvoll zu erledigen und die Kriminalität nachhaltig zu bekämpfen.

Die Frustration der Polizeibeamtinnen und Polizeibeamten ist dementsprechend zumindest an der Basis ausgeprägt. Man fühlt sich dort manchmal ohnmächtig und hilflos, was allerdings nicht ausschließlich auf die Personalausstattung, sondern auch auf den erschwerten Umgang mit den Tatverdächtigen zurückzuführen ist. Diese wissen in der Regel, dass ihnen letztlich nicht viel passiert, auch und gerade mit Blick auf die sehr jungen Kriminellen, die noch strafunmündig sind.

Aber auch bei den über 14-Jährigen beklagen die Beamten die Dreistigkeit, mit der die Beschuldigten auftreten. Sie wissen sehr gut, wie selten junge Täter, die über einen festen Wohnsitz verfügen, in Untersuchungshaft genommen werden bzw. in einer Einrichtung zur Vermeidung von Untersuchungshaft Aufnahme finden. Die Polizisten schildern immer wieder, dass Jugendliche heute festgenommen werden und morgen wieder frei herumlaufen und sich anschließend über die Beamten lustig machen. Die Staatsbediensteten haben dementsprechend keinen Respekt von den Tätern zu erwarten, im Gegenteil: Beschimpfungen und Demütigungen sind an der Tagesordnung. In diesem Kontext ist auch die sogenannte „Rudelbildung" in Stadtteilen, die überwiegend von Migranten bewohnt werden, zu sehen. Damit wird die Situation bezeichnet, in der sich Beamte befinden, wenn sie beispielsweise eine vorläufige Festnahme durchführen wollen. Plötzlich sind sie dann von zwanzig bis dreißig Männern und Jugendlichen mit Migrationshintergrund umringt, die sehr entschlossen zeigen, dass die polizeiliche Maßnahme nicht erwünscht ist. Das sehe ich als weiteren erheblichen Verlust staatlicher Autorität an.

Falls es in den besagten Situationen trotz entsprechenden Widerstandes zu einer vorläufigen Festnahme kommt, ist die gesetzliche Hürde für eine Inhaftierung besonders bei Jugendlichen hoch. Die Vorgaben des JGG sind gerade bei den 14- bis 16-Jährigen auch bei dringendem Tatverdacht eindeutig auf eine Haftvermeidung zugeschnitten. Ich teile aber die Einschätzung der Polizeimitarbeiter, dass es nicht hingenommen werden kann, wie die Beschuldigten „dem Staat auf der Nase herumtanzen". Der die Beamten unendlich frustrierende Effekt, nichts zu erreichen, weil die Jugendlichen und teilweise bereits die Kinder wissen, dass ihnen „keiner was kann", muss unterbunden werden, denn er schadet letztlich auch den jungen Menschen, in deren Verhalten sich die Notwendigkeit einer Grenzsetzung deutlich zeigt. Auch in diesem Zusammenhang zeigt sich also, dass über Unterbringungen der gefährdeten Kinder und Jugendlichen nachzudenken ist. Sonst sind sie plötzlich in eine so schwere Tat verwickelt, dass nun ernsthafte Haftgründe vorliegen. Wenn es erst einmal so weit ist, sitzen sie bald in der Jugendstrafanstalt. Ein bislang jedenfalls in Berlin ungenutztes Potenzial liegt hier in der Vorschrift des § 71 JGG, der es dem Jugendgericht ermöglicht, auch im laufenden Ermittlungsverfahren erzieherisch auf den Beschuldigten einzuwirken.

In Anbetracht der Personallage der Berliner Polizei wird es niemanden verwundern, dass auch die sogenannten Anzeigen „von Amts wegen" deutlich zurückgegangen sind, und zwar im Zeitraum von 2001 bis 2008 von jährlich 127.000 auf 102.000. Zugleich sind die „Liegevermerke" bezüglich mehrere Wochen nicht bearbeiteter Verfahren von 2004 bis 2008 von 3294 auf 6059 jährlich angestiegen. „Von Amts wegen" kommt eine Anzeige dann zustande, wenn die Polizei eine Straftat von sich aus aufdeckt. Ein klassisches Beispiel: Eine Zivilstreife rückt aus und trifft auf einige schwarz gekleidete Jugendliche, die mit Rucksäcken hektisch von einem S-Bahn-Gelände wegrennen. Die Beamten kontrollieren die Personen und finden Farbsprühdosen in den Rucksäcken sowie entsprechende Farbanhaftungen an den Händen. Das Gelände wird abgesucht, und es findet sich ein frisch besprühter S-Bahn-Zug, dessen neuer Anstrich zu den bunten Fingern und Dosen der Tatverdächtigen passt. Das daraufhin eingeleitete Strafverfahren wird dann „von Amts wegen" in Gang gesetzt, da ja ansonsten niemand etwas angezeigt hat. Unabhängig davon kann der Geschädigte der Sprüherei einen Strafantrag stellen, jedoch bleibt der Vorgang für die Statistik eine Anzeige „von Amts wegen". Das setzt aber voraus, dass solche

Einsätze auch tatsächlich stattfinden. Gewerkschaftsvertreter der Polizei habe ich deshalb gefragt, ob der Rückgang der Anzeigen „von Amts wegen" entgegen der offiziellen Lesart nicht schlicht und ergreifend auf die seltener durchgeführten Streifenfahrten zurückzuführen ist. Ich erhielt in diesem Punkt eine klare und unmissverständliche Zustimmung. Weniger Streifen bedeuten nun einmal weniger Anzeigen von Amts wegen, was sich wiederum auf die polizeiliche Kriminalstatistik auswirkt.

Positiv hervorheben möchte ich die Arbeit der Fachbereiche zur Bekämpfung der Jugendgruppengewalt und der Intensivtäter. Hier ist eine Spezialisierung eingeführt worden, die sich mit der Arbeit der Staatsanwaltschaft im Bereich der Intensivtäter vergleichen lässt und sich als hilfreich erweist. In gleicher Weise beeindruckt mich die Arbeit der Präventionsbeauftragten der Polizei, die gerade in Schulen häufig anzutreffen sind und dort im Rahmen ihrer Möglichkeiten sehr großes Engagement an den Tag legen, um der Entstehung von Gewalt entgegenzuwirken.

Was aus alledem folgt, ist klar: Die Polizei muss deutlich gestärkt werden, um der Aufgabe einer wirksamen Kriminalitätsbekämpfung nachkommen zu können. Der Personalabbau ist unbedingt zu stoppen, die Polizeipräsenz im öffentlichen Raum zu vervielfachen. Die Autorität der Beamten ist zu stärken. Dies ist bei Jugendlichen am ehesten dadurch zu erreichen, dass sie merken, dass auf ihre Taten schnelle staatliche Reaktionen erfolgen und Polizei, Staatsanwaltschaft, Justiz und Jugendamt und gegebenenfalls auch die Schulen Hand in Hand arbeiten, am selben Strang ziehen und sich nicht länger vorführen lassen.

Die verbale Herabsetzung oder sonstige Entwürdigung eines Staatsbediensteten darf nicht hingenommen werden und muss dementsprechend grundsätzlich und nicht nur im

Ausnahmefall geahndet werden. Meines Erachtens ist die Justiz hier auch in der Pflicht, durch spürbare Sanktionen gegenüber den Angeklagten deutliche Zeichen zu setzen. Die Zahl der im Dienst verletzten Polizeibeamten hat, wie bereits dargestellt, mit 2874 Betroffenen im Jahr 2008 ein neues Rekordniveau erreicht. Das ist der höchste Wert seit 2003. Er wird – wenn man allein die 480 angegriffenen und verletzten Beamten der 1.-Mai-Krawalle berücksichtigt – für 2009 nicht geringer ausfallen.

Eine starke, selbstbewusste Polizei ist nicht zuletzt auch deshalb von Bedeutung, weil die Ablehnung staatlicher Einrichtungen und ihrer Repräsentanten ein allgemeines Phänomen ist und eine Reflexwirkung auf den Staat und seine Einrichtungen insgesamt entfaltet.

Im Übrigen bestätigen auch die meisten Kriminologen, dass eine höhere Polizeipräsenz in den Städten das Entdeckungsrisiko für die Täter erhöht und deshalb präventive Wirkung entfaltet. Insbesondere der jugendliche Täter fürchtet zunächst einmal das „Erwischtwerden". Da geht der Ärger schließlich los. Hat man den Stress des Zwangsaufenthaltes im Polizeirevier, des Abholens durch die Eltern und die polizeiliche Vernehmung erst einmal hinter sich, vergehen Monate, bis eventuell eine Anklage ins Haus flattert. Abgesehen davon kann keine Videoüberwachung das Sicherheitsgefühl der Menschen so stärken wie die Gegenwart anderer Menschen, die mit Autorität ausgestattet sind.

Neueste Erkenntnisse aus der Kriminologie

Das Kriminologische Forschungsinstitut Niedersachsen (KFN) in Hannover darf als führend und für die öffentliche Meinungsbildung besonders einflussreich in der Bewertung und Einschätzung der Entwicklung von Jugendkriminalität bezeichnet werden. Zuletzt wurde mir eine im Auftrag des Bundesinnenministeriums durchgeführte Untersuchung bekannt, die sich mit Jugendlichen in Deutschland als Opfer und Täter von Gewalt beschäftigt. Man kann die Ergebnisse im Heft 2/09 der *Zeitschrift für Jugendkriminalrecht und Jugendhilfe* nachlesen. Grundlage der dort gewonnenen Erkenntnisse war eine deutschlandweite Repräsentativbefragung von 44.610 Jugendlichen, die sämtlich Schüler einer neunten Klasse waren. Ein Viertel der Befragten besucht eine Förder- oder Hauptschule, etwas mehr ein Gymnasium bzw. eine Waldorfschule und die übrigen Schüler eine Real- oder Gesamtschule (26,8 Prozent, 29,8 Prozent, 43,4 Prozent). Die Geschlechterverteilung war nahezu hälftig. Etwa jeder vierte Befragte hatte einen Migrationshintergrund, wobei die türkischstämmigen und aus der ehemaligen Sowjetunion stammenden Jugendlichen diesbezüglich die größten Gruppen stellten (6,0 Prozent und 5,8 Prozent). Die Studie kommt in dem Fachartikel zu folgenden neun Hauptergebnissen, die hier wegen der großen Bedeutung für die Diskussion der Jugendkriminalität kurz wiedergegeben werden sollen:

1. Bei der Entwicklung der Jugendgewalt zeigen die Befunde der Dunkelfeldforschung seit 1998 insgesamt betrachtet eine gleichbleibende bis rückläufige Tendenz. Die Quote der Jugendlichen, die nach eigenen Angaben in den letzten zwölf Monaten vor der Befragung mindestens eine Gewalttat begangen haben, ist danach nicht angestiegen, sondern im Gegenteil überwiegend beträchtlich gesunken. Sie lag in acht Städten 1998/1999 zwischen 15,0 und 24 Prozent, in den Jahren 2005 bis 2008 dagegen zwischen 11,5 und 18,1 Prozent. Ein ähnliches Bild ergibt sich den Untersuchungen des KFN zufolge auch bei den Mehrfachtätern. Insgesamt kommt die

Studie bereits in der ersten der insgesamt neun Thesen zu folgendem Ergebnis: „Ein drastischer Anstieg der Jugendgewalt – wie teilweise in den Medien berichtet – kann nach den vorliegenden Befunden nicht bestätigt werden." Weiter heißt es, dass diese Befunde mit den Ergebnissen übereinstimmten, die sich auf der Grundlage von Versicherungsdaten zur Häufigkeit der Gewalt an Schulen ermitteln ließen. Diese sogenannten „Raufunfälle" seien meldepflichtig, wenn ärztliche Hilfe in Anspruch genommen werden müsse. Derartige Vorkommnisse wären danach in der Zeit von 1997 bis 2007 pro 1000 Schüler um 31,3 Prozent zurückgegangen, bei erheblichen Verletzungen, die mit Knochenbrüchen einhergingen, betrage der Rückgang gar 44 Prozent.

2. Die überwiegend positiven Trends zur Entwicklung der selbstberichteten Jugendgewalt in und außerhalb von Schulen finden ihre Entsprechung im Anstieg präventiv wirkender Faktoren und im Sinken Gewalt fördernder Lebensbedingungen der Jugendlichen. Danach hat bei den befragten jugendlichen Schülern die Akzeptanz von Gewalt als Mittel zur Durchsetzung eigener Interessen seit 1998 deutlich abgenommen. Außerdem vertreten die Befragten vermehrt die Ansicht, dass sowohl Eltern wie auch Lehrer und gleichaltrige Freunde es missbilligten, wenn sie in einem Streit einen Mitschüler massiv schlagen würden. Auch wird die Anzeigebereitschaft bezüglich erlebter Gewalt als erhöht eingeschätzt und behauptet, der Anteil der Jugendlichen, die keiner elterlichen Gewalt ausgesetzt seien, sei „durchweg deutlich" angestiegen. Insgesamt kommt die Studie in diesem Bereich zu dem Ergebnis, der Rückgang der Gewalt akzeptierenden Einstellungen, der Rückgang familiärer Gewalt, der Anstieg der Gewaltmissbilligung im nahen sozialen Umfeld und die Zunahme der Anzeigebereitschaft seien ursächlich für den positiven Trend bei der Jugendgewalt.

3. Die Befunde der Dunkelfeldforschung zum Anzeigeverhalten der Gewaltopfer relativieren die Aussagekraft der polizeilichen Kriminalstatistik in mehrfacher Hinsicht. Der seit 1998 zu verzeichnende Anstieg der Jugendgewalt um bundesweit 28,4 Prozent geht nach Auffassung des KFN in „beachtlichem Maß" auf ein verändertes Anzeigeverhalten der Opfer zurück. Besonders seien in diesem Zusammenhang die ethnischen Unterschiede zu berücksichtigen. Danach zeige ein „deutsches Opfer" den „deutschen Täter" eines Gewaltdeliktes nur in 19,5 Prozent aller Fälle an. Werde ein deutsches Opfer hingegen von einem jungen Zuwanderer angegriffen, liege die Anzeigenquote bei 29,3 Prozent. Gibt es einen deutschen Täter und ein migrantisches Opfer, werde der Täter mit 18,9 Prozent am seltensten angezeigt. Auch im Falle einer Auseinandersetzung zwischen zwei Jugendlichen mit demselben Migrationshintergrund liege die Anzeigebereitschaft mit 21,2 Prozent eher im geringeren Bereich. Man regle die Angelegenheiten hier häufig unter sich. Die Untersuchung kommt daher zu dem Zwischenergebnis, junge Migranten seien aufgrund des Anzeigeverhaltens der Opfer in „allen Bereichen und Statistiken der Strafverfolgung deutlich überrepräsentiert". Das KFN meint deshalb, es könne sich hieraus unter Umständen die Notwendigkeit ergeben, bei der Auslegung der Daten den statistisch festgestellten, unverhältnismäßig hohen Anteil junger Einwanderer an Gewaltdelikten vor dem Hintergrund eben jener „selektiv höheren Anzeigenquote" zu berücksichtigen.

4. Sowohl aus Opfer- wie aus Tätersicht zeigen die Daten zur selbstberichteten Jugendgewalt, dass Jugendliche mit Migrationshintergrund häufiger Gewalttaten begehen als deutsche Jugendliche. Es wird ausgeführt, eine größere Gewaltbereitschaft sei mit Ausnahme der Asiaten bei fast allen Einwanderergruppen zu verzeichnen. Das KFN sieht sich in der

Lage, die Unterschiede im Gewaltverhalten von Migranten und Deutschen „vollständig zu erklären", und zwar mit den unterschiedlichen sozialen, schulischen und familiären Rahmenbedingungen. So heißt es, Jugendliche aus Einwandererfamilien seien häufiger als deutsche Jugendliche Opfer innerfamiliärer Gewalt. Signifikant belastet sind hier Menschen, deren Eltern aus der Türkei, dem früheren Jugoslawien und aus arabischen bzw. afrikanischen Ländern stammen. Weitere Faktoren wie schlechte schulische Integration, daraus resultierende Schuldistanz und Alkohol- bzw. Drogenkonsum kämen noch hinzu. Daneben werde in diesen Familien Gewalt akzeptierenden Männlichkeitsnormen häufiger zugestimmt. Bei 25 Prozent der migrantischen Jugendlichen sei der Männlichkeitswahn fest verankert, bei deutschen jungen Männern hingegen nur bei fünf Prozent.

5. Sowohl der Querschnittsvergleich der bundesweiten Schülerbefragung 2007/2008 als auch eine Längsschnittanalyse der vom KFN seit 1998 in Großstädten durchgeführten Schülerbefragungen zeigen, dass verbesserte Bildungschancen mit geringeren Gewaltraten einhergehen.

Hier kann die Studie des KFN eindrucksvolle Zahlen präsentieren. Danach hat sich z. B. in Hannover zwischen 1998 und 2006 die Quote der türkischen Abiturienten von 8,7 auf 15,3 Prozent erhöht. Gleichzeitig ging die entsprechende Quote der mehrfach gewalttätigen jungen Türken von 15,3 auf 7,2 Prozent zurück. In München dagegen ergibt sich ein anderes Bild. Dort ist die Anzahl der türkischen Gymnasiasten im identischen Zeitraum von 18,1 Prozent auf 12,6 Prozent geschrumpft. Die Mehrfachtäterquote im Bereich der Gewalttäter ist parallel dazu von 6,0 auf 12,4 Prozent angestiegen.

6. Der stärkste Risikofaktor für Jugendgewalt ist die Einbindung in delinquente Freundesgruppen. Wer mehr als fünf

delinquente Freunde in seinem Umfeld hat, wird mit 21,3 Prozent um das 50-fache häufiger zum Gewalttäter als ein Jugendlicher, der keine Straftäter zu seinen Freunden zählt. Der Konsum von Alkohol und illegalen Drogen, der ebenfalls einen wichtigen Risikofaktor für gewalttätiges Verhalten darstellt, ist unter Jugendlichen weit verbreitet.

7. Ausländerfeindlichkeit, Antisemitismus und Rechtsextremismus prägen das Weltbild einer Minderheit von Jugendlichen; in einigen Gebieten fällt deren Anteil allerdings alarmierend hoch aus.

8. Die bezüglich deutscher Jugendlicher erlangten Erkenntnisse bestätigen die bisherigen Erkenntnisse anderer Untersuchungen. Jungen vertreten häufiger rechtsradikales Gedankengut als Mädchen, in ländlichen Gebieten ist jugendlicher Rechtsradikalismus verbreiteter als in den Städten, in den neuen Bundesländern häufiger als in den alten, an Hauptschulen extremer als an Gymnasien.

9. Für mehr als drei Viertel aller Jugendlichen gehörte Gewalt in den zwölf Monaten vor der Befragung nicht zum persönlichen Erfahrungsbereich. Im Gegensatz zum Gewalterleben innerhalb der Familie, welches die Schüler zu 20,5 Prozent mindestens in Gestalt einer Ohrfeige hatten, gaben nur 16,8 Prozent der Jugendlichen an, in ihrem sonstigen Umfeld innerhalb eines Jahres Opfer eines gewalttätigen Übergriffs geworden zu sein. Innerhalb Deutschlands ergeben sich danach regionale Unterschiede zwischen Nord- und Westdeutschland, wo entsprechende Taten häufiger begangen werden, und Süd- und Ostdeutschland; in Städten ist Gewalt häufiger vertreten als auf dem Land.

Interessant finde ich vor allem Punkt 1. Die Schlussfolgerung, die Jugendgewaltkriminalität sei bundesweit gleichbleibend bzw. gesunken, ist in ihrer Generalisierung meines Erachtens sehr zweifelhaft – und dies umso mehr, wenn die in der Studie untersuchte Gruppe betrachtet wird. Es wurden ausschließlich Schüler der neunten Klassen quer durch Deutschland befragt. Davon waren etwa drei Viertel oberhalb des Hauptschulniveaus angesiedelt, 50 Prozent der Befragten waren überdies Mädchen, die bekanntermaßen signifikant weniger Straftaten begehen als junge Männer. Die 9. Klassenstufe wird darüber hinaus von vielen delinquenten Jugendlichen gar nicht erst erreicht. Wie schon erwähnt: Standard der schulischen Laufbahn in sozialen Brennpunkten Berlins, wo die Grundschule sechs Jahre lang besucht wird, ist das Abgangszeugnis der siebten Klasse einer Hauptschule, die gemeinhin dreimal durchlaufen wird – ganz abgesehen davon, dass 20 Prozent der Neuköllner Hauptschüler der Schule dauerhaft fernbleiben.

Welche Relevanz dem Rückgang der sogenannten meldepflichtigen „Raufunfälle" zukommt, ist dementsprechend aus meiner Sicht ebenfalls fraglich. Viele Straftaten mit Bezug zur Schule, die mir bekannt werden, spielen sich aufgrund der „Schuldistanz" häufig nicht auf dem Schulhof ab. Vielmehr verhält es sich oft so, dass vermehrt schulfremde Jugendliche, die, wie Yilmaz, Hussein und Kaan, vielleicht früher einmal Schüler der Einrichtung waren, sich auf der Suche nach verfeindeten ehemaligen Mitschülern befinden und diesen dann außerhalb des Schulgeländes auflauern, um sie zu verprügeln. In diesen Fällen wird kein „Raufunfall" gemeldet, weil einfach das „Schlachtfeld" verlagert wird. Die Pädagogen und Sozialarbeiter berichten auch, dass sich die Schüler im Klassenraum verabreden, um nach dem Unterricht andere zu malträtieren. Auch in diesen Fällen können die Lehrkräfte nur selten reagieren. Außerdem herrscht inzwischen allgemein ein Klima, in dem die aufgrund der bestehenden Hackordnung unterdrückten Kinder und Jugendlichen es vorziehen, sich schlagen zu lassen, ohne dies der Schulleitung zu melden. Diese ruft aber gemeinhin den Arzt herbei. Es hätte mich zudem interessiert, ob bei den „Raufunfällen" auch die körperlichen Angriffe auf Lehrkräfte erfasst werden. Wenn mir Lehrer schildern, die Schulleitung habe ihnen geraten, nicht anzuzeigen, dass sie von Schülern attackiert werden, kommen mir insgesamt Zweifel, ob die durchgeführten Befragungen die Realität abbilden können.

Eine weitere interessante Erkenntnis der Studie hinsichtlich des angeblichen allgemeinen Rückgangs der Gewalt fördernden Lebensbedingungen der Schüler muss ich ebenfalls stark bezweifeln. Auch hier wird die Sicht verstellt, weil im Rahmen dieser generalisierenden Aussage völlig untergeht, dass in den Ballungszentren Deutschlands, etwa im Ruhrgebiet, Frankfurt am Main oder Berlin, Kinder in Familien heranwachsen, die seit Jahren und teilweise Jahrzehnten Sozialleistungen in Anspruch nehmen und in denen Alkoholismus das Hauptproblem darstellt. Die daraus resultierende innerfamiliäre Gewalt ist eine tickende Zeitbombe für jedes in diesen Strukturen aufwachsende Kind und für die gesamtgesellschaftliche Entwicklung. In Deutschland leben drei Millionen Kinder unterhalb der Armutsgrenze. Vor einigen Jahren waren es halb so viele. Diese Menschen sind oft der verbalen Gewalt ihrer Eltern ausgesetzt, sie verkommen geistig, seelisch und körperlich. Sie finden eindeutig Gewalt begünstigende Lebensbedingungen vor.

Eine weitere, im Kern ebenfalls bereits etablierte These aus der Kriminologie beschäftigt sich mit dem sogenannten „Anzeigeverhalten". Sie besagt, steigende Kriminalitätsraten seien auf vermehrte Anzeigen zurückzuführen. Ketzerisch gesagt: Wenn die Bevölkerung es unterlassen könnte, Straftaten anzuzeigen, gäbe es fast keine Kriminalität. Insbesondere mit Blick auf die Opfer körperlicher Übergriffe entsetzt mich diese Betrachtungsweise immer aufs Neue. Mir ist es dabei gleichgültig, ob ein Geschädigter sich im kriminologischen Dunkel- oder Hellfeld bewegt. Die Taten sind zu bekämpfen, nicht die Zahlen. Im Übrigen habe ich noch nie gelesen, dass der statistische Rückgang von Delikten mit der sinkenden Anzeigebereitschaft der Opfer in Relation gebracht wird. Der Rückgang der Bereitschaft, eine erlebte Straftat auch anzuzeigen, wird mir in der Praxis jedoch viel häufiger vermittelt. Ich verweise in diesem Zusammenhang auf die bereits angesprochenen Opfer, die spätestens nach der Gerichtsverhandlung, in der sie sich einer Gruppe recht entspannter Angeklagter gegenübersahen, später äußerten, sie fühlten sich durch die Vernehmung nochmals zum Opfer gemacht und würden nach dieser Erfahrung niemals wieder eine Straftat anzeigen. Dass ein und dieselbe Person mehrfach geschädigt werden kann, manchmal auch von derselben Tätergruppierung, gebe ich zusätzlich zu bedenken. Neu war mir im Kontext des „Anzeigeverhaltens" die Annahme, speziell Jugendliche mit Migrationshintergrund seien deshalb in den Statistiken stets überrepräsentiert, weil sie häufiger von deutschen Opfern angezeigt würden. Das ist nicht widerlegbar, deckt sich allerdings aus den dargestellten Gründen ebenfalls nicht mit meinen praktischen Erfahrungen. Bestätigen kann ich allerdings die Feststellung, dass bei Straftaten innerhalb derselben Ethnie weniger Anzeigen erstattet werden. Die Tendenz, Konflikte innerhalb des eigenen Kulturkreises zu regeln, ist ebenso unübersehbar wie problematisch. Man mag sich zunächst dem Reflex hingeben, es könne mancher Streit doch im sozialen Umfeld besser, schneller und nachhaltiger beigelegt werden, als wenn jedes Mal die Polizei gerufen wird. Das stimmt, wenn es sich dabei um kleinere Beleidigungen, eine Ohrfeige, vielleicht auch um noch nicht so ernsthafte Bedrohungen handelt. Es ist aber ein zunehmendes Phänomen, dass sich auch erhebliche Körperverletzungen plötzlich nicht mehr aufklären lassen, weil „man die Sache bereits unter sich geregelt habe". So bekundete ein libanesischer Angeklagter, dem vorgeworfen wurde, einen anderen jungen Libanesen wegen einer vorangegangenen Auseinandersetzung um das angemessene öffentliche Auftreten einer weiblichen jungen Verwandten mit einem Messer schwer verletzt zu haben, „Araber" klärten das untereinander und es sei bereits ein Geldbetrag zwischen den Familien als Ausgleich vereinbart worden. Im Übrigen sei ein Imam in die Angelegenheit eingeschaltet worden.

Manche Geschädigte kommen in die Verhandlung und wollen ihre Anzeige zurücknehmen, ohne die Gründe dafür darzulegen. Wenn man dann erklärt, dies sei bei gefährlicher Körperverletzung und im Übrigen bei allen Delikten, die von Amts wegen zu verfolgen seien, nicht möglich, erntet man Reaktionen zwischen Erstaunen und Verärgerung. In jedem Fall bekommt man vom „Opfer" keine verwertbare Aussage mehr. Das ist dann eine schwierige Situation für das Gericht und im Weiteren auch für den Rechtsstaat.

Immerhin haben es diese Verfahren bis in den Gerichtssaal geschafft. Mir berichten aber zunehmend junge Menschen, dass sich die schlimmsten Prügeleien unter Verwendung unterschiedlichster Waffen bewusst in rasender Geschwindigkeit zutragen, weil man sich zwar gegenseitig an die Kehle geht, aber keiner will, dass die Polizei Gelegenheit hat, einzugreifen, bevor die Sache erledigt ist. Ich habe selbst einmal eine Schlägerei in Berlin-Mitte beobachtet, in deren Verlauf Männer südländischen Aussehens mit Holzlatten aufeinander eindroschen, nachdem sie zuvor aus einem Hauseingang gerannt waren. Obwohl die Polizei relativ rasch eintraf, waren plötzlich alle wie von Zauberhand verschwunden. Manchmal vernehme ich in diesem Zusammenhang Stimmen wie: „Na, dann ist es ja auch gut, wenn eine derartige Einigkeit besteht." Mich beschleicht dabei eher ein ungutes Gefühl, denn das Recht wird aus der Hand gegeben und auf die Straße verlagert oder in ein paralleles System verschoben, indem dann ein Imam oder andere Vertreter des Korans entscheiden, was zu geschehen hat.

Zwei letzte Thesen möchte ich hier ansprechen. Die erste ist die ständig wiederholte und nach meinen Erfahrungen auch zutreffende Behauptung, dass Kinder aus Migrantenfamilien stärker der Gewalt ihrer Eltern ausgesetzt sind als Kinder deutscher Familien. Jugendrichter bearbeiten auch die sogenannten Jugendschutzverfahren, in denen Kinder Opfer von Straftaten werden. Wenn die obige Behauptung zutrifft, wo bleiben dann die Verfahren wegen „Misshandlung von Schutzbefohlenen" oder wegen „sexuellen Missbrauchs von Schutzbefohlenen"? Ich habe viele derartige Fälle verhandelt, als ich noch für die Berliner Bezirke Pankow, Prenzlauer Berg und Friedrichshain zuständig war. Außerdem habe ich über einen längeren Zeitraum richterliche Videovernehmungen von Kindern durchgeführt, die Opfer ihrer Eltern oder sonstiger Verwandter geworden waren. Es war kein Kind mit Migrationshintergrund dabei. In Neukölln-Nord tendiert die Anzahl dieser Verfahren gegen null. Weder die meist ebenfalls zugewanderten Nachbarn noch Erzieherinnen und Erzieher in Kindertagesstätten, Mitarbeiter an Schulen und Jugendämtern oder die Kinderärzte zeigen in dem zu erwartenden Umfang Verdachtsfälle an. Liegt dies daran, dass es keine körperlich sichtbaren Hinweise auf Misshandlungen oder Missbrauch gibt, oder wird weggeschaut?

Ich habe vor kurzer Zeit außerhalb des Gerichts ein Gespräch mit einem jungen Mann geführt, der aus einer türkischen Familie stammt. Er ist mehrfach verurteilt worden. Zuletzt verbüßte er eine mehrjährige Jugendstrafe wegen Kokainhandels. Seine beiden Brüder sitzen gegenwärtig langjährige Strafen ab. Mein Gesprächspartner hat bestätigt, dass seine Kindheit durch die massiven körperlichen Übergriffe seitens beider Eltern geprägt war. Sie banden ihn im Badezimmer an ein Heizungsrohr, verbrannten seine Haut mit glühenden Häkelnadeln und schlugen ihn mit dem Kopf auf einen scharfkantigen Gegenstand, als er einen Gegenstand verschluckt hatte. Seine Verletzungen waren für alle anderen sichtbar. Nur ein einziges Mal wurde hierauf reagiert. Eine Sportlehrerin sah die großen Hämatome und schaltete sofort das Jugendamt ein. Damals lebte die Familie in Nordrhein-Westfalen. Der Junge kam für einen Monat in ein Heim. Er verbrachte dort die einzige Zeit seiner Kindheit, in der er nicht verprügelt wurde. Dann gelobten die Eltern Besserung, bekamen das Kind zurück, und alles ging von vorn los. Ich habe ihn gefragt, ob das Schlagen der Kinder bei den Türken verbreitet sei, was er erstaunt bejahte, da diese Tatsache ihm allgemein bekannt erschien. Genauso üblich sei es, dass solche Taten von Türken nicht angezeigt würden. Alle wissen alles, aber den Eltern die deutschen Behörden auf den Hals zu hetzen, kommt für die Türken den Ausführungen des Mannes zufolge nicht in Betracht. Er war verblüfft, als ich ihm mitteilte, dass die Eltern für das, was sie ihm antaten, zu bestrafen gewesen wären. Wenn mein Gesprächspartner recht hat, leben in Deutschland Tausende von misshandelten Migrantenkindern, die potenzielle Gewalttäter sind. Uns stehen keine tauglichen Mittel zur Verfügung, diesen Kindern zu helfen, wenn die Taten nicht zur Anzeige gelangen.

Wir leben in einer Gesellschaft, in der an den Problemen bewusst vorbeigeschaut wird: aus Tradition seitens der Zuwanderer, aus Bequemlichkeit und Angst seitens der Deutschen. Das hat sich auch in München-Solln gezeigt. Die Menschen achten nicht mehr aufeinander und stehen nicht mehr füreinander ein. Wir versagen als Staat und als Individuen. Das können wir uns nicht mehr leisten.

Daraus folgend muss zwangsläufig auch die allgemeine Behauptung der Untersuchung bezweifelt werden, dass das Umfeld der Jugendlichen körperliche Übergriffe als Mittel der Konfliktlösung zunehmend verurteile. Die Kinder und Jugendlichen sind einer ständigen Reizüberflutung ausgesetzt. Die zahlreich verbreiteten Rap-Videos und Killerspiele habe ich bereits erwähnt. Aber auch die ganz Kleinen können früh lernen, dass Brutalität eine sozial anerkannte menschliche Eigenschaft ist. Wie sonst ist es zu erklären, wenn im Kinderkanal von ARD und ZDF z. B. am 17.9.2004 um ca. 16.30 Uhr folgende Szenen zu sehen sind: Ein Junge ist an einen Baum gefesselt. Ihm wird ein Knebel in den Mund gesteckt. Ein Jugendlicher schlägt einen anderen zusammen. Ein Mädchen klemmt einem Jungen absichtlich die Finger in der Autotür ein. Ein Junge wird mit einem starken Eisenhaken von hinten am Hals gepackt. Die Sprache ist ebenfalls brutalisiert: „Du wirst dafür bezahlen." Man könnte diese Aufzählung noch lange fortführen.

Zu einem letzten Punkt der Studie: Es wäre an der Zeit, nicht nur die deutschen Jugendlichen nach ihrer Haltung gegenüber Ausländern, Antisemitismus und Rechtsextremismus zu befragen. Wenn die Jugendlichen im Hinblick auf rassistische Entwicklungen beobachtet werden sollen, was ich für richtig halte, dann bitte in jede Richtung: Es findet sich in bestimmten sozialen Brennpunkten inländerfeindliches und zunehmend antisemitisches Gedankengut, das in Anbetracht der demografischen Entwicklung in Deutschland, langfristig gesehen, in Rassismus gegenüber den nichtmigrantischen Bevölkerungsteilen ausarten kann. In einem Verfahren gegen türkisch- und kurdischstämmige Jugendliche und Heranwachsende, die in einem Bus gegenüber deutschen jungen Frauen äußerten: „Deutsche kann man nur vergasen", war die Betroffenheit der Opfer jedenfalls greifbar.

Unter diesem Phänomen leiden im Übrigen zunehmend Homosexuelle, die auch von Deutschen schon immer eher herablassend behandelt wurden. Viele Türken und Araber verachten Schwule und behandeln sie dementsprechend. Muslime sehen Homosexuelle oft als einen Auswuchs des dekadenten Westens an. Dementsprechend bedrohlich stellt sich die Lage dar, wenn sich ein schwuler Türke oder Araber „outen" will. Dann riskiert er sein Leben. Es existieren in Berlin bereits Hilfseinrichtungen für homosexuelle Muslime, die diese vor ihren Familien verstecken und schützen.

Auch vor diesem Hintergrund habe ich übrigens einige Zeit nach der Veröffentlichung der Studienergebnisse mit großer Irritation zur Kenntnis genommen, dass der Direktor des Kriminologischen Forschungsinstituts Niedersachsen, Dr. Christian Pfeiffer, in den Medien – offensichtlich auf der Grundlage eben jener Studie – verkündete, dass strenggläubige muslimische Jugendliche gewaltbereiter sind als ihre christlichen Altersgenossen. Von dieser unbestreitbar bedeutsamen Feststellung war in dem zuvor dargestellten Fachbeitrag jedoch keine Rede gewesen. Im Gegenteil: Dort wird die vermehrte Begehung von Gewaltdelikten bei Jugendlichen nichtdeutscher Herkunft mit der ihnen gegenüber angeblich selektiv höheren Anzeigebereitschaft der Opfer sowie vornehmlich mit sozialen Ursachen in Verbindung gebracht. Das pauschale Ergebnis des Fachbeitrags, die Gewaltbereitschaft der Jugendlichen sei insgesamt gesunken, ist deshalb aus meiner Sicht nicht haltbar und angesichts der späteren öffentlichen Darstellung Pfeiffers auch ungeeignet, Jugendrichter und –staatsanwälte mit validen kriminologischen Erkenntnissen auszustatten – worauf sich zumindest einige meiner Kollegen bislang verlassen haben.

Zur Umsetzung richterlicher Weisungen und Anti-Gewalt-Maßnahmen bei freien Trägern und Projekten

Die „Warthe 60" und der „Stattknast" sind im Neuköllner Kiez angesiedelte Einrichtungen, die richterliche Weisungen an die Angeklagten nach Zuweisung durch die Jugendgerichtshilfen umsetzen. Man hat sich das so vorzustellen, dass der Angeklagte z.B. wegen eines Ladendiebstahls zu einer Erziehungsmaßregel in Gestalt einer Arbeitsweisung verurteilt wird. Diese beträgt in Berlin üblicherweise nicht mehr als 40 Stunden. Die Jugendgerichtshilfe arbeitet mit verschiedenen Trägern zusammen, welche die Arbeiten dann durchführen lassen. „Stattknast" ist ein Projekt mitten in Neukölln. Das Ambiente ist schlicht, aber liebevoll hergerichtet. Wer die Räume betritt, bemerkt sogleich, dass hier engagierte Menschen weit mehr Arbeit leisten, als ihnen bezahlt wird. Hierher werden von der Jugendgerichtshilfe Neukölln viele Arbeitsstunden vergeben. Es sind zwei Sozialarbeiter mit eineinhalb Stellen und eine ABM-Kraft beschäftigt. Die Jugendlichen können in der Siebdruckerei oder der Fahrradwerkstatt arbeiten. In der Letztgenannten ist es möglich, die eigenen Fahrräder zu reparieren, eine Tatsache, die mir irgendwie zu schaffen macht, müssen doch andere Menschen hierfür ihr erwirtschaftetes Geld bezahlen. Auch der hässliche Hinterhof wurde im Rahmen von Arbeitsstunden verschönert, was mir gut gefallen hat und sich eher mit meiner Vorstellung vom Inhalt einer Arbeitsweisung vereinbaren lässt. Obwohl die Mitarbeiter sehr motiviert sind und unverdrossen die vielen Stunden, die wir Richter anordnen, verteilen, war doch ein gewisser Frust spürbar. Zu wenig Kapazität in der problematischen Gegend, viele Verurteilte, die ihre Stunden nur schleppend erledigen, sich unzureichend oder gar nicht entschuldigen, u. a., weil sie sich überwiegend unschuldig verurteilt fühlen. Auch die Haltung verschiedener junger Männer gegenüber Frauen oder Mädchen wird hier kritisiert: Wird gemeinsam gekocht und steht der Abwasch an, wird selbstverständlich angenommen, dass diese Tätigkeit vom weiblichen Geschlecht erledigt wird. Natürlich lassen die Mitarbeiter diese Haltung nicht durchgehen. Auch Mohammed darf dann gern spülen, was er in der Regel auch tapfer macht. Werden im Übrigen die richterlich verhängten Stunden nicht erledigt, kann der Jugendrichter Beugearrest bis zu vier Wochen verhängen; jedoch vergehen bis dahin einige Monate, und die damit beabsichtigte erzieherische Wirkung ist dann kaum noch zu erreichen. Ich bewundere deshalb den ungebrochenen Eifer der Beschäftigten bei „Stattknast". Dies ist eine ganz und gar unverzichtbare Einrichtung.

Eine andere Einrichtung, die „Warthe 60", kombiniert offene Kinder- und Jugendarbeit mit Einzel- und Gruppenarbeit zur Gewaltprävention. Hierzu gehören vor allem Anti-Gewalt-Seminare und das sogenannte „sozialkognitive Einzeltraining". Der Bereich der Anti-Aggressions-Maßnahmen ist für die jugendrichterliche Arbeit in Neukölln von besonderer Bedeutung. Wie erwähnt, wissen wir Jugendrichter zum Teil nicht genau, wie die Maßnahmen aufgebaut und auf welche Tätergruppen sie zugeschnitten sind. Um den notwendigen eigenen Eindruck zu gewinnen, habe ich mich mit mehreren Maßnahmen befasst. Die Anti-Gewalt-Seminare der „Warthe 60" umfassen acht Gruppentermine von jeweils 2,5 Stunden. Die Teilnehmerzahl liegt bei fünf Personen. Es wird nicht nach Ethnien oder Straftaten unterschieden. Angeboten wird immer ein Seminar, das heißt, wer zugewiesen wird, kann nicht sogleich beginnen, sondern muss im schlechtesten Fall acht Wochen bis zum Beginn des nächsten Kurses warten. Zu Beginn eines Seminars findet mit jedem Teilnehmer ein Einzelgespräch statt. Die Regeln für die Teilnahme werden geklärt, die regelmäßige und aktive Teilnahme ist verpflichtend, wer zweimal fehlt, mit Entschuldigung oder ohne, fliegt raus. Das finde ich ausgezeichnet, da auf diese Weise jede Form des Ausweichens unterbunden wird.

Die erste Gruppensitzung dient dem gegenseitigen Kennenlernen. Jeder stellt sich mit seinen positiven Eigenschaften dar. Es erfolgt eine gemeinsame Definition von und Einigung auf Regeln während der Trainingszeit. Diese werden im Rahmen einer Pro-und-Contra-Diskussion erarbeitet. Besonders gefällt mir an dem Konzept das Entwerfen eines „Elfchens", was mich zunächst an eine Märchengestalt denken ließ, wobei es sich aber tatsächlich um die Formulierung der elf Ziele für die kommenden Termine handelt. Die Kürze der Darstellung ist bei den betroffenen Jugendlichen angebracht, sind sie in Wort und speziell Schrift doch meist nicht sonderlich gewandt. Ein „Besinnungsaufsatz" wäre an dieser Stelle mithin wirkungslos. Für die nächste Stunde wird eine Hausaufgabe erteilt: Von drei bedeutsamen Personen des sozialen Umfeldes, die der jeweilige Teilnehmer auswählt, soll bis zur nächsten Sitzung erfragt werden, welche positiven Eigenschaften sie an dem Jugendlichen wahrnehmen. Sehr gut! Auf diese Weise wird sichergestellt, dass der Betroffene nicht nur seine 2,5 Stunden absitzt und sich ansonsten wieder seinen gewohnten Verhaltensmustern hingibt. Er muss Leute aus seinem Bezugssystem auswählen, sich mit diesen unterhalten, und möglicherweise kommen so Gespräche in der Familie oder dem Freundeskreis zustande, die es sonst nie gegeben hätte.

In der zweiten Gruppensitzung schildern die Teilnehmer ihre aktuelle Lebenssituation. Im Anschluss daran beschreiben sie ihre Ziele und Vorstellungen bezogen auf die kommenden zehn Lebensjahre und machen sich Gedanken dazu, wie diese Ziele erreicht werden können. An diesem Punkt des Konzepts habe ich etwas die Stirn gerunzelt, weil es bislang nicht um das Thema Gewalt ging. Allerdings erreicht das Trainerteam, dass sich die Teilnehmer zunächst miteinander vertraut machen, was wohl den Boden für die Auseinandersetzung mit der eigenen Gewaltproblematik ebnet: Wer kommt schon in eine fremde Umgebung mit unbekannten Menschen und schildert nebenbei, wie er Schülerinnen mit einem Gewaltorgienvideo auf dem Handy geschockt, sie ans Gesäß gefasst und als „größte Schlampen" der Schule bezeichnet hat? Folgerichtig sieht die Strategie der „Warthe 60" ein Warm-up vor und schließt sodann eine zunächst theoretische Einführung zum Thema Gewalt und Aggression an. Es werden weiterhin die Situationen gesammelt, in denen die Jugendlichen wütend reagieren, sich hilflos fühlen. In der dritten bis siebten Sitzung werden die Taten bearbeitet, deretwegen die Teilnehmer dem Seminar zugewiesen wurden. Gemeinsam entwickelt die Gruppe alternative Handlungsmöglichkeiten, die in Rollenspielen ausprobiert werden. In der Abschlussveranstaltung erfolgen eine Auswertung des Trainings sowie ein Feedback an die Teilnehmer und ihr Verhalten in der Gruppe. Die Jugendlichen benennen jeweils zwei gute Eigenschaften, die sie an sich selbst wahrnehmen, und zwei weitere, die sie als verbesserungsbedürftig einstufen.

Ich halte eine solche Vorgehensweise für insgesamt klug und effektiv, ohne den Erfolg messen zu können. Eine Evaluierung der Maßnahme hat hier, wie auch beim überwiegenden Teil der anderen Einrichtungen (soweit ich weiß), bislang nicht stattgefunden.

Hut ab übrigens vor den Mitarbeitern und Schande über die Verantwortlichen, die es zu vertreten haben, dass die Räumlichkeiten der „Warthe 60" in einem teilweise baufälligen Zustand sind. Dazu gehören nackte Ziegelsteinwände, defekte Computer sowie ein Riesenloch in der Küchendecke. Das Sofa, auf dem ich saß, hatte eine arabische Mutter gespendet; ebenso wie die meisten Arbeitsmaterialien stammt auch die kleine Holzbühne aus freiwilligen Zuwendungen. Wenn man bedenkt, dass abgesehen von den dargestellten Trainings hier freie Kinder- und Jugendarbeit stattfindet, also täglich von 16.00 Uhr bis 19.00 Uhr Freizeitgestaltung für gefährdete junge Menschen durchgeführt wird, muss die Frage erlaubt sein, was die Gesellschaft zu einer derartigen Vernachlässigung dieses Bereiches veranlasst, während in andere Projekte unkontrolliert Millionenbeträge investiert werden.

Ein weiterer bedeutsamer Träger für die jugendrichterliche Tätigkeit ist die „Integrationshilfe Berlin". Sie agiert in ganz Berlin. Hier werden zahlreiche richterliche Maßnahmen umgesetzt. Dazu zählen die bereits erwähnten Arbeitsweisungen, Anti-Gewalt-Kurse, soziale Trainingskurse und Beratungsgespräche. Die Integrationshilfe ist kein „Projekt" im eigentlichen Sinne, das jederzeit wieder von der Bildfläche verschwinden kann, sondern besteht bereits seit 1981. Dennoch flechte ich die Arbeit des Vereins an dieser Stelle ein, denn an die Struktur und Erfolge des Trägers knüpft sich die Wirksamkeit vieler Urteilssprüche, da es sich um eine große Einrichtung mit breitem Angebot und gesicherter Finanzierung handelt. Bei den Arbeitsleistungen ist zu unterscheiden zwischen denjenigen, die pädagogisch betreut werden, und denen, wo „nur" gearbeitet werden soll. Ein wichtiger Unterschied. Im erstgenannten Bereich kann der junge Mensch sich in der bereits angesprochenen Fahrradwerkstatt, in der Glasgruppe (Tiffany), in Kreativ- und Hauswirtschaftsgruppen oder in der Holzwerkstatt betätigen. Bei diesen Angeboten ist der normale Bürger oft geschockt, sollte man doch denken: Wenn schon eine Arbeitsweisung erteilt wird, dann mag auch die Arbeit der entscheidende Faktor sein. Die genannten Bereiche scheinen allerdings mehr im Bereich der Freizeitgestaltung zu liegen. Das denke auch ich manchmal. Aber wenn man sich näher mit der Idee befasst, die dahintersteht, leuchtet einem der Ansatz ein. Viele der Straftäter leben völlig unstrukturiert in den Tag hinein. Sie haben es nicht gelernt, sich überhaupt mit einer Aufgabe mehrere Stunden lang auseinanderzusetzen. Mit einer auch die Kreativität berücksichtigenden Beschäftigung soll der junge Mensch an Kontinuität und Beharrlichkeit herangeführt werden. Zugleich ermöglicht es die Arbeit in der Gruppe unter Beteiligung von Pädagogen, sich Auseinandersetzungen zu stellen, Konflikte friedlich beizulegen und manchmal auch gesprächsweise die Straftat und die Gerichtsverhandlung aufzuarbeiten.

Die Ziele der Anti-Gewalt-Maßnahmen sind erfreulich differenziert. Es wird danach unterschieden, ob in der allgemeinen Entwicklung des Täters schwache oder stark ausgeprägte Auffälligkeiten erkennbar sind und wie erheblich sich die Gewaltanwendung darstellte. Je nachdem, wie sich die Analyse nach Vorgesprächen und anderen Erkenntnissen gestaltet, werden die Maßnahmen angeboten. Ziel eines Anti-Gewalt-Kurses ist es vorrangig, sich mit der Straftat auseinanderzusetzen und Handlungsalternativen in Konfliktsituationen einzuüben. Hierfür sind insgesamt 18 Stunden vorgesehen. Die Teilnehmerzahl beträgt 6–12 Personen. In Betracht kommen hierfür also nur Täter, die wegen leichter bis mittlerer Gewaltdelikte aufgefallen sind. Da der Träger in der Lage ist, mehrere Kurse parallel zu veranstalten, können die Gruppen nach Alter, Nationalität und Geschlecht unterschiedlich zusammengestellt werden. Darüber hinaus ist ein Einstieg jederzeit möglich. Das Anti-Gewalt-Training, das auch als „sozialer Trainingskurs" bezeichnet wird, ist für Jugendliche und Heranwachsende gedacht, die wegen mehrfacher oder schwerer Gewaltdelikte verurteilt worden sind. Es dauert etwa vier Monate, wobei vier Einzelgespräche stattfinden und 13 Trainingsschwerpunkte durchlaufen werden. Die Teilnehmer sollen mit ihrer Tat konfrontiert werden und lernen, Gewaltsituationen frühzeitig zu erkennen, ihnen auszuweichen oder unvermeidliche Konflikte friedlich zu lösen. Die eigene soziale und familiäre Entwicklung soll betrachtet, Interessen erkannt und benannt, Ziele entwickelt und die Möglichkeit der Realisierung eingeschätzt werden. Je nach Art der Straftatentwicklung, der Motivation und der persönlichen Situation des Jugendlichen wird entweder mit mehr konfrontativen Anteilen oder mit stärkerer Betonung der Entwicklung sozialer Kompetenzen gearbeitet. Interessant erscheint mir in diesem Zusammenhang die Entwicklung der Fallzahlen: Gab es im Jahr 1998 fünf Teilnehmer, waren es in 2007 bereits 51.

Einen breiten Raum nimmt bei der Integrationshilfe auch die Durchführung des „Täter-Opfer-Ausgleichs" (TOA) ein. Für diese Maßnahme sind grundsätzlich alle Fälle geeignet, in denen eine Person geschädigt wurde, wobei weder die Schwere des Deliktes noch Art und Anzahl der Vorbelastungen des Täters den Ausschlag für die Einleitung eines TOA geben sollen, sondern die subjektive Konfliktlösungsbereitschaft der Beteiligten und deren persönliche Einschätzung des Vorfalls. Das Ganze hat nur auf freiwilliger Basis Sinn. Es werden in diesem Bereich teilweise erstaunlich gute Ergebnisse erzielt. Manchmal bekomme ich eine Anklage auf den Tisch und denke: „Da ist ja wohl mindestens ein Arrest fällig." Etwas zähneknirschend lasse ich die Akten aber erst einmal ruhen, weil die Jugendgerichtshilfe einen TOA vorschlägt und erste Bemühungen des Trägers, zu den Beteiligten Kontakt aufzunehmen, bereits laufen. Zu meiner Überraschung lassen sich einige Opfer auf moderierte Gespräche mit den Tätern ein, und es kommt nicht selten im Vorfeld der Hauptverhandlung zur Konfliktbereinigung. Das bedeutet nicht die Verpflichtung von Staatsanwaltschaft und Gericht, keine weiteren Maßnahmen zu verhängen, jedoch ist ein erfolgreich durchgeführter TOA aus erzieherischer Sicht natürlich geeignet, keinen zusätzlichen „Maßnahmencocktail" zu mixen. Dies gilt aus meiner Sicht umso mehr, als im Rahmen eines TOA nicht nur auf der reinen Gesprächsebene agiert werden muss, sondern zusätzlich die Möglichkeit besteht, dass der Täter Arbeiten ableistet und der hierbei erwirtschaftete Geldbetrag dem Geschädigten zugutekommt. Auf diese Art und Weise bin ich schon häufiger von meinem Ursprungsreflex, schnell mit Arrest zu reagieren, abgebracht worden. Zunehmend habe ich aber den Eindruck, dass auf Opferseite die Bereitschaft sinkt, sich mit den Tätern „an einen Tisch zu setzen", auch wenn sich die Zahl der Fälle, in denen mit derartigen Mitteln agiert wurde, nach oben entwickelt hat.

Die weitere Angebotspalette der Anti-Gewalt-Maßnahmen gestaltet sich, gelinde gesagt, derart unübersichtlich, dass nur noch zwei weitere Modelle angerissen werden sollen. Zum einen finde ich das „Coolness-Training" erwähnenswert. Er richtet sich an Jugendliche und Heranwachsende, die mehrfach durch dissoziales Verhalten aufgefallen sind und deren persönliche, schulische und berufliche Entwicklung stagniert. Es werden feste Gruppen von ca. zehn Personen, die jeweils mit zwei Trainern arbeiten, eingerichtet. Ein Kurs umfasst 20–25 Sitzungen plus drei Vorbereitungstermine. Eine Sitzungseinheit beträgt mindestens neun Stunden wöchentlich. Diese unterteilen sich in gruppen- und personenbezogene Arbeit. Das äußerst kostspielige Training gliedert sich in vier Phasen: die Biografie-, die Konfrontations-, die Neuorientierungs- und die Nachbetreuungsphase. Wichtig erscheint mir hier die zweite Phase, in der die Teilnehmer auf dem sogenannten „Heißen Stuhl" mit Hilfe von Provokationstests gereizt und ihre Rechtfertigungsbemühungen von den anderen Teilnehmern hinterfragt werden. Die Methode birgt Risiken. Manch einer berichtet hinterher, seine Aggressionsbereitschaft sei durch die Maßnahme gestiegen. Ich kann mir das bei Jugendlichen mit vielfältigen Problemen auch gut vorstellen.

Einen gänzlich anderen Ansatz verfolgt das „Denkzeit-Training". Hierbei handelt es sich um eine „Eins-zu-Eins-Situation" zwischen einem ausgebildeten Pädagogen, der über etwa ein Dreivierteljahr in 40 Sitzungen mit dem Jugendlichen zusammenarbeitet. Der Trainer soll dabei verlässlich und zugewandt, aber auch fordernd auftreten und den Jugendlichen dazu bringen, Verantwortung für sein Handeln zu übernehmen. Gut finde ich, dass die ersten 24 Sitzungen in ihren Zielen, Methoden, Beispielen und didaktischen Hinweisen ausgearbeitet sind. Der Trainer und sein Gegenüber gehen das vorbereitete Material Punkt für Punkt durch. Am Anfang einer Sitzung wird das Vorausgegangene wiederholt, der Jugendliche bekommt „Hausaufgaben", damit er sich über eine Einheit hinaus mit seinen Problemen befasst. Ich denke, auf diese Weise wird ein Standard geschaffen, den sämtliche Pädagogen gleichermaßen anwenden müssen, was die Methodik dauerhaft sichert. Weiterhin sagt mir zu, dass es Zulassungsvoraussetzungen für jeden Trainer gibt: Dazu zählen ein abgeschlossenes sozialwissenschaftliches Studium, praktische Berufserfahrung und natürlich die Akzeptanz der Denkzeitmethode.

Die meisten Mehrfachtäter bräuchten ein Denkzeit-Training. Es kostet aber jeweils etwa 2000 Euro.

Die theoretische und praktische Befassung mit den präventiven Angeboten und den Projekten, die richterliche Anordnungen umsetzen, hat mir vor allem deutlich gemacht, dass es eindeutig zu viele Einzelinitiativen gibt. Mag jede für sich einen noch so fundierten Ansatz haben und die richtigen Ziele verfolgen, so zeigt sich dennoch auch hier eine Zersplitterung bis hin zur Unübersichtlichkeit. Es ist in Anbetracht der Vielzahl der Fälle, die ein Jugendrichter zu entscheiden hat, schwierig, das passende Angebot für den jeweiligen Angeklagten herauszufiltern. Andererseits darf von uns verlangt werden, dass wir wissen, was sich hinter den Angeboten verbirgt. Die Jugendgerichtshilfe macht zwar in der Hauptverhandlung einen diesbezüglichen Vorschlag. Ich bin aber insofern mit dem derzeitigen Staatssekretär für Justiz, Herrn Hasso Lieber, einer Meinung, wenn er in einem Grußwort zu einer Tagung der Landeskommission gegen Gewalt äußert: „Hier ordnen Richterinnen und Richter nicht selten die Teilnahme an Seminaren, Kursen und Trainings an, ohne die Frage der Indikation des konkreten Angebotes in jedem Fall aus eigener Fachkunde beantworten zu können."

Wie machen es andere?
Eine länderübergreifende Betrachtung

2008 und 2009 hatte ich gemeinsam mit einer Neuköllner Delegation die Gelegenheit, in Rotterdam, Glasgow, London und Oslo Eindrücke darüber zu sammeln, wie dort mit Jugendkriminalität und sozialen Problemen umgegangen wird.

In allen Städten war erkennbar, dass es sich bei der Jugendkriminalität um ein wachsendes Problem handelt und dieses sich zunehmend um die zum Teil fehlgeschlagene Integration von Migranten rankt. Überall kam deutlich zum Ausdruck, dass der präventive Ansatz in der Kriminalitätsbekämpfung Vorrang hat. Sämtliche beteiligten Institutionen bemühen sich darum, früh hinzuschauen und einen Konsens speziell mit den Eltern der Jugendlichen herzustellen, um bereits im Vorfeld der Entstehung delinquenten Verhaltens aktiv werden zu können. Auffallend war, dass die Vertreter insbesondere der staatlichen Einrichtungen teilweise sehr zurückhaltend in der Benennung der Probleme waren und dementsprechend eine unterschiedliche Bereitschaft bestand, valides Zahlenmaterial herauszugeben.

Oslo

In Norwegens Hauptstadt leben etwa 450.000 Menschen, von denen 26 Prozent einen Migrationshintergrund haben. Es ist eine deutliche Segregation zu verzeichnen, die dazu führt, dass es Wohngebiete bzw. Schulen mit 90-prozentigem Migrantenanteil gibt. Diese Menschen wandern vorwiegend aus Somalia, Pakistan, Sri Lanka, Polen, dem Irak und der Türkei zu. Die Migranten aus Somalia bereiten im Bereich der Integration die größten Probleme und sind auch im Bereich der Straftaten überrepräsentiert. Im Stadtbild ebenfalls deutlich sichtbar ist die Bevölkerungsgruppe der Roma. Diese bleibt überwiegend unter sich, viele Menschen haben gar keinen Aufenthaltsstatus (rund 20.000 „Illegale" leben in der Stadt). Im Jahr 2008 wurden in Oslo 82.660 Delikte registriert. Bei einer polizeilichen Aufklärungsquote von lediglich 19 Prozent – in Berlin liegt man bei rund 50 Prozent – war eine Zunahme von 86 Prozent bei Diebstählen aus Wohnungen, 44 Prozent bei Graffiti und 17 Prozent bei Raubüberfällen zu registrieren. Die Jugendkriminalität hat hingegen um 15 Prozent abgenommen. 1573 Täter unter 18 Jahren gab es im Jahr 2008, wovon 117 als Intensivtäter geführt werden. Als solcher gilt man in Oslo, wenn man mehr als vier Straftaten begangen hat. 65–70 Prozent der Intensivtäter Oslos haben einen Migrationshintergrund. Hinsichtlich der Opfer wird festgestellt, dass bei reinen Gewaltdelikten „Schwarze" – so die gängige Terminologie vor Ort –, bei Raubtaten hingegen „Weiße" betroffen sind.

Erstaunt hat mich, dass Oslo weder über ein Jugendgerichtsgesetz noch über eigene Jugendstrafanstalten verfügt. In Oslo werden 15- bis 23-Jährige „milder" bestraft als Erwachsene. Es stehen genau sechs Haftplätze für 15- bis 18-Jährige Straftäter zur Verfügung. Auch eine geschlossene Heimunterbringung ist nicht vorgesehen, jedoch verfügt man über Einrichtungen mit festen Strukturen und Regeln, in denen 20 Intensivtäter betreut werden können, weitere 20–30 stehen unter Betreuung bzw. Beobachtung. Wir erfuhren all dies beim Besuch des SaLTo-Programms (übersetzt: „Zusammen schaffen wir ein sicheres Oslo"). Es verpflichtet die Vertreter der Stadtteile und die Polizei zur verbindlichen Zusammenarbeit und besteht seit den Schießereien bewaffneter Jugendbanden im Jahr 2008, bei denen es zu Schwerverletzten kam, wodurch großer öffentlicher Druck entstand. Oslo hat darauf reagiert, indem zunächst einmal eine Problemanalyse ergab, dass die Kerngruppe der Bande aus einem Norweger, drei Pakistani, zwei Somaliern und einem Kurden bestand, die einige Gemeinsamkeiten aufwiesen: Arbeitslosigkeit in der Familie, schlechte Wohnverhältnisse, geringe Frustrationstoleranz, Aggressionen, Ängstlichkeit, Misstrauen gegenüber dem staatlichen System und „broken homes". Aufgrund der Vielschichtigkeit der Probleme wurde eine Kooperation zwischen Jugendamt, Polizei, Schule und Straßensozialarbeitern vereinbart. Das hört sich für den deutschen Leser erst einmal nach einem permanenten Verstoß gegen den Datenschutz an, wird aber in Norwegen anders bewertet. Außerdem gestehen die Sozialarbeiter, die mit den Jugendlichen und ihren Familien arbeiten, gern ein, dass sie die Informationen der Polizei bereitwillig aufnehmen, sie selbst hingegen längst nicht alles der Polizei mitteilen, da ansonsten kein Vertrauen zu den Betroffenen aufgebaut werden könne. Sehr wohl werde aber das Ki-Ju-Schutzteam des Amtes informiert, auch jeder Schulleiter könne sich an die Sozialarbeiter wenden; umgekehrt falle der Informationsfluss wiederum spärlicher aus.

Das Problem des Schulschwänzens wurde uns in Oslo als vernachlässigenswert geschildert. Überhaupt erklärt eine Schulleiterin in Furuset, einem Stadtteil von Alna, der als problembelastet gilt, dass in ihrer Schule mit einem Migrantenanteil von 95 Prozent maximal zehn Prozent der Kinder als schwierig einzustufen seien. Jeder Schule ist ein Polizeibeamter zugeteilt, der sich um Einzelfälle der Schuldistanz kümmere, auch die Ki-Ju-Schutzteams seien im Rahmen der aufsuchenden Sozialarbeit normalerweise in der Lage, die Eltern zu erreichen und für einen regelmäßigen Schulbesuch zu sorgen. Eine Zusammenarbeit zwischen Schule und Polizei wird als selbstverständlich betrachtet, jeder Gewaltvorfall wird sowohl den Eltern als auch dem Schulamt gemeldet.

Das Schulsystem in Norwegen ist übrigens so gestaltet, dass die Kinder mit sechs Jahren eingeschult werden und bis zur 10. Klasse gemeinsam beschult werden. Im Anschluss daran splittet sich das System in eine praxisorientierte weiterführende Beschulung und einen gymnasialen Zweig, in dem man nach drei weiteren Jahren das Abitur erwerben kann. Die 1. bis 7. Klasse werden als Grundschule bezeichnet, die 8. bis 10. Klasse als Jugendschule. Hier unterrichtet ein Lehrer 20 Schüler. Der Unterricht erfolgt zusätzlich noch differenziert je nach Leistungsniveau. Die Personalzusammenstellung richtet sich am Bedarf aus. Die Schule in Furuset erhält darüber hinaus vier Jahre lang gegenüber anderen Schulen jährlich 250.000 Euro sowie für jedes Kind mit bestehendem

Sonderunterrichtsbedarf einen weiteren Zuschuss. Für die Elternarbeit wurde ein zusätzlicher Lehrer eingestellt, und überhaupt kann der Schulleiter sich seine Lehrerschaft zumindest zum Teil selbst aussuchen! Im Vergleich zur Bundesrepublik sind dies geradezu beneidenswerte Zustände.

Die Schule, die wir besucht haben, verfügt ergänzend zum Unterricht über eine „offene Schule", die täglich bis zum Abend von etwa 50 der 400 Kinder besucht wird. Hier findet Freizeitgestaltung statt, muslimische Mädchen, die aufgrund der Intervention ihrer Eltern nicht am regulären Schwimmunterricht teilnehmen dürfen oder wollen, können dies hier nachholen. Der Religionsunterricht wird nicht nach Konfessionen aufgeteilt, Priester und Imame werden nicht beteiligt, die Eltern können aber beantragen, dass ihre Kinder an bestimmten religiösen Aktivitäten nicht teilnehmen müssen (z. B. am Gottesdienst am letzten Schultag vor den großen Ferien).

Um einer kriminellen Entwicklung von Kindern und Jugendlichen vorzubeugen, ist das SaLTo-Programm in Alna so ausgestaltet, dass sich die leitenden Mitarbeiter folgender Institutionen monatlich einmal austauschen: Polizei, Kinder- und Jugendschutz (vergleichbar mit unserem Jugendamt), die Jugendbase (ambulante Familienhilfe), Straßensozialarbeiter, Folgedienste (z. B. Gesundheitsämter), Schulen, Freizeiteinrichtungen. Konkrete Fälle werden besprochen, Daten ausgetauscht, Strategien festgelegt. Im letztgenannten Bereich erschien mir die Vorgehensweise allerdings ziemlich nebulös, wurde doch aus meiner Sicht der Eindruck erweckt, als regele sich das Problem bereits durch die Zusammenarbeit der Beteiligten. Was aber tun, wenn Elternhäuser verschlossen bleiben? Entweder gibt es diese Probleme in Oslo nicht oder man steht dann vor ähnlichen Situationen wie in Deutschland.

Wie gesagt: Die Ansätze sind strukturell präventiv. Schwierige Jugendliche werden durch die Vernetzung und den Austausch von Informationen und Daten rasch ausfindig gemacht. Sodann gilt es, durch entsprechende Angebote an die Familien Abhilfe zu schaffen, Vorbehalte abzubauen und die Bereitschaft zur Mitarbeit zu wecken. Hier ist Norwegen offensichtlich aufgrund seiner hervorragenden ökonomischen Gesamtsituation (Vollbeschäftigung, keine Staatsverschuldung, riesige Gewinne aus der Ölförderung in der Nordsee) erheblich besser gestellt als wir. So verfügt allein Alna über fünf große Jugendfreizeiteinrichtungen. Dies sind keine ausgebauten ehemaligen Kleinläden mitten im Kiez, die in Berlin zwar „dichte bei" angesiedelt sind, dafür aber räumlich und zeitlich nur stark eingeschränkt agieren, sondern große Areale, die zum Teil über eigene Eishockey- und Handballhallen, Schwimmbäder, Fußballplätze, Küchen und freundlich gestaltete Aufenthaltsräume verfügen.

Die uns vorgestellte Einrichtung befindet sich im Übrigen auch nur einen Steinwurf von der meistfrequentierten Schule entfernt. Es werden Angebote, getrennt für 10- bis 13-Jährige und 13- bis 18-Jährige, unterbreitet. Die Häuser haben wochentags nach Schulschluss etwa bis 19 Uhr, am Wochenende bis 23 Uhr geöffnet und bieten in diesen Zeiten vor allem sportliche Aktivitäten an. Als entscheidend für den Erfolg des Konzepts sehe ich die Weiterführung und Spezifizierung der Angebote während der Ferien an. Gefallen hat mir im Übrigen besonders, dass viele behinderte Kinder integriert sind und diese sich besonders gern auf den zahlreichen kulinarischen Veranstaltungen betätigen. Sie kochen, backen, dekorieren und haben dabei offensichtlich sehr viel Spaß. Als wir den Jugendclub in Furuset besuchten, wurden wir jedenfalls üppig bekocht und ich bin in die Küche gegangen, um mich zu bedanken. Es waren drei Jugendliche mit Downsyndrom und eine Sozialarbeiterin zugegen, die sich riesig freuten, gelobt zu werden. Als weniger erbaulich empfand ich die Information über den geschlechtergetrennten Schwimmunterricht und die ebenfalls zwischen Jungen und Mädchen aufgeteilten Cafés. Insgesamt entstand jedenfalls der rundum positive Eindruck einer flächendeckenden Versorgung der Kinder und Jugendlichen im Freizeitbereich.

Um Eltern in die Integration und Gewaltprävention einzubeziehen, wurden in Norwegen ebenfalls zahlreiche Initiativen gestartet. So existiert wie in Deutschland auch hier eine ambulante Familienhilfe. Diese ist aufgrund der Vernetzung und erhöhten Kommunikation der beteiligten Institutionen schneller „am Ball", als ich das bei uns erlebe. Melden ein Schulleiter, die Polizei oder die Straßensozialarbeit ein problematisches Kind, wird sofort interveniert. Auf der konsensualen Ebene werden den Eltern unterstützende Maßnahmen offeriert. Parallel zu der offiziellen Arbeit des Amtes für Kinder- und Jugendschutz agiert das „Homestart-Programm". Eine aus Pakistan stammende junge Frau erklärte uns das freiwillige Engagement von überwiegend migrantischen Mitarbeitern, die zwei Stunden pro Woche in den zugewanderten Familien verbringen und unterstützend wirken sollen. Man stelle sich dies als ein Art Brückenbauerfunktion zwischen den Ethnien vor, wie es sie teilweise auch in Berlin gibt: Die „Stadtteilmütter" in Neukölln agieren nach einem ähnlichen Prinzip.

Vergleichbare Ansätze verfolgt das „ICDP – International Child Development Program", bei dem es sich ebenfalls um ein Integrationsprojekt handelt. Die Eltern sollen in der jeweiligen Heimatsprache über Grundsätze von Säuglingspflege, Kindergarten- und Schulbesuch informiert und beraten werden. Ein Mitarbeiter des ICDP schilderte eindrucksvoll das auch uns geläufige Problem, speziell die Väter schwer zu erreichen: „Eltern sind wie Fahrräder: Wenn ein Reifen platt ist [gemeint waren die Väter], kann es unmöglich fahren."

Einen sehr frühen Zeitpunkt der Prävention wählt das Programm „Bydee Alna". Hier werden in 56 Kindergärten Erzieherinnen besonders geschult, um den Spracherwerb der Migrantenkinder zu fördern. Kinderbücher in den verschiedenen Sprachen werden an die Eltern verteilt, damit sie lernen, ihren Kindern vorzulesen. Eine wirklich gute Idee. Ich wies bereits darauf hin, dass ein deutsches Kind durchschnittlich mit 3000 Stunden „Vorlesezeit" in den Schulbetrieb startet, während in den migrantischen Elternhäusern so gut wie gar nicht vorgelesen wird. Der echte Fortschritt des norwegischen Systems gegenüber unserem liegt meiner Meinung nach aber darin, dass zweisprachige Mitarbeiter anhand von zuvor erstellten Namenslisten der vier- bis fünfjährigen Einwohner von Furuset mit Migrationshintergrund in die Familien geschickt werden, um die Eltern zur Anmeldung ihrer Kinder im Kindergarten zu motivieren. Hier wird auf einfachstem Niveau gearbeitet. Es werden Bilder vom Kindergarten gezeigt, um das Vertrauen der Eltern zu gewinnen. Wichtig sei, so eine Mitarbeiterin, die Eltern nicht zu belehren, sondern sie zu informieren. Auf diese Art und Weise hat man einen steigenden Anteil der Kindergartenkinder erreicht und die Rückmeldung der Schulen ergab, dass die Kinder besser Norwegisch sprechen. Glückliches Land!

Einen weiteren interessanten Ansatz für ein besseres Verständnis zwischen den Ethnien bietet das Programm „Bo-Sammen". Es fördert das Miteinander der Bewohner eines Wohngebietes. Es existieren elf Anlaufstellen in einem Bereich von 2687 Wohnungen mit insgesamt ca. 8000 Mietern. In Seminaren werden Themen mit der Zielsetzung „Wir im Haus sind eine Familie" besprochen. Jedes Mehrfamilienhaus hat einen Leiter, der geschult wird, z.B. die angesprochenen Seminare durchzuführen. 34 dieser Leiter wurden bisher ausgebildet, 50 Prozent haben einen Migrationshintergrund. Sie erhalten 200 Euro pro Tageskurs. Ohne Zweifel können sich die Mitarbeiter mit eigenen Migrationserfahrungen eher in Menschen aus dörflichen Verhältnissen der „Dritten Welt" hineinversetzen, die lernen müssen, auf engem Raum mit vielen anderen Kulturen oder auch nur der eigenen Ethnie zusammenzuleben. Die Polizei bestätigte uns, dass seit der Einrichtung des Programms die Häufigkeit des Einschreitens in diesen Wohnblöcken erheblich gesunken sei. Soziale Kontrolle kann also funktionieren. Ein gutes Beispiel für die Beseitigung eines Missverständnisses, das unter anderen Gegebenheiten zu einem ernsthaften Konflikt hätte eskalieren können: Mehrere Söhne einer zugezogenen afrikanischen Familie spielen auf der Straße Fußball. Der Ball knallt gegen das Auto eines Urnorwegers. Der stürzt aus dem Haus und schreit: „Ihr schwarzen Teufel!" Das stellt in Nordnorwegen eine gängige Beschimpfung unabhängig von Rasse und Herkunft dar, wie uns die Dolmetscherin wissen ließ. Die Kinder rennen zu ihrem vom Umzug genervten Vater und vermelden, der Nachbar sei ein Rassist. Der emotional erregte Afrikaner rennt daraufhin zum Norweger und sagt, er – der Afrikaner – werde nunmehr dem Norweger den Kopf abschlagen. Das ist nun wieder in Afrika eine normale verbale Reaktion, wenn man sauer ist. Das sofortige Einschreiten eines Mitarbeiters von „BoSammen" konnte den Konflikt beilegen.

Insgesamt scheint der Ansatz Oslos in der Bekämpfung der Jugendkriminalität erfolgreich zu sein. Ich formuliere vorsichtig, weil meine Skepsis gegenüber statistischen Werten ja bereits zum Ausdruck gekommen ist. Während im Jahr 2007 noch 140 Intensivtäter erfasst wurden, lag die Zahl in 2008 bei 117 Personen. Die Anzahl der Raubüberfälle soll von 188 in 2007 auf 97 in 2008 zurückgegangen sein. Meine Bereitschaft, die statistischen Werte anzuerkennen, besteht dennoch, weil ich den strukturellen Ansatz der Verantwortlichen für gelungen halte. Man erkennt und benennt offen das Kriminalitätsproblem als Teil eines Integrationsproblems. Die Prävention setzt bereits sehr früh ein. Die Familien werden rechtzeitig besucht, aufgeklärt und motiviert, die Kinder in die Tageseinrichtungen zu bringen. Die „schwarzen" Schulen werden personell und materiell besser ausgestattet als die übrigen. Es gibt ein breit gefächertes und vielfältiges Freizeitangebot. Die Regelsysteme wie Jugendamt, Schule und Polizei agieren auf kommunaler Ebene ohne Scheu miteinander. Die Bereitschaft für ein soziales Miteinander wird zusätzlich durch pfiffige Projekte gestärkt.

Jedoch: Was Norwegen finanziell hierfür investiert, kann wahrscheinlich nicht von jedem europäischen Land geleistet werden, das mit ähnlichen Problemlagen konfrontiert wird. Außerdem ist das Kriminalitätsproblem in Norwegen noch nicht so gravierend wie in Deutschland. Mit sechs Haftplätzen für jugendliche Straftäter käme keine Großstadt in Deutschland aus.

Glasgow

Die Stadt hat nur noch 600.000 Einwohner, nachdem sie zuvor bis zum Niedergang der Schwerindustrie eine Million Menschen zählte. Die Arbeitslosenquote liegt bei sieben Prozent. Der Anteil der Bewohner von Glasgow mit Migrationshintergrund beträgt fünf Prozent. Die meisten Zuwanderer stammen aus Pakistan, gefolgt von der Slowakei, Rumänien, Indien und arabischen Ländern, wobei keine staatenlosen Palästinenser oder Türken nach Schottland gezogen sind. Das Stadtbild ist angenehm. Es fallen auf den ersten Blick keine Graffitis, Vandalismus oder andere Zeichen einer vernachlässigten Gemeinschaft auf.

In Schottland habe ich ebenso vergeblich auf Zahlen bezüglich der Kriminalität im Allgemeinen und der Jugenddelinquenz im Besonderen gewartet – und das, obwohl nach unseren Vorabinformationen die Mordrate in Glasgow doppelt so hoch ist wie in London. Das Stadtgebiet East End kann mit diversen Jugendgangs, die einige Hundert Mitglieder umfassen, aufwarten. Die jüngsten sind acht Jahre alt. Die Bewaffnung mit Messern ist Standard. Auch in Schottland gibt es kein Jugendgerichtsgesetz oder ein entsprechendes Gericht für alle Jugendlichen. Dabei liegt die Strafmündigkeitsgrenze bei zwölf Jahren (bis vor einigen Jahren lag sie bei acht!). Wir erfahren von einem Amtsrichter, der modellhaft den Hamilton Sheriff Court in einer Nachbargemeinde von Glasgow leitet, dass die Staatsanwaltschaft nur in schwerwiegenden Fällen unter 16-Jährige anklagt. Eigentlich gelte das Prinzip „Fürsorge statt Strafe". Bei kleineren Delikten wie Diebstahl oder Sachbeschädigung wird ein „Children's Hearing" durchgeführt, nachdem der Richter den Sachverhalt geprüft hat. Dann befinden ehrenamtlich tätig werdende Bürger über die einzuleitende Maßnahme. Wird Anklage zum Jugendgericht erhoben, kann bei geständigen Angeklagten innerhalb von zehn Tagen nach Tatbegehung, bei nichtgeständigen Tätern innerhalb von 40 Tagen im beschleunigten Verfahren verhandelt werden. Da stieg in mir natürlich der Neid auf, allerdings muss man sich vergegenwärtigen, dass in einer kleinen Gemeinde in der Nähe Glasgows auch ein geklautes Fahrrad bereits Aufsehen erregt, wie mir mein Kollege glaubhaft versicherte. Was die möglichen Reaktionen auf strafbares Verhalten angeht, wurde mitgeteilt, dass Geld- und Bewährungsstrafen ebenso verhängt werden wie Arbeitsauflagen, ein Täter-Opfer-Ausgleich durchgeführt werden kann, Familienkonferenzen und Drogentherapien angeboten werden. In Schottland gibt es Jugendstrafanstalten. Diese sind für Verurteilte bis zum 21. Lebensjahr vorgesehen.

Das Projekt des Jugendgerichts wurde bereits positiv evaluiert, dennoch ist keine Ausweitung auf ganz Schottland geplant. Es bleibt uns Besuchern allerdings verborgen, wie außerhalb des dargestellten Modells mit jugendlichen Straftätern umgegangen wird. Irgendwie wird immer wieder der Eindruck erweckt, man habe gar keine Jugenddelinquenz zu bekämpfen.

Wie ist es dann aber zu erklären, dass viele Schulen einen „Campus Police Officer" haben und andere unbedingt nach einem solchen verlangen? Ein solcher Polizeibeamter verfügt immerhin über ein eigenes Büro in der Schule. Die Leiterin der „Shawlands Academy", einer ethnisch gemischten Mittelschule für über zwölfjährige Kinder, erklärt, es gebe keine Gewaltvorfälle in der Schule, wohl aber sei die Gegend um die Schule herum schwierig, denn hier hielten sich bewaffnete Jugendliche auf. Der „Campus Police Officer", über den die Academy zum Bedauern der Leiterin nicht verfügt, sei nur dafür vorgesehen, während der Pausen zu kontrollieren, ob die Jugendlichen rauchen oder Müll auf den Boden werfen. Das kam mir doch unglaubhaft vor, schließlich könnte das auch ein kompetenter und durchsetzungsfreudiger Hausmeister leisten. Die Polizei mag allein durch ihre Präsenz eine hohe präventive Wirkung entfalten, üblicherweise wird sie aber nur dort so unmittelbar wie in der Schule selbst eingesetzt, wenn auch ein Kriminalitätsproblem besteht. Drinnen alles friedlich, und draußen laufen die Bewaffneten herum?

Wir erfahren in der „Pollockchields Primary School", einer Grundschule, über die Schulstruktur von Glasgow allgemein, dass es zwölf private, 29 staatliche, 120 Vorschulen und 40 Sonderschulen gibt, was erstaunlich viel ist. Die einheimischen Kinder werden vornehmlich in Privatschulen angemeldet. In der besagten Grundschule wird den Kindern, die verblüffend geringe Englischkenntnisse haben, wenn sie eingeschult werden, zusätzlicher Sprachunterricht erteilt. Die Schüler sind mehrheitlich in Schottland geboren. Offenbar wird es versäumt, die Familien bereits vor der Einschulung mit der Notwendigkeit des Spracherwerbs vertraut zu machen. Besonders die in den letzten Jahren vermehrt zugewanderten Roma-Kinder sind betroffen, zumal sie mehrheitlich ohnehin ab dem zwölften Lebensjahr nicht mehr in der Schule erscheinen. Insofern ist Oslo Glasgow im Bereich der frühen Sprachförderung um Längen voraus. Man bemüht sich aber wenigstens innerhalb der Schulzeit mit Lehrern und anderen Unterstützern aus dem entsprechenden Kulturkreis, das schottische Schulsystem in den Elternhäusern verständlich zu machen. Auffällig ist der selbstverständliche Umgang der Schule mit der Anbindung des Koranunterrichts an die Schule. Imame der Zentralmoschee erteilen an jedem Werktag von 17.00 Uhr bis 19.00 Uhr Koranunterricht in arabischer Sprache für die muslimischen Schüler, ohne dass die Schulleiterin die Inhalte überprüft. Während des Ramadan wird das Freitagsgebet ebenfalls in der Schule durchgeführt. Das Fasten der Grundschulkinder wird nicht als Problem angesehen. Die Forderung vieler Eltern nach geschlechtergetrenntem Unterricht wurde zurückgewiesen, getrennter Schwimm- und Sexualkundeunterricht ist hingegen gängige Praxis.

Im Bereich der Schule zeigt sich insgesamt, dass Glasgow sicherlich aufgrund einer inzwischen 60-jährigen Tradition mit Zuwanderern eine gewisse Gelassenheit entwickelt hat. Diese Einschätzung relativiert sich allerdings durch die zusätzlichen Informationen bei den „Race Equality Adviser at Education Services", einer Art Gleichberechtigungsstelle der Stadtverwaltung. Hier erfahren wir, dass vor zehn Jahren sieben Prozent der Schüler einen Migrationshintergrund hatten, gegenwärtig sind es 16 Prozent, demnächst werden 20 Prozent erwartet. Stadtquartiere, die früher komplett „weiß" waren – wir zucken bei diesem Vokabular zusammen –, haben sich gewandelt, Verwahrlosung, Prostitution und Delinquenz seien zu verzeichnen.

Wir verlassen die Schule mit dem Eindruck, dass hier wenig Probleme angesprochen werden, sind dann aber verwundert, rund um den Schonraum „Bildungsstätte" einem „Big Brother" ausgesetzt zu sein: Man wird überall und permanent von insgesamt 420 Kameras beobachtet. Diese sind auf mobilen Wagen angebracht und fahren ständig in der Stadt herum, um die Bürger zu beobachten, Daten zu sammeln, Profile über unsoziales Verhalten Einzelner zu erstellen. In diesen „Glasgow Community and Safety Service" sind zusätzlich 500 Mitarbeiter eingebunden. Unter ihnen sind beispielsweise Polizisten, Sozialarbeiter, Lehrer, aber auch ehrenamtliche Helfer. Etwa 2500 Jugendliche und insgesamt 200 Straßengangs sind inzwischen erfasst. Der Safety Service kann „Störenfriede" vorladen, hat aber keinerlei eigene Sanktionsmöglichkeiten. Meine Hoffnung, von der ortsansässigen Polizei strategische Konzepte zur Bekämpfung der nicht gerade geringen Zahl von Gangs zu erfahren, zerschlägt sich.

Der Eindruck, dass Glasgow vorrangig präventiv arbeitet, verträgt sich aus meiner Sicht nicht mit der permanenten Überwachung. Es ist einfach ein durch und durch unangenehmes Gefühl, beispielsweise in einem Restaurant zu sitzen, während mehrmals ein Wagen vorbeifährt, kurz anhält und eine bewegliche Kamera über die Szenerie schwenken lässt.

London

Die Millionenstadt kann sich glücklich schätzen, da hier nahezu Vollbeschäftigung herrscht. Dennoch ist zu erkennen, dass sich die Stadtteile genauso auseinanderentwickeln wie in anderen großen Städten. Auch London hat ein Problem sowohl mit der Jugendkriminalität als auch mit der Integration. In die Stadt sind die Menschen aus vielen Teilen der Welt zugewandert. Die meisten fügten sich ein. Bezüglich derjenigen, die der Aufnahmegesellschaft distanziert gegenüberstehen, hat sich in der jüngeren Vergangenheit eine zumindest mir bislang unbekannte Umgangsweise herausgebildet. Allgemein wird uns von Vertretern der Regierung das vorherrschende Leitbild der „Community Cohesion" vorgestellt. Der Begriff meint, dass das Zusammenleben verschiedener gesellschaftlicher Gruppen und Ethnien angestrebt werden soll, ohne dass eine Assimilation der Migrantencommunitys verlangt wird. Laut einer Studie meinen deshalb angeblich 82 Prozent der Briten, „gut miteinander auszukommen". Die Studie bezieht sich allerdings auf ganz England, bezogen auf die Hauptstadt liegt der Wert weit niedriger. Die Trennung der Wohngebiete in „weiße" und „schwarze" ist seit Jahren vollzogen, eine Durchmischung wird hier gar nicht mehr erwünscht bzw. erscheint auch nicht realistisch. Die Strategie der „Cohesion" soll zuvörderst Rassismus verhindern und einer Radikalisierung vorbeugen. Mir kommen allerdings viele Zweifel. Denn sind die Ethnien erst einmal getrennt, werden die gegenseitigen Vorurteile doch eher gefördert als herabgesetzt. Angesprochen wird auch in London die Gruppe der Roma, bezüglich deren allgemeine Ratlosigkeit herrscht. Speziell die Bildung der Kinder stellt eine große Herausforderung dar. Wie in Glasgow erfahren wir, dass die Roma-Kinder ab dem zwölften Lebensjahr die Schulen nahezu nicht mehr besuchen. Die Mädchen werden früh verheiratet, teilt man uns mit. Eine Lösung für dieses Problem hat auch hier keiner.

Speziell im Blick auf das mich besonders beschäftigende Thema der Jugendkriminalität und der Strategien zu ihrer Bekämpfung erfahre ich in London kaum konkrete Zahlen oder gar Fallschilderungen. Einige erschreckende Daten sind nicht zu verbergen: 27 Tötungsdelikte im Jahre 2006 und 32 im Jahr 2007 wurden jeweils begangen durch Kinder und Jugendliche im Alter zwischen zehn und 17 Jahren. Die Strafmündigkeitsgrenze liegt in England bei zehn Jahren. Angesichts dieser Zahlen bestreitet niemand, dass die Jugendlichen brutaler geworden sind und der Täterkreis sich ganz überwiegend aus jungen Menschen mit Migrationshintergrund zusammensetzt. Man hat sich deshalb entschlossen, den jeweiligen ethnischen Hintergrund zu erfassen, und ist in den stark betroffenen Stadtteilen zu einer sogenannten „Zero-Tolerance-Strategie" übergegangen. Den Gangs wird in den inoffiziell bestätigten „No-go-Areas" dreierlei mitgeteilt: "Wir schlagen zurück", „Wir sammeln Daten", „Wir arbeiten vernetzt". So existiert beispielsweise eine flächendeckende Kooperation zwischen Schule, Polizei und Jugendamt in Gestalt von „YOTs – Youth Offending Teams". Alle sechs Wochen treffen sich Vertreter der beteiligten Organisationen, beraten Einzelfälle und vereinbaren Strategien im Umgang mit den betreffenden Familien. Die Anzahl der delinquenzbelasteten Jugendlichen konnte so von 520 im Jahr 1989 auf 360 im Jahr 2008 gesenkt werden. Allgemein erfuhren wir, dass 85 Prozent der Jugendlichen nur gelegentlich straffällig werden. Für diesen Teil der Täter ist u. a. das Projekt der „VPC – Volunteer Police Cadets" eingerichtet worden. Der Richter kann bei Bagatelldelikten anordnen, dass der Angeklagte besagtes Projekt aufsucht. Dort findet im Wesentlichen sinnvolle Freizeitgestaltung unter besonderer Betonung der Verantwortung gegenüber der Gesellschaft statt. 15 Prozent der jugendlichen Delinquenten sind Intensivtäter, die es durch vernetzten Informationsaustausch schnell zu identifizieren und sinnvollen Sanktionen bzw. Reaktionen zuzuführen gilt. Die Strafverfahren dauern in der Regel ca. 72 Tage, was recht zügig ist. Haftstrafen werden ohne Beteiligung eines Jugendgerichts verhängt, nach Verbüßung der Hälfte einer Strafe in speziellen Anstalten kommt eine vorzeitige Entlassung auf Bewährung in Betracht. Besonders sinnvoll ist die Begleitung der Haftentlassenen während der ersten sechs Tage nach der Entlassung durch Mitarbeiter des YOT, besteht doch in dieser Zeit großer Orientierungs- und Betreuungsbedarf.

Im Bereich der Prävention im schulischen Bereich ist der „Saver School Officer" aktiv. In London gibt es insgesamt 185. Sie sind den Schulen in Problembezirken zugeordnet und besuchen diese regelmäßig. Der Beamte erhält Einblick in die Daten der Schüler. Die Schulleitung wendet sich an ihn, wenn es Schwierigkeiten mit einzelnen Schülern gibt. Schulschwänzer werden zu Hause aufgesucht. Wenn die Eltern nicht aufzufinden sind, werden Erkundigungen bei den Nachbarn eingeholt. Eltern, die sich extrem verweigern, drohen Bußgelder und im schlimmsten Fall auch eine Inhaftierung. Der „School Officer" ist aber auch für die Schüler ansprechbar und führt Seminare zur Kriminalitätsprävention durch. Werden Familien bei einer derart offensiven Herangehensweise durch die Besuche von Schule und Polizei stigmatisiert? Der Leiter einer von uns besuchten Schule in einem Problemviertel, der selbst über einen Migrationshintergrund verfügt, konnte diesen Einwand nicht nachvollziehen. Er meint: „Wir machen die Probleme öffentlich, meistens reicht das aus." Besagter Direktor hatte vor einigen Jahren eine völlig verwahrloste Schule übernommen, die von Vandalismus und Schulschwänzerei betroffen war, und daraus eine Vorzeigeeinrichtung gemacht. Sein Rezept: sich von ungeeigneten Lehrkräften trennen – offenbar geht das in England –, die Klassengröße auf maximal 22 Schüler begrenzen, Lehren und Lernen miteinander durch Ausflüge und vermehrte Projektarbeit koppeln, den Unterricht nach dem Verständnisgrad der Schüler planen, Informationen über eine positive Entwicklung der Schüler direkt an die Eltern weitergeben, diese dreimal im Jahr in die Schule einladen und eine enge, den Schülern und ihren Eltern bekannte Kooperation mit der Polizei pflegen. Als Kombination von Fördern und Fordern empfand ich das als insgesamt stimmig.

Rotterdam

Um es gleich vorwegzunehmen: Ich bin ein Fan von Rotterdams Umgang mit den bekannten Schwierigkeiten. Hier sind es, wie im Übrigen im gesamten Königreich in allen größeren Städten, vornehmlich marokkanisch-niederländische Jugendliche, die erhebliche Probleme bereiten. Einer Pressemitteilung des niederländischen Ministeriums für Inneres vom 30. Januar 2009 ist zu entnehmen: „In der letzten Zeit hatten sich in mehreren Orten Vorfälle ereignet, an denen marokkanisch-niederländische Problemjugendliche beteiligt waren. Sie verhalten sich sehr störend, sorgen für ernsthafte Belästigung und lassen sich Zerstörungen, Bedrohungen und Einschüchterung zuschulden kommen. Die Bürger erwarten zu Recht, dass die Behörden tatkräftig auftreten, es handelt sich jedoch um eine komplexe Problematik."

Die Stadtregierung von Rotterdam hat dies offenbar früh erkannt und beschlossen, dass präventive und repressive Maßnahmen miteinander verbunden werden müssen, um erfolgreich gegen Verwahrlosung und Kriminalität bei Jugendlichen vorzugehen. Vernetzung, Datensammlungen und Kooperation in kleinen Einheiten sind die Ansatzpunkte der Strategie. So wurden Interventionsteams gebildet, die folgendermaßen agieren: Beamte der Stadtverwaltung, sogenannte „Stadtmariners", steuern in 13 problembelasteten Gebieten von Rotterdam interdisziplinär zusammengestellte Teams, bestehend aus Mitarbeitern der Sozialbehörden, zu denen auch das Jugendamt gehört, des Ordnungsamtes, der Polizei, der Stadtwerke und der Wohnungsbaugesellschaften. Nicht mehr als 60.000 Einwohner eines Bezirkes unterfallen der Zuständigkeit eines Teams. Die beteiligten Teammitglieder sammeln Hinweise auf Missstände und Daten bezüglich einzelner Straßenzüge, Häuser und Familien. Wenn sich durch die Informationsdichte ein Bild ergibt, das zum Einschreiten Veranlassung bietet, werden die Betroffenen aufgesucht, gegebenenfalls verschafft man sich auch durch richterlichen Beschluss Zutritt zu den Wohnungen. Ein Beispiel: Die Mitarbeiter des Jugendamtes wissen, dass eine Mutter alleinerziehend mehrere Kinder aufzieht, nachdem sie bereits als Teenager die erste Schwangerschaft hatte. Die Kinder fallen der Polizei durch Herumlungern und kleinere Straftaten auf. Die Wohnungsbaugesellschaft teilt mit, dass die Miete nur unregelmäßig bezahlt wird und in den gemieteten Räumlichkeiten bereits Schimmelbefall besteht. Hier verdichten sich Anzeichen einer massiven Risikolage derart, dass eingeschritten werden muss. Die Mutter wird aufgesucht und mit den Erkenntnissen vertraut gemacht. Konkrete Hilfsangebote werden ihr unterbreitet. Sollte sich beispielsweise herausstellen, dass die bauliche Substanz der Wohnung verantwortlich für deren Verfall ist, wird die Wohnungsbaugesellschaft verpflichtet, für Abhilfe zu sorgen, und der Familie wird umgehend Ersatzwohnraum zur Verfügung gestellt. Ein solches Vorgehen hat mich fasziniert, denn es basiert auf dem richtigen Denkansatz: Die Problemlage wird nicht stereotyp betrachtet, sondern man versucht in jedem einzelnen Fall, die Situation zutreffend zu analysieren und ihren Ursachen auf den Grund zu gehen. Den Risikofamilien werden, sofern ihr eigenes Verhalten als ursächlich für das delinquente Verhalten der Kinder anzusehen ist, Auflagen erteilt. Es wird zudem ein eigener Beitrag seitens der Familie selbst verlangt. Dieser kann ganz schlicht darin liegen, mit der Schule der Kinder zu kooperieren. Ändert sich nichts an der Lage, kann bei „sozial unzumutbarem Verhalten" der Umzug in ein anderes Stadtviertel, das mit der Aufnahme der Familie einverstanden sein muss, verbunden mit der Anweisung, den bisherigen Bezirk nicht mehr zu betreten, durchgesetzt werden.

Dies ist auf Deutschland schwer zu übertragen, denn es hört sich nun einmal nach Zwangsumsiedlung an. Ich glaube auch nicht, dass diese Praxis in Deutschland einer obergerichtlichen Überprüfung standhielte. Diese sichert, einfach gesagt, jedem Bürger zu, dort wohnen zu können, wo es ihm eben gefällt oder seinen wirtschaftlichen Verhältnissen entspricht. Anders in den Niederlanden. Dort existiert ein Gesetz zu Sondermaßnahmen der Großstadtproblematik aus dem Jahre 2006, das die freie Wahl des Wohnortes für Bürger einschränkt, die über kein eigenes Einkommen verfügen. Das Prozedere ist folgendermaßen geregelt: Die jeweilige Stadtverwaltung schlägt dem Landesministerium einen Bezirk vor, für den es eine Zuzugsbeschränkung als sinnvoll erachtet, um einer Gettoisierung vorzubeugen. Das Landesministerium entscheidet. Stimmt es zu, ist ein Zuzug in den betreffenden Stadtteil ohne Wohngenehmigung nicht zulässig. Die Einschränkung der Freizügigkeit wird mit dem Schutz der öffentlichen Ordnung begründet – eine aus meiner Sicht problematische Vorgehensweise. Dennoch: Die grundsätzliche Idee, der Verdichtung sozialer Brennpunkte entgegenzuwirken und im Einzelfall bei Nichteinhaltung von Auflagen dem Ignorieren vorhandener Hilfeangebote repressive Maßnahmen folgen zu lassen, ist aus meiner Sicht ebenso vernünftig wie sachlich geboten.

Als konkrete Ausgestaltung der interdisziplinären Zusammenarbeit lernen wir in einem Stadtteil die Einrichtung „TIP – Transfer Informatie Punt" kennen. Hier geht es speziell um straffällige Jugendliche. Polizei, Jugendamt, Schule, Gesundheitsbehörde und Arbeitsamt tragen ihre jeweiligen Informationen zusammen. In Besprechungen, aber auch in einer von allen Beteiligten gespeisten Datenbank werden die Tatsachen gebündelt erfasst, aufgrund derer die Behörden bereits mit einer Familie zu tun hatten. Die Datei lässt deshalb ein umfassendes Bild bezüglich der sozialen Verhältnisse zu. Eine vorhandene Kriminalitätsbelastung wird hier erfasst. Man will den Effekt des „Wir kennen euch" im Stadtteil etablieren, wie ein Beamter bei „TIP" unumwunden zugibt. In Fallrunden werden sodann die konkreten Problemlagen der delinquenten Jugendlichen analysiert: wer wo wohnt und mit wem welche Straftaten begeht, ob eine Bande aktiv ist. Die Anführer von Jugendgruppen, aus denen heraus Straftaten begangen werden, können so rasch identifiziert und isoliert werden. Auch hier reicht der Druck bis hin zum erzwungenen Umzug in einen anderen Bezirk und zum Stadtteilverbot. Verbunden wird all dies mit einer Kette von sozialen Hilfsangeboten. So erfolgt bei unzumutbaren Wohnverhältnissen für eine Familie innerhalb von 24 Stunden eine unterstützende Reaktion, wie auch das Jugendamt Familienhelfer zur Verfügung stellt.

Um schnell und effektiv auf Jugendkriminalität reagieren zu können, gibt es das Projekt „JIB – Justitie in de Buurt". Es ermöglicht dem Staatsanwalt, der im betroffenen Stadtteil ein Büro unterhält, Präsenz zu zeigen und in Zusammenarbeit mit der Gemeindeverwaltung, der Polizei, der Bewährungshilfe und den Kinderschutzorganisationen rasch zu handeln. Erfährt der Staatsanwalt von einer kleineren Straftat wie z.B. einer Sachbeschädigung in der Straßenbahn, kann er direkt von den anderen Behörden Erkundigungen einholen und individuell entscheiden, ob in diesem Fall Arbeitsstunden, eine Bewährungsfrist von maximal sechs Monaten oder die Weisung, die Straßenbahnlinie für einen festgelegten Zeitraum nicht zu benutzen, für den Täter angebracht sind. Meine

Nachfrage, wie man Letzteres denn überprüfen wolle, wurde entwaffnend dahingehend beantwortet, man statte die Fahrer der Linien mit Bildern der Jugendlichen aus und die Straßenbahnführer hätten dann darauf zu achten, dass die Betroffenen eben nicht mitfahren. Das geht wiederum nur in überschaubaren Arealen und würde in Deutschland vermutlich zu einem kollektiven Aufschrei wegen der damit zu befürchtenden Stigmatisierung der Straftäter führen. Trotzdem hat eine solche Maßnahme einen gewissen Charme, weil die Tat – „gescrachte Scheiben" in der Bahn – und die darauf folgende Strafmaßnahme – etwa einen Monat Fahrradfahren – in einem unmittelbaren Zusammenhang stehen.

Einige Maßnahmen der Rotterdamer Polizei wären in Deutschland kaum denkbar. So gibt es z.B. das Instrument der präventiven Durchsuchung. Dieses ermöglicht es der Polizei, ereignisunabhängig beliebige Bereiche der Stadt abzusperren und dort jeden Bürger zu durchsuchen. Die Präsenz der Beamten im öffentlichen Straßenraum ist in den Risikobezirken hoch. Auch wenn an jeder zweiten Ecke ein Uniformierter steht, wirkt die Szenerie dennoch kaum bedrohlich. Der Beamte lehnt meist nur locker an seinem Fahrrad. Aber er ist eben da.

Immer wieder stößt man in Rotterdam auf praxisorientierte Lösungen. Der Polizeiabschnitt im Stadtteil Slinge fackelt nicht lange, wenn mehrmals mit unsicheren oder nicht zugelassenen Mopeds herumgeknattert wird: Bei der zweiten Ordnungswidrigkeit wird die Kiste eingezogen und verschrottet. Im präventiven Bereich ist man mit dem Projekt „Watch Out" allerdings auch gut aufgestellt. Hier gehen junge Menschen im Alter zwischen 16 und 22 Jahren im Auftrag und unter Anleitung der Polizei Streife. Sie tragen Uniformen, sind aber nicht mit hoheitlichen Befugnissen ausgestattet. Der Aufgabenbereich umfasst reine Beobachtung und Berichterstattung an die Polizei. Die Tätigkeit wird gering entlohnt und als Praktikum für eine Ausbildung im privaten Sicherheitsdienst anerkannt. Der Sinn der Aktion ist nicht, die jungen Leute in einem Wohngebiet gegeneinander auszuspielen, wie ich anfangs misstrauisch mutmaßte, sondern das Verantwortungsgefühl für das eigene Umfeld zu entwickeln und zu stärken. Raed Saleh, ein Berliner SPD-Abgeordneter mit libanesischem Migrationshintergrund, führt mit Jugendlichen in Berlin-Spandau ein vergleichbares Projekt durch. Auch er kann bezüglich der beteiligten Jugendlichen beachtliche Erfolge vorweisen.

Wie in jeder anderen von uns besuchten Stadt beschäftigt uns auch in Rotterdam der Bereich Schule ganz besonders. Wir besuchen eine Grundschule in einem überwiegend von Einwanderern bewohnten Stadtteil. Der Direktor schockt uns zunächst einmal mit dem Eingangsstatement, man befinde sich in einer „schwarzen" Schule. Alle 240 Schüler haben einen Migrationshintergrund. Er freut sich darüber und begründet dies einleuchtend: Wird die Bildungsstätte als „schwarz" eingestuft, ist sie gegenüber „weißen" Schulen personell und materiell besser ausgestattet. Vom Jugendamt aus wurde ein „Elterncoach" bestimmt. Dieser hat bei hartnäckiger Verweigerungshaltung die Befugnis, Auflagen zu erteilen. Eine solche Möglichkeit haben die Jugendämter in Deutschland im Prinzip auch. Nur bleiben sie meist an dem Punkt der Auflagenerteilung stehen. Ich erinnere in diesem Zusammenhang an die entsprechenden Falldarstellungen. In den Niederlanden besteht auf der repressiven Ebene noch die zusätzliche Möglichkeit, die Sozialleistungen zu kürzen, wenn die Eltern den Auflagen nicht nachkommen – auch bei uns ein immer wieder diskutierter Vorschlag, der bisher keine Aussicht auf Umsetzung hat. Allerdings bin ich davon überzeugt, dass hier bereits ein Umdenkprozess im Gange ist.

Holländische Schulen arbeiten im Übrigen auch ohne Scheu mit der Polizei zusammen – eine Beobachtung, die ich übrigens bei allen Besuchen im europäischen Ausland gemacht habe. Glücklicherweise bröckelt inzwischen auch in Deutschland die Einstellung, die Schule sei ein Schonraum, in dem die Polizei nichts zu suchen habe.

Schließlich besitzt die niederländische Grundschule ein Instrumentarium, das die Eltern mindestens dreimal im Jahr in die Einrichtung bringt: Die Zeugnisausgabe erfolgt ausschließlich an die Sorgeberechtigten. So kann immer gleich ein Gesprächsangebot gemacht werden, wenn es mit einem Kind schulische Probleme gibt oder den Lehrkräften andere Umstände auffallen, die erörterungsbedürftig erscheinen.

Im Weiteren möchte ich hier noch auf den Bereich der Berufsausbildung in Rotterdam hinweisen. Die Stadt hat kein größeres Problem mit der Arbeitslosigkeit, die hier bei acht Prozent liegt. Dennoch gibt es das Jugendberufshilfezentrum, das jungen Menschen bei der Ausbildungsplatz- und Berufsorientierung behilflich sein soll. Hier werden neben der üblichen Beratung und Vermittlung von Arbeits- und Ausbildungsplätzen die privaten Unternehmen in die Tätigkeit einbezogen. Es sind direkt in den Räumlichkeiten des Zentrums Plätze eingerichtet, die die Arbeitgeber nutzen können, um persönlich, jederzeit und vor Ort mit den arbeitssuchenden Personen in Kontakt zu treten. In größeren Veranstaltungen, sogenannten „speed-meetings", wandern junge Menschen im Dreiminutentakt von einem Arbeitgebertisch zum nächsten und informieren sich auf diese Weise auf direktem Weg über die freien Stellen. Auch dieser Ansatz hat mich überzeugt: kein Bewerbungsschreiben, keine frustrierende Ablehnung nach langem Hoffen und Bangen; praxisnah, bedürfnisorientiert von beiden Seiten aus, offen und ehrlich. Allerdings erwartet man in Rotterdam auch, dass das Angebot des Jugendberufshilfezentrums in Anspruch genommen wird. Ist dies nicht der Fall, entfällt die Sozialunterstützung.

Mir scheint das gesellschaftliche Verantwortungsbewusstsein innerhalb einer Stadt wie Rotterdam noch ausgeprägter zu sein als in anderen Großstädten. So besuchten wir Mittelklasserestaurants, die seit Jahren viele problematische junge Erwachsene im Praktikumsbereich beschäftigen und auf diese Weise fit für den ersten Arbeitsmarkt machen. Auch im Bereich des riesigen Containerhafens gibt es ein interessantes Projekt für benachteiligte Migrantenjungen: „Assistent Logistic" entstand in Kooperation zwischen dem Arbeitsamt, der Hafenverwaltung und dem Ausbildungszentrum für maritime Berufe. Die jungen Männer lernen vorrangig, Container auf den Schiffen zu sichern. Dies ist eine körperbetonte Arbeit, die kein fundiertes theoretisches Wissen erfordert, was nicht heißt, dass der eine oder andere „Spätzünder" sich nicht weiterqualifizieren kann. Es wird im Schichtdienst gearbeitet und die Entlohnung kann sich sehen lassen. Sie beträgt immerhin netto 1700 Euro monatlich. Der Gedanke, arme Menschen könnten hier lediglich ausgebeutet werden, der mir reflexartig in den Sinn kam, verflüchtigte sich angesichts dieser Zahl umgehend.

Was wir von anderen lernen können – wo wir besser sind

Der Zusammenhang zwischen Integration, sozialen Problemen, mangelnder Schulbildung und Jugendkriminalität ist überall sichtbar geworden. Alle Großstädte haben „Problemviertel", in denen sich vor allem Migrantenfamilien ballen.

Die Kinder dieser Familien begehen den überwiegenden Teil der Gewalttaten, obwohl in jeder Stadt soziale Angebote unterbreitet werden und die Arbeitslosigkeit weitaus geringer ist als in Berlin.

Ich stelle fest, dass die Segregation vielerorts in Europa bereits akzeptiert wird. Die Verantwortlichen investieren deshalb in den sogenannten „schwarzen Vierteln" mehr Geld und Personal. Allerdings ist die Kürzung von Transferleistungen kein Tabu, wenn Auflagen nicht erfüllt werden.

Mit dem Datenschutz wird in allen vier Städten flexibler umgegangen als in Deutschland. Der Informationsaustausch der beteiligten Institutionen ist deshalb umfassend und ergiebig. Norwegen, Schottland, England und die Niederlande sind demokratische Rechtsstaaten. Da die dortigen Gesetze Datenfluss zulassen, sollte in Deutschland darüber nachgedacht werden, inwieweit wir uns in diesem Themenbereich angleichen können. Ich halte einen erweiterten Austausch von Erkenntnissen und Daten zwischen den beteiligten Behörden für einen wesentlichen Bestandteil des Konzeptes, das wir benötigen, um unsere Probleme in den Griff zu bekommen.

Die präventiven Ansätze des wohlhabenden Oslo und die konsequente Verknüpfung sozialer Angebote und repressiver Maßnahmen in Rotterdam bieten aus meiner Sicht interessante Ansatzpunkte für eine erfolgreiche Strategie gegen Jugendgewaltkriminalität auch bei uns.

Ein großer Vorteil Deutschlands gegenüber den anderen Ländern ist, dass wir über das Jugendgerichtsgesetz verfügen. Es bietet viele Möglichkeiten, auf Straftaten junger Menschen variabel zu reagieren. Auch die konsequente Verfolgung von Intensivtätern scheint mir in den anderen Ländern bislang wenig strukturiert zu sein. Allein die Kategorisierung der Straftäter fällt häufig schwer. Hier liegen die von mir besuchten Städte weit hinter uns.

Neue Wege gehen

Das Neuköllner Modell

Nachdem ich anhand vieler Verfahren und durch jahrelange Beobachtung der Entwicklungen festgestellt hatte, dass die Justiz trotz der eigenständigen Jugendgerichtsbarkeit die Probleme nicht lösen kann, und auf diesen Umstand seitdem auch immer wieder öffentlich aufmerksam machte, nahm ich wahr, dass meine Ansichten zwar angeregte Diskussionen auslösten, aber in der Praxis leider nichts geschah. Mein Geduldsfaden riss irgendwann und ich begann mir Gedanken darüber zu machen, was ich selbst beitragen könnte. Praktisch, nicht rechtstheoretisch!

Was fällt bei der richterlichen und auch staatsanwaltlichen Tätigkeit am stärksten negativ auf? Zwei Aspekte: Zum einen verstreicht zu viel Zeit von der Tatbegehung bis zur Hauptverhandlung. Selbst in einfach gelagerten Fällen vergehen nicht selten sechs Monate, bis es zur Verhandlung kommt. Nun sollen wir ja pädagogisch sinnvoll arbeiten. Denkt man an seine eigenen Kinder, gelangt man zum einen auch bei mäßigem Fachwissen zu der Erkenntnis, dass ein Fernsehverbot drei Wochen nach dem verspäteten Nachhausekommen nichts mehr bringt. Das gilt im Prinzip auch für jugendliche Straftäter. Die Verfahrensdauer muss also verkürzt werden. Zum anderen stellt man fest, dass systemübergreifend zu wenig kommuniziert wird und dadurch wichtige Informationen verloren gehen. Wenn kleinere Einheiten, z. B. zwischen Polizei, Jugendamt, Schule, Staatsanwaltschaft und Richtern, gebildet würden, könnte effektiver gearbeitet werden. Man sollte also mehr Hand in Hand agieren. Das erhöht den Informationsfluss und das Arbeitstempo, verbessert die Erkenntnislage und sollte schließlich in eine dem Jugendlichen hilfreiche erzieherische Maßnahme münden.

Ein Richterkollege und ich begannen also, unsere eigenen Zuständigkeiten zu beleuchten. Jugendrichter arbeiten, wie bereits gesagt, regionalisiert: Einem Bezirk wird je nach der Anzahl der zu bearbeitenden Strafverfahren dieser Region eine bestimmte Anzahl von Jugendrichtern zugeteilt. Im Laufe der Jahre haben sich viele Jugendrichterkollegen in bestimmten Bezirken oder Kiezen etabliert. Sie sind dort den Polizeidienststellen, den Jugendämtern und Schulen bekannt. Das ist auch gut so, denn so sprechen sich die „Preise", die bei einem Richter im Durchschnitt für bestimmte Taten gelten, herum. Der Jugendliche hört bei der polizeilichen Vernehmung oder beim Termin mit der Jugendgerichtshilfe, was ihn ungefähr erwartet. In Berlin-Neukölln hatte sich, wie wir feststellten, mit der Zeit eine gewisse Zersplitterung der Zuständigkeiten ergeben. Diese kommt zustande, wenn am Ende des Jahres ausgewertet wird, welcher Richter wie viele Verfahren bearbeitet hat. Wenn sich Schieflagen bei der Arbeitsbelastung ergeben, muss dies ausgeglichen werden. Dann werden innerhalb eines Bereiches einzelne Straßen oder Postzustellbezirke umverteilt. Auf diese Weise kann es passieren, dass in einem eigentlich übersichtlichen Stadtteil plötzlich viele unterschiedliche Richter zuständig sind. Dann hat das Regionalisierungsprinzip ein wenig an Sinn verloren. Deshalb haben wir uns bemüht, dem Präsidium des Gerichts, das letztlich über die Zuständigkeiten einzelner Abteilungen entscheidet, einen neuen Vorschlag zu unterbreiten. Das Prinzip: Wir haben uns den jeweiligen Zuschnitt der Polizeiabschnitte angesehen und versucht, auch die regional zuständigen Abteilungen der Jugendgerichtshilfe in unsere Überlegungen einzubeziehen. Auf diese Weise kamen wir speziell für das problematische Nord-Neukölln zu einer Verteilung der Zuständigkeit derart, dass drei Richter für zwei Polizeiabschnitte und zwei Bereiche des Jugendamtes zuständig sind. Hiermit war Nord-Neukölln, das besonders kriminalitätsbelastet ist, abgedeckt. Bezogen auf meine Person hieß das: Ich wurde im Großen und Ganzen die allein zuständige Richterin für den Zuständigkeitsbereich eines bestimmten Polizeiabschnittes. Das Präsidium des Amtsgerichts hat dem Neuschnitt zugestimmt, worüber ich bis heute froh und dankbar bin, denn es taucht auch immer wieder das Gerücht auf, man könne für die Jugendrichter generell einen „Turnus" einführen. Danach bekämen dann alle Richter innerhalb „ihres" Bezirkes in einem anonymisierten Verteilungsverfahren die gleiche Anzahl Akten. Eine Bezogenheit zu einem Kiez wäre damit eingeschränkt.

Die Zuständigkeit einer Richterin oder eines Richters für eine festgelegte Region allein wirkt sich bezüglich der wünschenswerten Beschleunigung in Jugendstrafverfahren nicht in jedem Verfahren aus.

Ich habe bereits gezeigt, dass man auf die Dauer eines Großverfahrens kaum Einfluss hat. Wenn der Angeklagte schweigt, müssen die Beweismittel für zahlreiche Taten von der Polizei zusammengetragen werden. Danach befasst sich die Staatsanwaltschaft mit der Angelegenheit. Mehrere Aktenbände werden gesichtet. Schließlich erhebt der Staatsanwalt die Anklage. Oft stelle ich fest, dass mehrere Wochen vergehen, bis eine diktierte Anklage auch geschrieben wird. Wenn diese dann beim Gericht eingeht, muss sie dem Angeklagten übersandt werden, damit er Gelegenheit bekommt, sich dazu zu äußern. Falls sich ein Verfahren wegen erheblicher Delikte gegen mehrere Angeklagte richtet, hat jeder von ihnen mindestens einen Verteidiger. Diese nehmen dann der Reihe nach Akteneinsicht. Wenn das geschehen ist, muss der Richter mit den Anwälten die Hauptverhandlungstermine absprechen, was inzwischen eine Kunst ist. Die Strafverteidiger, die von den Angeklagten bevorzugt werden, stecken häufig in anderen Großverfahren. Das erschwert es dem Richter, einen zeitnahen Termin festzusetzen. Die Verhandlung kann sich dann wiederum aus den zuvor dargestellten Gründen über Wochen hinziehen, es sei denn, man schließt einen „Deal" ab. Es versteht sich von selbst, dass hier wenig Spielraum zur Verkürzung der Abläufe gegeben ist.

In den Einzelrichtersachen, die ich ebenfalls weiter vorne vorgestellt habe, kann dagegen teilweise anders agiert werden. Hier setzt der Grundgedanke des sogenannten „Neuköllner Modells" an: die geschicktere Nutzung der §§ 76 ff. des Jugendgerichtsgesetzes (JGG), der vereinfachten Jugendverfahren. Hier geht es um die Verfahrensbeschleunigung, die Unterbindung der langen Liegezeiten der Vorgänge bei den beteiligten Institutionen und eine verbesserte Kommunikation. Nehmen wir den Fall eines 14-jährigen Rabauken, der seine überschießenden Kräfte nutzt, um an einer Bushaltestelle einen Mülleimer zu zertreten. Er wird „auf frischer Tat" angetroffen: Eine Streife „meines" Polizeiabschnittes kommt vorbei. Ein Beamter kennt den Jungen. Er hatte erst letzten Monat im Rahmen einer Mutprobe eine Schachtel Zigaretten geklaut. Man vernahm ihn, die erbosten Eltern holten ihn ab, er bekam eine Ansage von der Polizei, sich künftig anders zu verhalten, und musste sich beim Ladenbesitzer entschuldigen. Juristisch nennt man diesen Vorgang „Diversionsmaßnahme". Die hat offenbar nicht lange gewirkt. Die Idee nun: Wir gingen zu „unseren" Polizeiabschnitten und wiesen auf die Möglichkeit hin, einen solchen Fall aufgrund der offensichtlichen Notwendigkeit einer etwas formaleren Sanktionierung des Verhaltens in einem vereinfachten Jugendverfahren zu bearbeiten. Von dieser Verfahrensart hatten die Polizeibeamten bisher noch nichts gehört, was ihnen nicht vorzuwerfen ist. Das JGG ist das Handwerkszeug der Staatsanwaltschaft und der Gerichte. Es bietet im Rahmen des vereinfachten Jugendverfahrens die Möglichkeit, ohne Einhaltung von Formen oder Fristen unmittelbar auf Straftaten zu reagieren. Wenn dem Staatsanwalt im oben dargestellten Fall nach Abschluss der polizeilichen Ermittlungen die Akten vorgelegt werden und er sieht, dass die Beweislage überschaubar ist, kann er einen formlosen Antrag bei Gericht stellen, vereinfacht zu verhandeln. Der Richter seinerseits kann sofort einen Hauptverhandlungstermin festsetzen. Eine Anklage, die ewig beim Schreibdienst verschwindet, und die Einhaltung von Fristen entfallen bei dieser Verfahrensart. Leider vergehen auch bei den Verfahren nach § 76 JGG oft Monate, bis die Akten von der Polizei zur Staatsanwaltschaft gelangen. Dann geht das vorhandene Potenzial einer schnellen richterlichen Reaktion verloren. Wenn aber die Polizei bereits erkennt, dass ein Sachverhalt für ein vereinfachtes Verfahren in Betracht kommt, kann ein immenser Beschleunigungseffekt erzielt werden. Dies setzt allerdings eine Kommunikation zwischen den einzelnen Verfahrensbeteiligten voraus.

Wir haben im Rahmen des Neuköllner Modells folgendes System entwickelt: Im Gegensatz zur üblichen Bearbeitungsweise kann der Beamte in oben genanntem Beispielsfall die Staatsanwaltschaft anrufen, um dieser den Sachverhalt und die Beweislage zu schildern. Der Staatsanwalt entscheidet dann, ob der Vorgang für ein besonders beschleunigtes, vereinfachtes Verfahren in Betracht kommt. Wenn er zustimmt, werden die notwendigen Ermittlungen, also die förmliche Vernehmung des Beschuldigten und gegebenenfalls einiger Zeugen, so rasch wie möglich durchgeführt und die Akten dann per Boten der Staatsanwaltschaft überbracht. Das Verfahren wird bereits bei der Polizei „vor die Klammer gezogen". Dankenswerterweise hat der Leiter der Berliner Staatsanwaltschaft, Dr. Andreas Behm, die Attraktivität des Gedankens sofort erkannt und von sich aus einen Oberstaatsanwalt bestimmt, der für diese Verfahren in Neukölln-Nord zuständig sein soll. Die Beamten der Polizeiabschnitte müssen nur einen Staatsanwalt anrufen, also keine langen Telefonlisten wälzen, um festzustellen, wer innerhalb des riesigen Behördenapparates der Staatsanwaltschaft Berlin wohl für den jeweiligen Fall zuständig sein könnte. Der in diesem Bereich sozusagen zentrale Oberstaatsanwalt wiederum teilt dann einem Kollegen das Verfahren sofort nach dem Eingang zu. Wenn es bei diesem eintrifft, ruft er die zuständige Richterin oder den Richter an. Die Kollegen und ich sind dann vorbereitet, dass noch am selben Tag ein Vorgang mit einer kurzen Sachverhaltsdarstellung und dem formlosen Antrag, ein vereinfachtes Jugendverfahren durchzuführen, eingehen kann. Die Richter sind infolgedessen in der Lage, ein übersichtliches Tatgeschehen an einem ihrer nächsten Sitzungstage „mitzuverhandeln". Wie gesagt: Es kommen nur relativ unstreitige Fälle in Betracht. Diese nehmen maximal eine Dreiviertelstunde Verhandlungsdauer in Anspruch.

Der Gesetzgeber hat diese Verfahren auf Jugendliche beschränkt. Außerdem darf noch nicht die Verhängung von Jugendstrafe im Raum stehen. Alle anderen Maßnahmen von einer richterlichen Ermahnung bis hin zum vierwöchigen Dauerarrest sind dagegen zulässig. Wir wollen mit dieser Verfahrensart die gerade strafmündig gewordenen Täter erreichen, die beginnen, die „Muskeln spielen" zu lassen, und gar nicht erst lernen sollen, dass staatliche Reaktionen meist unendlich auf sich warten lassen. Das kennen sie nämlich häufig schon aus anderen Situationen und verhalten sich entsprechend, wie wir es am Beispiel des mangelnden Schulbesuchs feststellen durften. Auch gibt es oft entsprechende Erfahrungen innerhalb der betreffenden Familie und im Freundeskreis mit der für sie erfreulichen Langsamkeit der Systeme.

Mir wird von Kritikern der beschleunigten Verfahrensabläufe häufig entgegengehalten, die Rechte der Angeklagten und ihrer Verteidiger seien eingeschränkt, wenn alles so schnell geht. Das ist Unsinn. Wenn sich ein Anwalt meldet, bekommt er Akteneinsicht und ausreichend Zeit, sich mit seinem Mandanten zu besprechen. Er wird selbstverständlich auch zur Hauptverhandlung geladen. Ich erwarte allerdings auch von den Strafverteidigern, die sich oft über die lange Verfahrensdauer beklagen, dass sie „mitziehen", wenn der Sachverhalt eindeutig ist, z.B. deshalb, weil der Angeklagte bereits geständige Angaben gemacht hat. Falls sich die Beweislage im Termin jedoch komplizierter als zunächst angenommen darstellt, wird das Verfahren bis zur endgültigen Aufklärung der Tat mit der rechtsstaatlich gebotenen Sorgfalt notfalls auch über mehrere Wochen fortgesetzt.

Ein weiterer Verfahrensbeteiligter ist, wie bereits erwähnt, die Jugendgerichtshilfe. Auch hier konnte ein regional zuständiger Mitarbeiter dafür gewonnen werden, die beschleunigten Verfahren allein zu bearbeiten. Er erhält von der Polizei oder der Staatsanwaltschaft Kenntnis von der Einleitung des Verfahrens und sollte dann ebenfalls rasch reagieren. Da zwischen der Tat und der Hauptverhandlung jedoch immer noch mindestens drei bis sechs Wochen liegen, ist der erfahrene Mitarbeiter ohne Weiteres in der Lage, in dieser Zeit den familiären und sonstigen sozialen Hintergrund des Angeklagten zu ermitteln und einen pädagogischen Vorschlag zu erarbeiten.

Was unterscheidet nun ein beschleunigtes, vereinfachtes Verfahren, abgesehen von den verkürzten zeitlichen Abläufen, von den „normalen" Verfahren? Im oben dargestellten Beispielsfall kann ernsthaft kein Zweifel bestehen, dass hier eine beschleunigte Bearbeitung sinnvoll ist. Der Täter ist in der Hauptverhandlung kurz nach der Tat emotional noch dicht am Erlebten. Er kann sich damit anders auseinandersetzen, als wenn bereits ein halbes Jahr vergangen ist: Das ist im Leben eines 14-Jährigen ein beachtlicher Zeitraum. Da hatte er inzwischen zwei neue Freundinnen, hat einmal die Schule gewechselt und noch ein paar weitere kleine Straftaten begangen, frei nach dem Motto: „Welche Bushaltestelle meinen Sie denn, Frau Richterin?" Besonders deutlich kommt die innerliche Nähe zum Geschehenen bei Taten zum Ausdruck, die ein individuelles Opfer haben. So verhält es sich häufiger bei Beleidigungen innerhalb der Schule. Ein Beispiel: Der Schüler beleidigt seinen Lehrer mit den Worten „Hurensohn, ich ficke die ganze Schule". Drei Wochen später treffen sich beide vor Gericht. Der Schüler hat noch nicht die Lehranstalt gewechselt, man begegnet einander täglich. In diesen Situationen hat bereits die Hauptverhandlung einen erzieherischen Effekt. Wenn sich in der Verhandlung abgesehen von der Straftat zeigt, dass der Jugendliche Unregelmäßigkeiten im Schulbesuch aufweist, verhänge ich oft eine Schulbesuchsweisung. Der Angeklagte, der zwar ohnehin der Schulpflicht unterliegt, aber diese geflissentlich ignoriert, wird damit zum Schulbesuch verurteilt. Das hat eine interessante Folgewirkung: Ich rufe die Klassenlehrer an und teile mit, dass Steven – so nennen wir ihn hier einmal – in der Schule zu erscheinen hat. Wenn er nicht da ist, will ich sofort informiert werden. Dann kann ich einen Anhörungstermin ansetzen und einen Beugearrest bis zu vier Wochen verhängen. Der Jugendliche lernt dabei, dass die Schule und das Gericht in Kontakt stehen und man nicht bei Gericht erzählen kann, man ginge stets zur Schule, während man in der Schule behauptet, man habe mal wieder einen Gerichtstermin. Die Autorität der Lehrkraft wird auf diese Weise nebenbei gestärkt, die Schulpflicht kann unter Umständen besser durchgesetzt werden. Die Lehrerinnen und Lehrer empfinden diese Vorgehensweise jedenfalls überwiegend als hilfreich.

Man kann sehen, dass nicht immer die Urteilsarreste die eigentliche Reaktion in den vereinfachten Verfahren sein müssen, was die Kritiker des Modells häufig behaupten: Es gehe uns nur darum, möglichst viele Täter möglichst frühzeitig einzusperren. Wie bereits erwähnt, können im vereinfachten Verfahren alle Maßnahmen unterhalb einer Jugendstrafe verhängt werden. Häufig reichen auch Freizeitarbeiten zur Erarbeitung eines kleinen Geldbetrages zugunsten des Opfers, ein Anti-Gewalt-Seminar oder eine Betreuungsmaßnahme aus. Es kommt den Richtern also nicht auf die Härte der Maßnahme, sondern auf die rasche Reaktion auf die Straftat an.

Ich bemühe mich schließlich darum, den Polizeibeamten oder die Polizeibeamtin, die das Verfahren in Gang gesetzt haben, gleich nach der Hauptverhandlung anzurufen, um das Ergebnis mitzuteilen. Dann kann der Sachbearbeiter erkennen, dass seine Arbeit zu einer erheblichen Beschleunigung beigetragen hat. Davon erhoffe ich mir eine erhöhte Aufmerksamkeit aufseiten der Polizei für den Nutzen der Verfahren und eine Stärkung der Motivation. Jeder Mensch arbeitet besser, wenn er weiß, was aus seiner Tätigkeit hervorgeht.

Ich habe mit der Einführung dieser Verfahrensart im Januar 2008 zunächst im Kleinen für den Zuständigkeitsbereich „meines" Polizeiabschnittes begonnen. Die Ausweitung der Struktur auf weitere Bezirke erfolgte im Laufe eines Jahres. Ab dem 1.6.2010 wird aufgrund der Initiative meiner Jugendrichterkollegen, der Staatsanwaltschaft, der Jugendgerichtshilfen und der Polizei die Ausweitung der Verfahrensart auf Gesamtberlin realisiert. Das liest sich selbstverständlich, war es aber nicht. Insbesondere habe ich völlig unterschätzt, wie groß die Irritation über den Vorstoß in einer so hierarchisch organisierten Institution wie der Polizei sein kann – zumindest auf der Führungsebene. Da erscheinen Amtsrichter ohne schriftliches Konzept oder einen Auftrag „von oben" einfach auf dem Polizeiabschnitt in ihrem Zuständigkeitsbereich und wollen etwas ändern: nur ein paar Abläufe verfeinern, den Blick für die geeigneten Verfahren schärfen, sich persönlich vorstellen, die Zusammenarbeit verbessern, ohne die Distanz zwischen den Gewalten zu verlieren. Das hat nachhaltige Wirkungen hinterlassen, und zwar auf mehreren politischen Ebenen. Allerdings ist meine Herangehensweise auch ziemlich unkonventionell gewesen, was mir erst im Nachhinein bewusst geworden ist. Sicher hätte man bei längerem Nachdenken den Weg „von oben nach unten" gehen und die Hierarchien beachten können. Aber da ich selbst in gewisser Weise an der Basis arbeite, bin ich auch zur Basis gegangen. Dort wird man, ähnlich wie in den Schulen, am ehesten verstanden, arbeiten doch alle auf derselben „Baustelle".

Ich rechne es dem Polizeipräsidenten und der Justizsenatorin hoch an, dass sie sich im Ergebnis nicht quergestellt haben und bald hinter der Idee standen. Ohne ihre Beteiligung wäre ja eine Ausweitung der Verfahren kaum denkbar gewesen. Besonders die einzelnen Polizeidirektionen bringen sich mit großem Engagement ein und haben in Anbetracht ihrer sonstigen Belastungen erstaunlich schnell eine schriftliche Handlungsanweisung für die Beamten entwickelt und die vereinfachten Verfahren in ihr Schulungskonzept eingebaut. Außerdem verfügen einige Polizeiabschnitte inzwischen über Jugendsachbearbeiter, die sich überwiegend mit den Straftaten Jugendlicher befassen und deshalb besonders rasch in die Struktur des Neuköllner Modells eingearbeitet werden können. Die Staatsanwaltschaft und viele Jugendrichter beteiligen sich an der Durchführung von diesbezüglichen Einweisungen auf den Abschnitten und bei Kursen in der Polizeischule. Sämtliche Verfahrensbeteiligten verfolgen inzwischen ein Ziel und haben sich zu diesem Zweck aus ihren jeweiligen

Elfenbeintürmen herausgegeben. Das ist für mich ein über das „Neuköllner Modell" hinausgehender Zwischenerfolg auf dem Weg zur Problemlösung: eine konsequente Zusammenarbeit auf der Handlungsebene.

Die Verfahren, die wir auf diese Weise erledigen, sind allerdings nicht geeignet, auf Intensivtäter einzuwirken, da bei diesen bereits Jugendstrafen im Raum stehen. Aber ein Element zur Verhinderung von Intensivtäterkarrieren ist darin durchaus zu sehen.

Wir sind gegenwärtig auch noch nicht in der Lage, eine Vielzahl besonders beschleunigter Verfahren vorzuweisen. Es waren von Juli 2008 bis Januar 2010 ungefähr 180 für die Bezirke Neukölln und Friedrichshain-Kreuzberg. Das ist nicht genug. Aber es ist ein langer Prozess, bis sich eine Veränderung manifestiert und alle Polizeibeamten geschult sind und einen Blick für die geeigneten Verfahren entwickeln. Man mag uns die Zeit geben. Schließlich ist jahrzehntelang auf der praktischen Ebene gar nichts geschehen, um die Jugendstrafverfahren zu beschleunigen, obwohl dies in einigen theoretischen Konzepten eingefordert wurde. Besonders diejenigen, die jetzt gegen den Ansatz wettern und meinen, das Konzept müsse erst einmal evaluiert werden, haben sich meiner Kenntnis nach noch nicht mit eigenen praktikablen Vorschlägen hervorgetan.

Ich begrüße und begleite darum jeden weiteren Vorstoß, der sich wie das „Neuköllner Modell" und die „Wiederbelebung" der Bußgeldverfahren nach dem Berliner Schulgesetz auf der praktischen Ebene bewegt. Hier sind entsprechende Entwicklungen auch auf anderen Ebenen zu beobachten.

Die „Task Force Okerstraße" – TFO

Ich möchte ein Projekt im Neuköllner „Schillerkiez", der sich in meinem Zuständigkeitsbereich befindet, darstellen, um

214

eine aus meiner Sicht klar an der Rotterdamer Linie ausgerichtete Strategie im Umgang mit Problemvierteln zu verdeutlichen.

Die Umgebung des Quartiersmanagements „Schillerpromenade" (QM), in das die TFO integriert ist, wird geprägt von einem ehemals wunderbaren, etwa 100-jährigen Altbaubestand. Dieser weist zwar offensichtlichen Überholungsbedarf auf, hat aber von seinem Charme bisher nichts verloren. Die Mieten sind günstig, es leben dementsprechend viele Menschen in den Häusern, die keine Arbeit haben oder mit geringen Einkünften auskommen müssen. Nichts lässt hier auf die unweit gelegene Hermannstraße schließen, einer Einkaufsmeile mit Billigläden, aufgereiht wie auf einer Perlenkette, Spielhallen und mehr oder weniger einladenden deutschen Kneipen und multi-kulturellen Imbissen. Die Schillerpromenade und die angrenzenden Nebenstraßen wirken auf den ersten Blick von November bis März ruhig. Die Promenade hat ihren Namen verdient. Sie wird von einem breiten Grünstreifen mit herrlichen Bäumen geteilt, am Herrfurthplatz steht die Genezarethkirche, das Kopfsteinpflaster intensiviert den etwas dörflichen Charakter. Eine Grundschule befindet sich ebenfalls mitten im Kiez. Eigentlich könnten hier Kinder friedlich aufwachsen, vormittags die Schule besuchen und nachmittags spielen – ohne dass die Eltern sich Gedanken machen müssten, ob denn auch für die Sicherheit gesorgt ist, wenn man die Kleinen draußen unter sich sein lässt. Schließlich wurden in den letzten Jahren für mehrere Millionen Euro aus staatlichen Mitteln zusätzlich Bänke und Tische aufgestellt, Spielplätze angelegt sowie eine Streetball-Anlage, ein Jugendclub und der Mädchentreff „Schilleria" geschaffen, um die Angebotsvielfalt zu erhöhen. So ähnlich liest es sich dann auch, wenn man im linksautonomen Blog „Soziale Kämpfe" recherchiert und dort geschrieben steht: „In Berlin-

Neukölln, im südlichen Kiez an der Hermannstraße, leben Menschen unterschiedlichster, oft migrantischer Herkunft nebeneinander und miteinander. Im Schillerkiez, mit verträumten, schattigen Plätzen unter den Platanen, fleckigen Altbauten, treffen sich im Sommer Frauen, die ihre Kinder von der Kita abgeholt haben, Wanderarbeiter und Erwerbslose, um an Bänken ihr Bier zu trinken, Roma-Familien verweilen in der Sonne, Leute auf dem Weg zur Mukarrema-Moschee gehen an Hell's-Angel-Typen mit Zöpfchenpracht vorüber." Was für eine Idylle!

In der Situationsanalyse des Quartiersmanagements, das bereits seit mehr als zehn Jahren aktiv ist und für die oben genannten Verbesserungen im öffentlichen Raum gesorgt hat, stellt sich das Ganze allerdings völlig anders dar. Sobald es die Temperaturen zulassen, treffen sich deutsche und polnische Alkoholiker und belagern den Grünstreifen. Sie haben häufig Hunde dabei, die überall ihren Kot verteilen und ebenso vor sich hinurinieren wie die Herrchen. Eindrucksvoll ist mir ein Satz eines türkischen Vaters in Erinnerung, dessen Kinder die gegenüberliegende Grundschule besuchen. Er äußerte anlässlich der Vorstellung des Konzeptes der „Task Force Okerstraße" Mitte November 2009 in der Genezarethkirche: „Ich habe es satt, dass meine Kinder auf dem Schulweg jeden Tag auf die entblößten Geschlechtsteile irgendwelcher Trinker, die gegen den Baum pissen, starren müssen." Dass der Hundekot ebenso wenig beseitigt wird wie der sonstige Müll, dass die „flanierenden" Mütter von den „Bierchen trinkenden Erwerbslosen" sexuell und verbal belästigt werden, versteht sich zudem von selbst. Der öffentliche Straßenraum wird von Kindern und Jugendlichen aus Roma-Familien beherrscht, die häufig nicht zur Schule gehen, sich selbst überlassen sind und ein verwahrlostes Erscheinungsbild aufweisen. Die Anwohner beschweren sich beim QM über lautstark und teilweise körperlich ausgetragene Auseinandersetzungen, die zuweilen bis tief in die Nacht andauern, besonders dann, wenn sich türkische, arabische und Roma-Kinder in die Haare geraten. Von Anzeigen bei der Polizei sehen die Anwohner dagegen meist ab, da sie Angst vor Repressalien haben, was nichts anderes bedeutet, als dass der Staat hier gerade erneut dabei ist, seinen Einfluss und vor allem seine Autorität einzubüßen.

In die Jugendclubs gehen die Roma-Kinder nicht. Die werden nämlich ebenso wie die Spielplätze von den türkischen und arabischen Jugendlichen kontrolliert, die am liebsten unter sich bleiben. Im Gegensatz zum Mädchentreff „Schilleria". Hierher kommen auch Mädchen aus Roma-Familien. Die ansässigen Roma-Familien werden zum Teil vom Jugendamt betreut; das bekannte Konzept der Einzelfall- und Familienhilfe versucht mit mäßigen Ergebnissen eine Linie in die Erziehung zu bringen, was schlicht kulturell bedingt oft nicht gelingen kann. Wie sich auch auf den dargestellten Reisen ins europäische Ausland gezeigt hat, sind die Roma inzwischen überall und nirgends. Es ist ein Volk, das sich bisher von den meisten Integrationsversuchen kaum überzeugen lässt. Sie kommen und gehen. Bildung kommt hier als Lebensziel selten vor. Die Kinder werden früh zur „Erwerbstätigkeit" herangezogen. Sie betteln, begehen kleinere Diebstähle, die größeren verkaufen Obdachlosenzeitungen, was früher die Punks taten, die wohl aus dem Geschäft gedrängt wurden. Speziell die Mädchen verschwinden ungefähr mit zwölf Jahren komplett aus dem Schulsystem. Sie werden vermutlich „verheiratet" und sind sehr junge Mütter von zahlreichen Kindern – so heißt es jedenfalls in der Szene vor Ort, ohne dass es hierzu entsprechende Fallakten gibt, denn viele dieser Menschen werden von den Ämtern gar nicht erfasst. In Berlin kennt man die jungen Frauen vom Betteln, wobei sie oft die Säuglinge mitschleppen müssen, oder man nimmt sie wahr, wenn sie an den großen Straßenkreuzungen während langer Ampelphasen die Autofensterscheiben der Fahrzeuge putzen. Besonders nett sind die Reinigungsangebote manchmal nicht. Mein Auto wurde jedenfalls schon kräftig bespuckt, wenn ich es mir an der fünften Kreuzung mal erlaubt habe, die Fenster nicht schon wieder wischen zu lassen. Nun vermisse ich die Freaks mit den bunten Haaren und vielen Piercings. Die malten vor den Romas manchmal nur ein Seifenherz auf die Frontscheibe und zogen zum nächsten Auto.

Richtig hart wird es im Kiez in den Sommermonaten ungefähr von April bis Oktober. Was der Romantiker im sozialen Kampf vielleicht noch als Wanderarbeiter bezeichnet, sind arme Kreaturen, die sich zum Teil unter Begleitung ihrer Frau und der gesamten Kinderschar aus Rumänien auf die Socken machen, weil man ihnen dort erzählt hat, in Deutschland finde man jederzeit Arbeit. Dann kommen sie z.B. nach Berlin und müssen erst einmal irgendwo unterkommen. Per Buschfunk, der in allen anderen Kulturen außer der deutschen prächtig funktioniert, oder durch gezielte Steuerung durch entsprechende Bandenstrukturen, was ich für wahrscheinlicher halte, geraten dabei viele Menschen in einige spezielle Häuser im Kiez. Dort melden sie sich polizeilich an. Ja, das ist in Berlin im Jahre 2009 möglich: Ohne Mietvertrag oder sonstigen Nachweis, dass man tatsächlich dort wohnhaft ist, meldet man sich in irgendeiner Wohnung an. Aufgrund der EU-Osterweiterung im Jahr 2007 kann der „Wanderarbeiter" sich jedenfalls ohne behördliches Hindernis beim Bürgeramt registrieren lassen. Da ich inzwischen viele Anklagen zustellen lassen muss, von denen Roma betroffen sind, ist selbst mir beim bloßen Aktenstudium aufgefallen, dass ein bestimmtes Haus eigentlich über diverse Anbauten verfügen müsste, damit die gemeldeten Personen dort auch leben können. Leben? Das ist ein dehnbarer Begriff. In einer Zweizimmerwohnung hausen manchmal zehn Menschen und mehr. Sie schlafen auf verschmutzten Matratzen ohne Laken und sind damit noch besser dran als diejenigen, die auf der Straße oder im Auto nächtigen. Natürlich gibt es den Komfort in der Wohnung nicht umsonst. Ein Platz kostet schon seine 100 bis 200 Euro im Monat. Macht bei zehn Personen? Wer verdient denn da so einfach und gut, zumal wenn man bedenkt, dass in einem Haus mehrere Wohnungen derartig genutzt werden? Nach meinen Erkenntnissen kann das folgendermaßen vonstattengehen: Dem Vermieter ist es gleichgültig, wer die Wohnung anmietet. Die Gebäude sind in einem derartig katastrophalen Zustand, dass er froh ist, wenn jemand einzieht und sogar noch zahlt. Die Dächer sind undicht, die Wohnungen feucht und schimmelbefallen. Die Treppengeländer sind, sofern überhaupt vorhanden, brüchig, Leitungen hängen aus den Wänden. Es existiert keine Schließanlage, die Wohnungstüren stehen offen. Manche Bewohner brauchen auch gar keine Haustür: Sie klettern durch die Fenster in den Erdgeschosswohnungen. Die Vermüllung des Hinterhofes spottet jeder Beschreibung. Ich habe, da ich mir bevorzugt selbst ein Bild von der Lage mache und außerdem meine Angeklagten suche, die betreffenden Häuser aufgesucht und zwar die eben beschriebene Situation, aber leider keine Angeklagten bzw. auch nur ein Namensschild von ihnen vorgefunden.

Der Hauseigentümer schließt nach meinen Informationen einen Mietvertrag mit einer Person, die meist nicht in die Wohnung einzieht. Vielleicht bezieht sie aber ALG 2, was zur Folge hätte, dass der Staat letztlich die Anmietung finanziert. Dann soll eine Ebene eingerichtet worden sein, die die „Untervermietung" in der oben dargestellten Weise durchführt und das Geld eintreibt. Die Vorstellung der saisonalen rumänischen Arbeitskräfte, legal zu arbeiten, erledigt sich nach kurzer Zeit, obwohl man in einem nahe gelegenen türkischen Imbiss eine Anlaufstelle und Kontaktbörse findet. Spätestens hier gibt es dann die Tipps, wie man auf dem schwarzen Arbeitsmarkt unterkommt. Das geht dann häufig so: Man findet sich, wie mir ein Angeklagter berichtete, morgens z.B. am Hauptbahnhof an einer bestimmten Stelle ein. Dann kommt ein kleiner Bus vorbei und sammelt die Menschen ein. Sie werden zu Baustellen gefahren, um dort der Schwarzarbeit nachzugehen. Wer Glück hat, bekommt 2 bis 5 Euro die Stunde – versprochen, was noch lange nicht heißt, dass auch gezahlt wird. Einige Männer arbeiten auf diese Weise ein paar Tage. Wenn sie dann nach dem Lohn fragen, kommt der Bus am nächsten Tag eben nicht mehr. Dann bleiben häufig nur noch Straftaten, um wenigstens die Matratze bezahlen zu können. Es werden im Supermarkt möglichst viele Schnapsflaschen geklaut und auf der Straße verkauft. Das ist ja auf der Schillerpromenade kein Problem. Da wird ständig Nachschub benötigt. Natürlich ist das Entdeckungsrisiko bei den Ladendiebstählen relativ hoch. Die Menschen sehen heruntergekommen aus und befinden sich sofort im Fokus der „Security-Leute".

Man darf die Situation im Schillerkiez mithin als zugespitzt bezeichnen.

Nun zum Quartiersmanagement in der Schillerpromenade. Es besteht seit 1999 und wird im Wesentlichen von der Senatsverwaltung für Stadtentwicklung gefördert. In Neukölln und anderen Stadtteilen gibt es QMs, die sämtlich einen unterstützenden, auf Sozialarbeit vor Ort angelegten Ansatz verfolgen. Die Anwohner sollen einen Anlaufpunkt, einen Ansprechpartner in ihrem unmittelbaren Wohnumfeld haben. Menschen helfen Menschen, die Probleme haben: mit den Kindern, dem Zustand der Häuser, den Nachbarn, dem System an sich. Es werden Verbindungen zu den eigentlich zuständigen Behörden hergestellt, aber es wird auch versucht, ganzheitliche Lösungen zur Verbesserung der alle betreffenden Konfliktlagen anzustreben. Nachdem in den folgenden Jahren unzählige Gespräche mit Anwohnern und Hauseigentümern sowie Informationsveranstaltungen unter Beteiligung der Polizei durchgeführt sowie die speziell auf die Kinder und Jugendlichen zugeschnittenen Verbesserungen im Wohnumfeld geschaffen wurden, musste festgestellt werden, dass sich auf diese Weise keine nachhaltige positive Veränderung erreichen ließ. Aus diesem Grund hat sich das QM entschlossen, einen Schritt weiter zu gehen. Die „Task Force Okerstraße" (TFO) wurde eingerichtet. In der Kooperationsvereinbarung der „AG TFO" vom 24.7.2009 heißt es u.a.:

„Die AG agiert nach dem Prinzip einer integrierten und ressortübergreifenden Vernetzung aller beteiligten Fachämter, Institutionen und Einrichtungen. Dabei wird das Fachwissen der einzelnen Fachressorts und Institutionen mit den lokalen Kompetenzen des Quartiersmanagements Schillerpromenade zusammengeführt und zielorientiert gebündelt." Ergänzend hat die AG TFO ein Strategiekonzept erarbeitet. Danach arbeiten folgende Beteiligte zusammen:
der Migrationsbeauftragte von Neukölln,
das Jugendamt Neukölln,
das Amt für Bildung, Schulen, Kultur und Sport Neukölln,
das Gesundheitsamt Neukölln,
das Amt für Planen, Bauordnung und Vermessung,
    Bau- und Wohnungsaufsicht,
das Ordnungsamt Neukölln,
die Verwaltung des Bezirksbürgermeisters –
    Bezirkskoordination QM,
das Bezirksamt Neukölln – Abteilung Finanzen,
die Senatsverwaltung für Bildung, Wissenschaft und
    Forschung,

die Senatsverwaltung für Stadtentwicklung –
    Referat Soziale Stadt,
das QM,
der zuständige Polizeiabschnitt und die Arbeitsgemeinschaft
    „Integration und Migration"
und das Projekt „Integra" (Streetworker vor Ort).

Das Handlungskonzept umfasst derzeit vier Handlungsfelder,
nämlich „Wohnen und ein sicheres Wohnumfeld", „Nachbar-
schaft und Beteiligung", „Verbesserung der Situation der Familien und Kinder" und die „Trinkerproblematik auf der
Schillerpromenade". Es stellt eine verbindliche Arbeitsgrund-
lage dar.

Die TFO setzt in der Vereinbarung weiterhin vorrangig
auf die Umsetzung präventiver und angebotsorientierter
Maßnahmen, die einer Beschlussfassung durch die Steuerungsrunde des Quartiersmanagements bedürfen. Darüber
hinausgehend werden in der TFO nun zusätzlich gemeinsam
einzelne Problemfelder im Kiez analysiert – und zwar strukturell und nicht auf den Einzelfall bezogen. Das Novum am
Konzept der im QM angesiedelten „Arbeitsgemeinschaft
(AG) Task Force Okerstraße (TFO)" ist eine zeitnahe Umsetzung notwendiger Maßnahmen in Kooperation der genannten Institutionen.

Dabei ist es aus meiner Sicht besonders klug, den jeweiligen Fachbereichen, die sozusagen „mit am Tisch" sitzen, diejenigen Sachverhalte darzulegen, die gegebenenfalls auch intervenierende Maßnahmen erforderlich machen.

Beispielhaft kann man sich die Zusammenarbeit so vorstellen: Das oben beschriebene Haus, das ich beging, ist dringend sanierungsbedürftig. Das Bauamt wusste bis dato nichts
davon. Wer hätte sich auch beschweren sollen? Nun sitzt es
mit in der TFO und erhält beispielsweise von der Polizei die

entsprechenden Informationen. Das Bauamt kann den Hauseigentümer zwingen, sich um sein Eigentum zu kümmern. Oder die Schulbehörde teilt mit, dass Kinder aus Roma-Familien nicht zum Unterricht erscheinen und falls doch, dann in einem vernachlässigten Zustand. Diese Informationen sind für das Jugend- und Gesundheitsamt bislang nicht verfügbar gewesen. Jedoch kann über deren Bedeutung kaum gestritten werden. Eine Gegenstrategie kann entwickelt werden. Die TFO selbst hat keinerlei Eingriffsbefugnisse. Es wird lediglich die Möglichkeit geschaffen, die Informationswege auf der regionalen Ebene zu verkürzen. Die entsprechenden Maßnahmen werden dann von den einzelnen Fachbereichen eingeleitet.

In der TFO werden also Informationen zusammengetragen. Es gibt nach meiner Kenntnis keine Vorschrift, die das untersagt. Der Berliner Datenschutzbeauftragte hat die Kooperationsvereinbarung meinen Informationen zufolge nicht infrage gestellt. Die TFO arbeitet bereits in der vorgegebenen Struktur, allerdings unter sehr schwierigen Bedingungen.

Die linke Szene im „Sozialen Kampf" tobt. Es ist die Rede von Antiziganismus, Rassismus, Säuberung, von „Kaserne Deutschland", militaristischer Politik und Sicherheitspolitik verbunden mit dem Vorgang der Gentrifizierung, ja sogar Stasi-Methoden werden zum Vergleich herangezogen. Plakataktionen gegen die TFO werden durchgeführt. Vor dem Büro des QM findet eine Demo statt. Ihr Motto: „Saufen gegen TFO". Das „Soli-Saufen" soll einem Plakat zufolge nunmehr jeden Donnerstag stattfinden. Dass die Mitarbeiter des QM verbal attackiert werden, ist eine Selbstverständlichkeit. Eine hochschwangere Mitarbeiterin wird als „Schwein und Faschistin" bezeichnet. In der Folgezeit wird ein Bürofenster mit Hundekot beschmiert, die Jalousie mit Farbbeuteln beworfen und der Eingangsbereich mit Bauschaum verklebt.

Später geht man so weit, die Tür einzurammen und die Fensterscheiben vollständig zu zerstören. „Freiheit statt QM" – so sprüht man es an die Fassade des Hauses.

Freiheit. Sind die Roma-Mädchen frei, wenn sie keine Bildung erfahren, früh verheiratet werden und viele Kinder bekommen, die dieselbe Perspektive haben? Sind die Roma-Männer frei, wenn sie für eine Matratze in einem Drecksloch 200 Euro an irgendeinen Kriminellen zahlen und auf dem Schwarzarbeitsmarkt bis zur Erschöpfung ausgebeutet werden? Sind die Trinker frei, wenn man sie ihrem Schicksal überlässt? Frei ist der Hauseigentümer, der seine Miete immer kassiert, weil es ihm nicht darauf ankommt, von wem das Geld stammt. Sind es nicht die Linken gewesen, die den Grundsatz „Eigentum verpflichtet" hochgehalten haben? Sind es nicht die Linken, die sich gegen die Ausbeutung von Menschen auf dem illegalen Arbeitsmarkt wenden? Sind es nicht die Linken, die sich irgendwann einmal für Frauenrechte eingesetzt haben? Wenn sie ihre eigenen Ziele nicht über Bord werfen wollen, nur weil es so verführerisch erscheint, sich gegen staatliche Kontrolle aufzulehnen, dann werden sie zur Kenntnis nehmen müssen, dass ausschließlich die Überprüfung von Missständen auch deren Beseitigung ermöglicht. Der Staat ist den Bürgern gegenüber hierzu verpflichtet. Er beginnt, sich dieser Verpflichtung zu stellen.

Mir ist das Beispiel der TFO wichtig, weil ich viele Straftaten zu verhandeln habe, die im Schillerkiez geschehen sind. Ich denke, die Anzahl wird sich erhöhen, und die Gewalt wird auch hier zunehmen, denn die soziale Mischung bietet hierfür allen Anlass. Das Projekt ragt aus allen anderen heraus, weil es nicht rein präventiv ausgerichtet ist und vor allem ressortübergreifend arbeitet.

Eine Kooperationsvereinbarung auf der Handlungsebene für den Bereich der Bekämpfung von „Schuldistanz und Delinquenz" war auch auf der Bezirksebene Neuköllns geplant. Seit mehr als zwei Jahren tagt regelmäßig die „Steuerungsrunde Jugenddelinquenz" im Bezirksamt unter Leitung der Jugendstadträtin, um eine Vereinbarung zum Umgang mit Delinquenz und Schuldistanz zu entwickeln. Die Verantwortlichen des Jugendamtes, Mitarbeiter der zuständigen Polizeidirektion, die Schulaufsicht, die Staatsanwaltschaft, das Familiengericht Tempelhof-Kreuzberg sowie ein Jugendrichterkollege und ich nehmen daran teil. Es bestand zu jedem Zeitpunkt Einigkeit dahingehend, dass der Zusammenhang zwischen Schulabstinenz und Kriminalität nicht zu übersehen ist. Unser Ziel war es, durch eine Kooperationsvereinbarung die Verknüpfung und gegenseitige zügige Information der einzelnen Verfahrensbeteiligten zu erleichtern, und zwar ebenfalls in standardisierter Form.

Das Ergebnis unserer Bemühungen liegt schriftlich vor. Die von allen Teilnehmern der Steuerungsrunde befürwortete Vereinbarung hat einen kleinen Schönheitsfehler: Sie wurde bislang nicht in Kraft gesetzt. Das Gremium ist seit über einem halben Jahr nicht mehr einberufen worden. Zunächst wurde geäußert, der Datenschutzbeauftragte habe noch Klärungsbedarf. Dieser dürfte inzwischen behoben sein. Die Gründe für den momentanen Stillstand sind mir nicht bekannt. Da es sich bei der Kooperationsvereinbarung daher noch um einen behördeninternen Vorgang handelt, sehe ich mich gehindert, den Inhalt an dieser Stelle offenzulegen. Es wäre allerdings sowohl unter Berücksichtigung der erzielten Ergebnisse als auch bei Berechnung der bisher entstandenen Kosten sehr bedauerlich, wenn die Steuerungsrunde vergeblich gearbeitet hätte.

Abschließende Empfehlungen

Ich hoffe, meine Ausführungen haben zu der Erkenntnis geführt, dass wir im Bereich der Jugendkriminalität, speziell im Bereich der Gewaltdelikte, differenzierte Analysen benötigen, um Erfolg versprechende Gegenstrategien zu entwickeln. Bei den „rechten" und „linken" Gewalttätern ist meiner Ansicht nach vornehmlich die Justiz aufgerufen, schnell, konsequent und hart zu reagieren. Hier verbieten sich unterschiedliche Bewertungen des angeblichen politischen Hintergrundes der Taten. Bei Tätern wie Maik und David finden sich im präventiven Bereich kaum Anhaltspunkte, um die nicht nachvollziehbaren Gewaltexzesse vorherzusehen und ihnen entgegenzuwirken. Auch hier sehe ich die Jugendgerichte in der Verantwortung, in erster Linie spürbar sanktionierend einzugreifen.

Anders stellt sich die Lage in sozialen Brennpunkten dar. Hier hat sich ein komplexes Problem aufgebaut und es verbleibt uns nur noch wenig Zeit, um dieses Problem zu lösen.

Meine Vorschläge hierzu sind zumeist bereits innerhalb der einzelnen Kapitel deutlich geworden. Hier möchte ich nur noch einige ergänzende Denkanstöße an das Ende stellen.

Eine Verschärfung des Jugendgerichtsgesetzes halte ich im Wesentlichen nicht für geeignet, um die Jugendgewaltkriminalität in den Griff zu bekommen. Weder frühere noch höhere Strafen werden sich langfristig als hilfreich erweisen.

Gewalt begünstigende Lebensumstände zeigen sich häufig bereits in der Kindheit. Deshalb muss der Staat zu diesem Zeitpunkt ein Frühwarnsystem entwickeln.

Die konsequente Anwendung des geltenden Rechts, gegebenenfalls einhergehend mit einer in anderen europäischen Ländern praktizierten Lockerung des Datenschutzes, kann ausreichen, wenn Einigkeit darüber besteht, dass nur die strikte und zügige Zusammenarbeit der beteiligten Institutionen in standardisierter Form zur nachhaltigen Bekämpfung der Jugendkriminalität, speziell im Bereich der Gewalttaten, Erfolg versprechend ist.

Der Unterstützung der Kinder und Familien ist im Rahmen des tatsächlich Möglichen und Erwartbaren der Vorrang einzuräumen. Wenn die gewährten Hilfen und präventiven Maßnahmen, die, wie der Blick nach Oslo zeigt, kreativer ausgestaltet werden könnten, nicht genutzt werden oder nicht zum Erfolg führen, muss grundsätzlich eine staatliche Reaktion erfolgen. Hier machen wir gegenwärtig noch Fehler, indem häufig auf „halbem Weg stehen geblieben wird".

Die Regelsysteme wie Kitas, Schulen, Jugendämter und die Polizei müssen dabei im Vordergrund stehen und wesentlich gestärkt werden. Soziale Projekte und die freien Träger der Jugendhilfe sollten evaluiert werden und in überschaubarem Rahmen zur Erweiterung des institutionellen Angebotes hinzukommen. Sie können staatliches Handeln jedoch nicht ersetzen.

Besonders Schulen und Jugendämter sind in kleinen Einheiten miteinander zu verknüpfen. Ihre Zusammenarbeit sollte strukturell konzipiert und nicht von Einzelfällen abhängig sein. Ich würde diesen beiden Institutionen eine regelmäßige Zusammenarbeit in der Schule ermöglichen. Damit würde dem beklagenswerten Effekt, dass beide Institutionen auf die Aktivitäten der jeweils anderen warten, entgegengewirkt.

Ich schlage vor, einen Bezirk wie Neukölln mit 300.000 Einwohnern räumlich in mindestens vier Einheiten zu unterteilen, die in entsprechende – vergrößerte – Quartiersmanagements einzugliedern sind. Dort ist den Mitarbeitern aller beteiligten Ressorts die Möglichkeit zu geben, in regelmäßigen Abständen zusammenzutreffen, um dort in einer Art Bewertungsstelle, die sich an der Zusammensetzung der TFO orientieren könnte, alle Erkenntnisse zusammenzufügen, die zur Früherkennung von Problemlagen erforderlich sind.

Um eine Standardisierung in der Fallanalyse sicherzustellen, würde ich einen Punktekatalog aufstellen, in dem einzelne Lebensumstände erfasst sind, die für die Gefährdung eines Kindes indiziell sind. Das erscheint mir in Anbetracht dessen, was sich aus dem bisher Gesagten ergibt, machbar. Jeder Leser mag für sich einmal überlegen, welche Lebensumstände so offensichtlich gefährdend für die Entwicklung eines Kindes sind, dass sie unbedingt in eine entsprechende Aufstellung gehörten. Ich bin überzeugt davon, dass ohne Weiteres rund zwanzig Kriterien zusammenkommen.

Man könnte sich das weitere Vorgehen wie eine Art Ampelsystem vorstellen: Alle Familien werden gleichermaßen zunächst im „grünen" Bereich eingestuft. Bei Vorliegen von beispielsweise drei bis fünf Gefährdungskriterien, die vom Punktekatalog erfasst sind, schaltet das System auf die „gelbe" Phase um und die für den jeweiligen Bereich zuständigen Fachdezernate entwickeln einen Hilfeplan für die Familie, der mit den Eltern besprochen und von ihnen unterschrieben werden sollte. Ich würde den Plan mit einer Frist bezüglich der Umsetzung versehen, damit eine entsprechende Verbindlichkeit hergestellt wird. Innerhalb eines Zeitraums von etwa sechs Monaten sollte dem Hilfsangebot entsprochen worden sein. Wenn mehrere der katalogisierten Indikatoren, wie z.B. Arbeitslosigkeit und Alkoholismus aufseiten der Eltern, verbunden mit einem erkennbar schlechten Gesundheitszustand und ersten Verhaltensauffälligkeiten des Kindes sowie Schulversäumnisse zusammentreffen – ich erinnere an die Lehmanns und John – ist unmittelbares Einschreiten unerlässlich. Für die Erarbeitung eines Hilfeplans wären dann das Jugend-

amt, die Schule und aus meiner Sicht auch das Gesundheitsamt zuständig. Nur ein Helfer sollte sich mit der Familie befassen, die Umsetzung des Hilfeplans begleiten und die Einhaltung der Frist beachten. Was hindert uns daran, beispielsweise einer Mutter aufzugeben, einen staatlich finanzierten
Entzug durchzuführen, während der Vater auf den Schulbesuch der Kinder zu achten hat, indem konkrete Absprachen
mit der Schule getroffen und eingehalten werden? Hierbei
kann er vom Familienhelfer unterstützt werden. Zugleich
mag man ein „Elterncoaching" anbieten, um die Kompetenz
der Sorgeberechtigten zu stärken. Das Kind wäre regelmäßig
dem Amtsarzt vorzustellen, um seinen Gesundheitszustand zu
überprüfen. Vielleicht ermöglicht es die Einführung verbind-
licher Vorsorgeuntersuchungen beim Kinder- oder Amtsarzt
auch, endlich der Misshandlung vieler Kinder auf die Spur zu
kommen.

Ich schlage weiter vor, die Jugendämter so auszustatten,
dass die Mitarbeiter wieder vermehrt selbst in der Lage sind,
mit den Familien zu arbeiten. Projekte, die transparent und
strukturiert sind, sollten in überschaubarer Weise eingebunden werden. Hierbei sollte Wert auf die Beteiligung verlässli-
cher Partner aus den Migrantenvereinen gelegt werden.

Wenn die Angebote nicht umgesetzt werden, sollten die
Systeme auf „Rot" schalten und auf die repressive, das heißt
auch bestrafende Ebene wechseln, die allerdings Spielräume
für Veränderungen lassen muss, wenn die Eltern und Kinder
nachvollziehbar und anhaltend kooperieren. Falls die Eltern
innerhalb der am Anfang vereinbarten Frist nicht mitwirken,
sollten die bisher beteiligten Behörden umgehend die Justiz
einbinden, die dann auf der repressiven Ebene agiert. Die Eltern können wegen „Verletzung der Fürsorge- und Erziehungspflicht" strafrechtlich zur Verantwortung gezogen werden. Ich habe im Jahr 2009 im Zusammenhang mit einem

Bußgeldverfahren gegen einen deutschen Vater, der schwer alkoholkrank ist und seinen Sohn vom Schulbesuch geradezu abhielt, eine Anzeige bei der Staatsanwaltschaft erstattet. Diese hat den Mann wegen „Verletzung der Fürsorge- und Erziehungspflicht" angeklagt und er wurde auch vor Kurzem verurteilt.

Gegen die Eltern können Bußgelder wegen der Schulversäumnis der Kinder verhängt werden. Die Verfahren sind allerdings vielfach zu langwierig, um bei den Eltern eine Änderung ihrer Verhaltensweisen zu erzielen. Die Kürzung des Kindergeldes wird in diesem Kontext immer wieder diskutiert. Inzwischen muss man hierüber ernsthaft nachdenken. Denn schließlich greift man den Eltern auch mit den Bußgeldern „in die Tasche". Eine Herabsetzung der monatlichen staatlichen Transferleistungen oder des Kindergeldes wirkt sich schneller aus. Der Sozialstaat basiert auf dem Grundgedanken einer funktionierenden Solidargemeinschaft. Diese ist kein Selbstbedienungsladen ohne Gegenleistungsverpflichtung. Wenn die Menschen staatlich alimentiert werden, darf die Gemeinschaft erwarten, dass die Kinder wenigstens in die Schule geschickt werden, damit sie einen anderen Weg einschlagen und in ihrem späteren Leben auf eigenen Beinen stehen können.

Das Familiengericht kann darüber hinaus eine Tages- oder Familienpflege anordnen, das Kind vollständig aus dem Haushalt nehmen oder das Sorgerecht vollständig oder teilweise entziehen und auf das Jugendamt oder einen Pfleger übertragen. Diese Maßnahmen sind flexibel zu handhaben: Falls die Eltern kooperieren und sich nachprüfbar ihrer Verantwortung stellen, kann das Kind probeweise und schließlich auch endgültig in die Familie zurückkehren. Gerade im Zusammenhang mit dauerhafter Schuldistanz halte ich diese Vorgehensweise für wesentlich effektiver als das Herumreichen der Kinder und Jugendlichen von einer Schule zur nächsten.

Im Falle von voranschreitenden Schwierigkeiten, die sich in gewalttätigem Verhalten des Kindes äußern, ist die Polizei unabhängig von einer einzelnen Straftat einzuschalten, da deren Erkenntnisse von Bedeutung sein und dazu führen können, dass das Kind oder der Jugendliche, für die eine Inhaftierung noch nicht in Betracht kommt, in einer sozialpädagogisch hoch qualifizierten geschlossenen Einrichtung untergebracht werden, wenn die gemeinsame Problemanalyse ergibt, dass das Umfeld des jungen Menschen kriminell und seine weitere Entwicklung deshalb vorgezeichnet ist. Diese Einrichtungen, die bislang in Berlin nicht existieren, dürfen nicht mehr tabuisiert werden. Immer wieder beteiligen sich auch Kinder an der Begehung schwerster Straftaten. Man kann sie dann oft nicht mehr mit ambulanten Hilfemaßnahmen erreichen. Wir haben das am Beispiel von Lehmanns, Yilmaz, Hussein und Kaan sowie Kindern einiger „arabischer" Großfamilien festgestellt. Ich würde aus diesem Grund auch die Polizei in die Bewertungsstelle eingliedern.

Bei Eintritt der Strafmündigkeit sollte möglichst umfassend von den vereinfachten Jugendverfahren Gebrauch gemacht werden.

Der Flickenteppich der Projekte, speziell bei den Anti-Gewalt-Maßnahmen, ist zu beseitigen. Sicher darf von den Gerichten erwartet werden, dass sie wissen, welchen Inhalts die ihrerseits erteilten Anordnungen sind. Dabei sollte aber ein überschaubares Angebot geschaffen werden, bei dem die Möglichkeit besteht, den Überblick zu behalten. Mehr als fünf unterschiedliche Konzepte halte ich nicht für hilfreich.

Die Justiz muss so weit wie möglich dafür Sorge tragen, nicht nur die Verfahrensdauer zu verkürzen, sondern auch die rasche Umsetzung unserer Entscheidungen zu gewährleisten.

Die Arreste sollten möglichst häufig sofort vollstreckt werden, was insbesondere bei Freizeitarresten, die ein Wochenende umfassen, momentan bei Weitem nicht der Fall ist. Hier liegen in Berlin zwischen dem Urteil und dem Arrestantritt manchmal Monate.

Auf der justiziellen Ebene sollte grundsätzlich darüber nachgedacht werden, von § 34 JGG Gebrauch zu machen, der die Möglichkeit eröffnet, dem Jugendrichter auch die familien- und vormundschaftsrichterlichen Erziehungsaufgaben zu übertragen. Dies ist sicherlich eine Erwägung, die größeren Aufwand in der Umsetzung erforderlich macht, denn mit den vorhandenen Kapazitäten könnten wir dieser Aufgabe nicht gerecht werden. Abgesehen davon bestehen hier gegenwärtig zusätzliche rechtliche Hindernisse, die sich aus dem Zivilrecht ergeben. Darüber müsste man eine juristische Abhandlung anfertigen, die den Rahmen meiner Betrachtungen an dieser Stelle sprengen würde. Dennoch ist die Überlegung grundsätzlich anzustellen, denn die „Maßnahmen zur Abwendung einer Gefährdung des Jugendlichen", die nach § 34 Abs. 3 Nr. 2 JGG getroffen werden können und auch § 1666 BGB (Anordnung sorgerechtlicher Maßnahmen) umfassen, stehen häufig in unmittelbarem Zusammenhang mit der Verhinderung weiterer Straftaten seitens des Jugendlichen. Die sogenannte „Personalunion" von Jugend- und Familienrichter könnte jedenfalls ebenfalls zu einer deutlichen Beschleunigung der staatlichen Reaktionen führen.

Bezüglich derjenigen Jugendlichen, die bei der Polizei bereits mehrfach aufgefallen sind, aber aus den oben dargestellten Gründen nicht in Haft genommen werden können, sollten die Jugendrichter von § 71 JGG Gebrauch machen. Die Vorschrift ermöglicht es, jugendlichen Straftätern bereits vor der Hauptverhandlung Weisungen zur Lebensführung zu erteilen und auf diese Weise die Zeit zwischen der Vernehmung durch die Polizei und der Hauptverhandlung bei Gericht für die erzieherische Einwirkung auf den Jugendlichen zu nutzen. Der Sachbearbeiter der Polizei könnte in einem Verfahren gegen einen Mehrfachtäter, der für das dargestellte vereinfachte Jugendverfahren nicht mehr in Betracht kommt, aber auch nicht inhaftiert werden soll, eine Kopie des Vorgangs an das Jugendgericht senden und eine „Kriseninvervention" anregen. Das Gericht kann dann kurzfristig einen Anhörungstermin ansetzen, den Beschuldigten, die Eltern und die Jugendgerichtshilfe vorladen und bereits zu diesem Zeitpunkt anordnen, dass der junge Mensch z.B. unter Betreuung gestellt wird, einen sozialen Trainingskurs besucht oder seine Drogenproblematik angeht. Auch Unterbringungen sind mit Zustimmung der Eltern denkbar. Darüber hinaus könnten sich beispielsweise die Schulen an das Jugendgericht wenden, wenn sie auf straffällig gewordene Jugendliche, die im Unterricht „über Tische und Bänke" gehen, mit eigenen Maßnahmen nicht mehr einwirken können. Eine Intervention lässt sich in diesem Kontext außerdem beim Zusammentreffen von Schuldistanz und Straftaten denken.

Von § 71 JGG wird zumindest in Berlin nach meiner Kenntnis gegenwärtig kein Gebrauch gemacht. Ich befasse mich erst seit kurzer Zeit mit der Idee, diese Vorschrift zu „beleben", denn wie bei der klügeren Nutzung der vereinfachten Verfahren sehe ich auch hier eine Möglichkeit, auf der Grundlage des geltenden Rechts frühe staatliche Reaktionen zu installieren. Die Lücke zwischen denjenigen Straftätern, die noch im vereinfachten Verfahren bearbeitet werden können, und denjenigen, die bis zur Hauptverhandlung in Untersuchungshaft genommen werden, könnte auf diese Weise vielleicht geschlossen werden.

Etwas Persönliches zu guter Letzt

Einige Fragen werden mir immer wieder gestellt: Warum tun Sie das alles? Warum erledigen Sie nicht einfach nur Ihre Arbeit? Warum mischen Sie sich derart ein? Ich möchte hierauf kurz eingehen.

Es ist in meinem Leben selten ein längerer Zeitraum vergangen, in dem ich nicht darüber nachdachte, welch unglaubliches Glück ich habe, als Frau in diesem Land zu diesem Zeitpunkt der Weltgeschichte leben zu dürfen. Ich bin 1961 geboren. Das ist nicht so lange nach dem Ende des Zweiten Weltkrieges. Dennoch fand ich von Anfang an Entwicklungsbedingungen vor, die es mir ermöglichten, in Frieden, Freiheit und Gleichheit aufzuwachsen und schulisch, beruflich und privat unbehelligt von äußeren Einflüssen und gesellschaftlichen Zwängen eigene Entscheidungen zu treffen. Dafür bin ich meinem Elternhaus, aber auch den Vätern des Grundgesetzes der Bundesrepublik Deutschland dankbar, denn die meiner Generation zur Verfügung stehenden Möglichkeiten folgen keinem Naturgesetz. Wenn ich mich in anderen historischen Phasen oder in anderen Teilen der Welt umschaue, fühle ich mich darin bestärkt, unserem Land etwas zurückzugeben, das jenseits der Ausübung meiner beruflichen Tätigkeit liegt – auch wenn ich dabei anecke.

Ich möchte, dass die künftigen Generationen dieselben Chancen erhalten, die sich mir boten. Hier sehe ich momentan Gefahren, die sich nicht ausschließlich, aber auch im Bereich der Kriminalitätsentwicklung zeigen. Die Gesellschaft befindet sich aus meiner Sicht an einem Scheideweg. Sie könnte sich spalten: in „reich" und „arm", in „links" und „rechts", in „muslimisch" und „nichtmuslimisch".

Es ist deshalb, abgesehen von noch zu beseitigenden

Handlungsdefiziten im Bereich der Kriminalitätsbekämpfung, insgesamt notwendig, eine ehrliche Debatte jenseits von Ideologien zu führen. Sie wird kontrovers, wahrscheinlich auch schmerzhaft sein. Deutschland wird sie aushalten – und mich auch.

Dank

Ich bedanke mich beim Verlag Herder, der mir die Gelegenheit gegeben hat, dieses Buch zu schreiben. Einige Zeit hatte ich bereits darüber nachgedacht, wäre aber nie auf die Idee gekommen, von mir aus an einen Verlag heranzutreten.

Die Umsetzung eines Buchvorhabens ist schwieriger, als ich anfangs dachte, weshalb ich froh war, Dr. Stephan Meyer als Lektor an meiner Seite zu haben.

Mein Dank gilt darüber hinaus meinem Kollegen Andreas Müller aus Bernau, der meine Arbeit als überzeugter „Linker" kritisch begleitet, und meinem Freund und Kollegen Stephan Kuperion. Er hat mir in schwierigsten Zeiten beigestanden und darüber hinaus die Ausweitung der vereinfachten Jugendverfahren in Berlin maßgeblich vorangebracht.

Auch ohne die Unterstützung des Leitenden Oberstaatsanwaltes Dr. Andreas Behm, der die Berliner Staatsanwaltschaft leitet, und des Oberstaatsanwaltes Rudolf Hausmann, der Verantwortlichen der Berliner Polizeidirektion 5 sowie des Leiters der Jugendgerichtshilfe Neukölln, Thomas Weylandt, hätte das „Neuköllner Modell" keine Chance auf Umsetzung gehabt.

Ich bin glücklich, in Kazim Erdogan einen Mitstreiter gefunden zu haben, der mich in der Arbeit an den Schulen durch die optimale Organisation der Elternabende unterstützt. Ich danke in diesem Zusammenhang auch Mustafa Akcay vom „Türkisch-Deutschen Zentrum" und den Mitarbeitern der „Deutsch-Arabischen Unabhängigen Gemeinde" sowie Nader Khalil vom „Deutsch-Arabischen Zentrum". All diese Menschen helfen mir, den Zugang zu den türkischen und arabischen Mitbürgern zu finden. Und sie treten mir – im Gegensatz zu vielen Deutschen – vorurteilsfrei gegenüber.

Mit Herzklopfen begab ich mich im Frühjahr 2009 zum Präsidenten des Amtsgerichts Tiergarten, Herrn Alois Wosnitzka, um ihm mitzuteilen, dass ich ein Buch zum Thema Jugendkriminalität schreiben möchte. Er reagierte darauf mit großer Gelassenheit. Mein Präsident leitet das mit Abstand größte Amtsgericht Deutschlands und hat dann auch noch eine „unbequeme Richterin", den „Schrecken von Neukölln", „Mrs. Tough" oder die „Richterin Gnadenlos", wie es in einigen Medien über mich heißt, zu verkraften. Das sind Herausforderungen, um die er von seinen Amtskollegen sicher nicht beneidet wird. Umso größer sind mein Dank und meine Hochachtung.

Dem Migrationsbeauftragten von Neukölln, Arnold Mengelkoch, verdanke ich viele Kontakte mit Menschen in Neukölln und Einblicke in sein Arbeitsgebiet, die mir immer weitergeholfen haben.

Meine größte Anerkennung gebührt dem Bürgermeister von Neukölln, Heinz Buschkowsky. Ich kenne keinen anderen Menschen, der wie er gleichermaßen über einen schier unerschöpflichen Tatendrang, Mut und Humor, gepaart mit einem messerscharfen Verstand, verfügt. Heinz Buschkowsky ist für Neukölln und weit darüber hinaus von unschätzbarer Bedeutung. Ich bin stolz darauf, ihm begegnet zu sein, und glücklich darüber, von seinem Wissen und seiner Erfahrung profitiert zu haben.